新闻传播学精品文库

突发公共事件媒介化现象解读

彭伟步 主编

暨南大学出版社
JINAN UNIVERSITY PRESS

中国·广州

图书在版编目（CIP）数据

突发公共事件媒介化现象解读/彭伟步主编. —广州：暨南大学出版社，2014.4

（新闻传播学精品文库）

ISBN 978-7-5668-0892-9

Ⅰ. ①突… Ⅱ. ①彭… Ⅲ. ①突发事件—传播媒介—研究 Ⅳ. ①G206.2

中国版本图书馆 CIP 数据核字（2013）第 300124 号

突发公共事件媒介化现象解读

主　　编　彭伟步

出 版 人　徐义雄
策划编辑　杜小陆　史学英
责任编辑　黄北光
责任校对　曹　军
出版发行　暨南大学出版社（广州暨南大学　邮编：510630）
网　　址　http：//www.jnupress.com　http：//press.jnu.edu.cn
电　　话　总编室（8620）85221601
　　　　　营销部（8620）85225284　85228291　85228292（邮购）
排　　版　广州市铧建商务服务有限公司
印　　刷　佛山市浩文彩色印刷有限公司
开　　本　787mm×960mm　1/16
印　　张　17
字　　数　276 千
版　　次　2014 年 4 月第 1 版
印　　次　2014 年 4 月第 1 次
定　　价　35.00 元

目录

一、突发公共事件媒介化的概念与现象解读

突发公共事件媒介化

彭伟步

十八大的帷幕已经降下，第十三届人大第一次会议开启了中国新的发展序幕，以网络为代表的新媒体在传播突发性公共事件中呈现出强大功能。当前我国正处于一个相对高危的时期。突发公共事件经常以无法预料的方式发生，而各级政府官员由于缺乏媒介素养，应对不当，致使这些突发性事件如滚雪球般不断扩大，导致政府形象受到极大的损害。如何实现政府高效行政和有效治理社会，并由此在公共事件日益媒介化背景下建构政府的新形象，已经成为新一届政府必须面对的议题，这同时凸现新媒体传播局势下，党提高执政能力、改善执政方式的重要思维转变。

一、问题的提出

（一）国内外研究现状评述

国内论述政府形象建构的专著与论文相对其他学科来说，还是比较少的，研究也欠缺系统性，把新闻传播学与政府管理学进行交叉研究的就更少了。从笔者所查阅到的有关资料来看，许多研究者把政府形象建设通过多种角度进行研究。

其中学术性较强的著作有胡宁生主编的《中国政府形象战略》。该书专门谈到了提升政府形象的策略，以及要改善的问题。刘华蓉撰写的《大众传媒与政治》（北京大学出版社 2001 年版），主要从政治与新闻传播的角度，论述了我国国家、政府、社会、国际关系与媒介传播之间的关系，探讨了媒介与政治现代化、媒介与公共政策、媒介与政治监督、媒介与国际政治发展等内容，提出了媒介既要为国家利益服务，又有责任去维护社会的稳定，但同时政府也应该给予媒介一定的自主权，允许其监督和批评政府，以推动社会发展，树立良好政府形象等观点。应该说，这本书从政治与媒介的关系的角度去探讨媒介的社会责任，对国家政治、社会发展作出了相当多的有益而且有深度的探讨。

顾丽梅撰写的《信息社会的政府治理》（天津人民出版社2003年版）则从信息时代下政府如何转换职能，顺应信息时代潮流，从管制向服务发展，以实现政府职能和机构的改革等角度，探讨了政府治理理念的改革和变迁，提出了政府治理向服务行政、民主行政、虚拟行政、大众行政范式的转变。该书指出，信息时代对政府治理提出了挑战，政府只有调整和改革旧有的行政框架，顺应时代要求，为公众提供优质服务，才能得到公众的支持和拥护，也才能推动社会的发展。这两本书都谈及政府如何利用媒体来构建政府形象，认为政府应该利用传媒来传播政务，增强政府的美誉度、公信力等，但是在当今飞速发展的网络传播背景下探讨政府形象建构与传播，并在公共事件媒介化的趋势下，展现执政党改善国家治理的理念，就显得相对过时。

彭伟步的专著《信息时代政府形象传播》（社会科学文献出版社2005年版）则立足于信息时代政府形象的塑造与传播方式展开讨论，认为由于传播技术不断更新、传播方式日益多元化，再加上世界朝全球化、民主化、信息化及市场化方向发展，必然要求政府进行自我改革，以适应信息时代对政府管理高效化、民主化的新要求。当前我国政府不断改变工作作风，提倡为人民服务的宗旨，提高政府的办事效率，朝“公正、廉洁、高效、透明”的政府形象发展，因此，有必要探讨突发公共事件中政府的角色，研究政府形象传播的机理，促成透明、公开的信息传播制度，这样不仅有助于公众与政府的沟通，满足公众的知情权，还可以增强政府的公信力和亲民形象。鉴于这样的研究取向，作者认为政府形象传播的研究主要围绕信息时代政府形象与大众传播的关系，特别是政府形象传播与媒介政策之间的关系展开。信息时代对政府管理提出了新的要求、新的挑战，对政府形象建设也提出了更高的要求。该书探讨了影响政府形象的因素，比较深入地论述了政府形象与传播的关系，并建立了政府形象传播的输入与输出模式。

国外学者对该领域的研究应该说相对成熟，著作较多，也比较系统，但是其观点建立在西方社会制度上，探讨西方政府行政与国家治理的问题，其观点值得借鉴，但是不可以完全照搬。国外学者的研究视角基本上来自政府公关这一研究领域，如弗雷德里克森的《公共行政的精神》（中国人民大学出版社2003年版），探讨了政府行政如何履行社会公共管理的精神，并以此建构廉洁、高认同的政府形象。有些学者则从法学的角度去探讨政府形象的问题，如卢梭的《社会契约论》（商务印书馆1980年版）。这些著作对西方政府行政有非常精辟的论述，但是对于当前我国政府的行政来说，不完全适应。一是我国国情与西方社会不同，不可能照搬这些学者的观点来构建中国形象；二是在我国特定的政治话语语境下，如何面对公共事件媒介化的趋势，展现我国执政新理念，必须结合新闻传播学和政府管理学的学科特点更加深入地论述传媒与政府的关系。

与此同时，随着移动社交媒体的吸引力不断增强，并且未来数年我国移动社交软件将高速发展，移动社交网民和微信公共账号（以政府机构的名义注册）数量将大幅增长，并将进一步扩大突发公共事件与社会热点话题的网民参与。微博、微信等新社交媒介，对我国社会舆论格局产生杠杆效应，政务机构、主流媒体和社会名人大量入驻移动网络舆论场，以人际关系和组织传播为特征，形成网上的圈子化部落。在如火如荼的网络舆论活动中，微信推动了政务信息发布渠道的多样化。如今，政务微博的迅猛发展已大大拓展了网民获取信息的渠道，成为政务信息发布的重要平台。政府机构联合微信、微博平台在信息的发布中实时、主动地进行信息传播，这必将比其他渠道更快、更有个性地传播政府信息，获得公众和网络舆论的认可度也会更高。新的传播方式与传播理念是政务信息发布平台的又一次革命，拓展网络问政的深度与广度，使获取政务信息的途径更加多样。近年来，网络不断涌现热点事件，传统媒体不断跟进，形成了新的突发公共事件，对政府形成了舆论压力，政府形象受到严重的冲击。及时应对网络舆情，构建良好的政府形象，将对政府的有效施政起到关键性的作用。从这个角度来说，基于对新一届党和政府的领导新思维的研判，开展政府管理与大众传播学的交叉研究，来研讨政府形象与大众传播的关系，并提出一些有建设性的意见，无疑颇具意义。

（二）问题的研究意义和价值

及时处理突发公共事件，建构和传播良好的政府形象，关系到党和政府对社会的有效治理，特别是在当前社会矛盾相对尖锐，新媒体不断发展，公共事件不断媒介化的背景下，政府形象的有效建构已经迫在眉睫。

面对新政出台的新迹象，我们强烈感受到政府管理的一个趋势，就是更加重视形象建设与管理方式的改进，因此我们对今后政府执政方式改进的一个基本判断，就是政府将更加重视政府传播的效果，把政府传播在国内外的改进作为执政新方式、新理念的一大反映，特别是把官员如何科学解决突发公共事件作为其政绩之一。因此，可以预测，未来五年以至十年，政府公关、政府传播和突发公共事件处理将成为政府着重投入资源的方向之一。

突发公共事件的有效处理与政府形象的有效建构有密切的关系。2012年底到2013年初期间，一个鱼饵、一个女人在微博上引发热议。网络首先爆出重庆官员雷政富与一个女人不堪入目的艳照，随即因为这个女人，重庆十一名色官相继出现在公众面前。霎时，“赵红霞”登上新浪微博时事热搜榜，网民称她为“反腐奇女子”、“反腐女侠”、“反腐烈女”、“巾帼反腐斗士”等。腾讯网2013年1月28日关于“你憎恶赵红霞吗”的民调显示，有90%参与调查的网民表示“不憎恶她”。一个因涉嫌参与色诱敲诈官员，在任何正常国家都会受到苛责惩处的女子，在网络上竟被捧成英雄，这反映出中国社会确实存在严重的仇官情绪，不仅如此，此起突发公共事件对政府形象产生了强烈冲击。《环球时报》2013年1月26日刊登的社评形容，“舆论饥渴般地等待新的官员丑闻，并且添油加醋喝彩的情景”，是今天中国社会“特有的奇观”。该社评指出，“原因有很多，但根源是社会不公平和由此不断堆积的情绪。官员腐败本来就可恨，当它与社会不公叠加在一起时，就尤其令人愤怒”。

色诱十一名官员的女人赵红霞也受到了网民的百般调侃。有网民甚至建议颁个“感动中国”人物奖给她。这些调侃的背后隐藏着各种严肃的问题，包括网络舆论对制度性反腐无力的不满，并带有浓厚的仇官情绪以及对体制的不信任。中国人民大学社会学教授周孝正认为，社会舆论并不畸形，畸形的是官员。他进一步指出：“苍蝇不叮无缝的蛋，色情在官场里非常严重，老百姓对这些事很有气的，这个女子算是‘舍身取义’了，大伙儿当然叫好，难道还扼杀她？”①

① 沈泽玮. 鱼饵及“波神”引热议 中国社会存在严重仇官情绪. 联合早报，2013－01－28.

一位出卖色相的女子因法律缺席而被推到道德前线，网络因制度无力而声嘶力竭，更凸现了突发公共事件的杀伤力。“抓住苍蝇的，不是法律的网，而是肉体炸弹与道德大棒。历史将记录的不仅是二奶们的名字，更会是这个时代的荒谬与悲哀。”①随后相关官员在处理此事中的种种行为，均受到了网民的质疑，显示了他们媒介素养的严重缺失，以及处理突发公共事件的无能。

网络成了民间反腐的利刃。从“表叔”、“房妹”、雷政富到中共中央编译局前局长衣俊卿，在网络反腐的大潮中纷纷倒下。在权力无法被关进笼子的当下，由突发公共事件所引发的网络反腐已成为轰倒贪官色官的重要手段，至今至少已有20名官员因此被拉下马。揭发衣俊卿的是名叫常艳的博士后，雷政富则被赵红霞绊倒，两者均因涉及性爱细节而增添了舆论调侃的娱乐性。由此可见，突发公共事件对政府形象冲击强烈，建构良好政府形象已成为新一届党和政府刻不容缓的大事。除了有必要进行制度性建设之外，还要在培养官员应对突发公共事件的能力方面进行常态性机制的建设。

与此同时，据新加坡《联合早报》报道，由香港大学研究人员进行的一项微博使用群体的研究发现，“57%的研究对象在调查期间内没有发过微博，表明他们要么是非活跃用户，要么是所谓的‘僵尸账户’中的一员，是营销机构为真实账户操纵关注者数量而创建的账户。这个研究团队发现，在一个为期七天的时间段内，有86.9%的用户没有发过原创帖，有88.9%的用户未转发过别人的原创帖。相比之下，有0.5%的用户在七天的时间里发了20篇以上的微博，另有0.5%的用户在同一时间段内转发了40多篇不同的微博”②。由此可见，这种类似于网络领袖所引发的网络舆论的形成过程和规律是很值得研究的。

政府形象的建构与传播有助于提高我国政府的国际认同度，关系到我国政府可持续发展战略和各项方针政策的有效实施。如何在突发公共事件媒介化的态势下，有效地建构和传播我国政府形象，树立一个国内外广泛认可的政府形象，就需要提出一套有效的传播规律和方法，制定科学、适

---

① 沈泽玮. 鱼饵及“波神”引热议 中国社会存在严重仇官情绪. 联合早报，2013-01-28.

② 港大研究显示 少数用户主导新浪微博. 联合早报，2013-03-14.

宜的传播策略，推动我国政府行政更加有效率，更加受到公众的认可，并以此为契机，使良好的政府形象建设成为常态化的制度建设，帮助政府创建一个具有更高的施政透明度，更加开放和进取的形象。

客观而言，突发公共事件媒介化暴露出公众诉求表达空间的匮乏性，如舆情表达机制不完善、社会安全阀机制失灵和民主监督与参与机制不健全等。在这样的背景下，探析网络危机传播的方式、特点、形成规律以及“乌合之众”的态度转变等，就显得很有价值。突发公共事件媒介化是中国特殊国情的反映，开展这个领域的研究，通过建立可靠、科学的突发公共事件媒介化的传播模型，推导出我国政府形象与西方国家不同的建构理论，可丰富我国本土的传播学理论研究，研究者所提出的创新性看法，也可拓展新闻传播学与政府管理学交叉学科的研究。所以，从这个角度来说，突发公共事件媒介化这一议题无疑具有相当强的现实意义和较高的研究价值。

二、突发公共事件的传播特点

由于突发公共事件具有突然性、爆发性的传播特点，这就要求作为最具强制力的政府针对这些特点，掌握突发公共事件的处理规律，建立预警和应急处理系统，通过有效监控和及时传播，把负面效应减至最低，缓解公众的紧张情绪，疏导社会舆论。政府要建立常规性和制度性的预警和应对措施，不仅要在平时加强模拟训练，而且要根据突发公共事件的不同类型，出台相应的处理措施，以化解矛盾，降低影响，减少损失，稳定社会，除此之外还要注意积累经验，以有效处理突发公共事件。

（一）突发公共事件分类

突发公共事件是指突然发生、造成或者可能造成重大人员伤亡、财产损失、生态环境破坏和严重社会危害，危及公共安全的紧急事件。2006 年 1 月，国务院颁发的《国家突发公共事件总体应急预案》规定，根据突发公共事件的发生过程、性质和机理，突发公共事件主要分为以下四类：

（1）自然灾害。主要包括水旱灾害、气象灾害、地震灾害、海洋灾害、生物灾害和森林草原火灾等。这类灾害主要属于天灾，很难控制，如 2008 年四川汶川地震、2013 年四川雅安地震等。减少这类灾害的损失，主要依靠有效的应急处理措施。

（2）事故灾害。主要包括工、矿、商、贸等企业的各类安全事故、交通运输事故、公共设施和设备事故、环境污染以及生态破坏事件等。如2012年陕西延安特大交通事故。这类灾害既有不可预测的原因，也有人为因素。对于不可预测的灾害，我们要积极面对；对于人为因素造成的灾害，我们要出台预防灾害发生的措施，尽量减少或避免此类灾害的发生。

（3）公共卫生事件。主要包括传染病疫情、群体性不明原因疾病、食品安全和职业危害、动物疫情以及其他严重影响公众健康和生命安全的事件。如2013年的H7N9禽流感。这类公共卫生事件也具有突发性。当前随着人们生活水平的提高，人们越来越重视身体健康，因此相关政府部门针对此类事件要及时做好解释工作。

（4）社会安全事件。主要包括恐怖袭击事件、经济安全事件和涉外突发事件等，如2012年重庆周克华事件。此类事件主要是人为造成的，而且具有强大的恐吓性，能够引起社会的恐慌，对此类事件尤其要做好预防和舆论疏导工作。

（二）突发公共事件的传播特点

根据突发公共事件的发生、发展及处理情况，突发公共事件呈现出以下特点：①突然性；②危害性；③公众关注性；④连锁反应性；⑤及时化解性；⑥规避防范性。针对突发公共事件的特点，不同类型的突发公共事件的报道也相应地呈现出不同的传播特点：

1．自然灾害突发公共事件

由于自然灾害具有突发性、破坏性、持续性和不可抗性，例如地震会导致电力的持续破坏、建筑物大面积破坏及交通堵塞等，因此关于自然灾害突发公共事件的报道具有迅速及时、持续跟进、关注民生等特点。迅速及时，就是要求媒体反应迅速，在事件发生的第一时间及时进行相关报道，掌握先机，不能错过报道的最佳时间；持续跟进，就是要求媒体针对事件本身做出持续的跟进报道，不仅要报道事件的发展过程，还要报道事件造成的后果、影响和破坏等，并且在报道的过程中应当尽量详尽具体，在报道事件涉及的人物时要善于抓典型，客观报道，正确引导；关注民生，就是要求媒体在报道的过程中始终坚持以人为本的原则，把人民的疾苦和安危放在第一位，报道要围绕如何帮助受灾群众顺利渡过难关、如何保障受灾群众的基本生活展开。

2. 事故灾难突发公共事件

由于事故灾难的人为性、破坏性和连锁反应性等特点，因此事故灾难突发公共事件的报道具有现场性、多点切入、层层深入等特点。现场性，就是要求记者必须亲临事故发生的现场，亲身感受现场气氛，进行及时、真实、客观的报道，切不可凭空编造；多点切入，就是要求媒体报道要多元化，不能人云亦云、跟风报道，要找到多个切入点，从不同的角度对事件进行全方位的报道；层层深入，就是强调事故发展的持续性，不能仅仅针对表面的现象做报道，而是要深入事件的本质，探究事件发生的原因，挖掘隐藏于事件背后的真相，要像剥洋葱一样，层层展现事故发生和发展的前因后果。此类事件要注意社会效果，坚持真实性原则，既不能夸大事故的严重性，也不能扣住不发，而是要兼顾社会影响和事故发生的后果，对事故进行真实报道，切不可进行恐吓性报道。

3. 公共卫生突发事件

由于公共卫生事件涉及人们的身体健康，极易引起人们的关注，因此其传播范围特别广，扩散特别快。例如非典时期人们利用新媒体相互传播消息，导致了信息快速扩散，甚至泛滥的现象。公共卫生突发事件的报道具有意见引导、核心解读、客观真实及有预见性等特点。意见引导，就是要求媒体了解清楚公共事件的危害程度、性质和危害等，然后在正确掌握此类信息的基础上对公众进行正确的引导，要客观且不要引起公众的恐慌，既要向公众告知事实又要安抚公众的情绪；核心解读，就是媒体报道首先要立意正确，忌主次不分、混淆是非，由于公共卫生事件直接关系到民众的生命安全，媒体在报道此类事件时必须站在民生的角度；客观真实，公共卫生事件关系到人们的生命安危，媒体传递的信息必须做到客观、真实，切不能以欺骗蒙混过关，否则后果不堪设想；有预见性，就是要求媒体报道有前瞻性，要擅于根据事件本身预测发展趋势，从而正确引导。

4. 社会安全突发公共事件

由于社会安全事件关系到每个公民的生命财产安全，因此社会安全突发公共事件的报道具有有限传播、正面宣传和正确解释的特点。有限传播，就是要求媒体在报道此类事件时做到有所取舍，此类事件往往涉及公民的生命财产安全，具有保密性的特点，所以对于侵犯公民个人隐私的部分，媒体要有所克制；正面宣传，就是希望媒体必须在保障社会团结稳定和谐一致的基础上展开宣传报道，不可进行分裂祖国、破坏和谐、危言耸听的报道；正确解释，就是要求媒体针对此类事件的原因作出正确的说明以及真实的告知，以达到消除公众恐惧心理、维护社会和谐稳定的作用。

（三）突发公共事件的报道类型

突发公共事件的报道是指针对我国发生的突发公共事件而进行的信息披露，其可分为以下几种：

1. 自然灾害类突发公共事件报道

自然灾害类突发公共事件报道主要是指针对我国发生的水旱灾害，台风、冰雹、雪、沙尘暴等气象灾害，火山、地震灾害，山体崩塌、滑坡、泥石流等地质灾害，风暴潮、海啸等海洋灾害，森林草原火灾和重大生物灾害等自然灾害及其他达到启动条件的突发公共事件进行的报道。

我国是世界上发生自然灾害种类最多的国家，其中对我国影响最大的自然灾害有七大类：气象灾害、海洋灾害、洪水灾害、地震灾害、农作物生物灾害、森林生物灾害及森林火灾。此类公共事件发生后，由于其影响具有广泛性和严重性，国内外各大媒体都会进行报道。例如，2008 年发生在我国汶川的“5·12”大地震，全国大大小小的媒体都对此做了详尽的报道，尤其是各大省级电视台，不仅针对地震的发展情况进行了数日的追踪报道，而且对地震后当地居民的生活状况以及灾后重建工作均做了持续报道和深入调查。

2. 事故灾难类突发公共事件报道

事故灾难是指具有灾难性后果的事故，是在人们生产、生活过程中发生的，直接由人的生产、生活活动引发的，违反人们意志、迫使活动暂时或永久停止，并且造成大量的人员伤亡、重大经济损失或环境污染的意外事件。

事故灾难类突发公共事件报道主要包括针对工矿商贸企业事故、交通运输事故、公共设施和设备事故、核辐射事故、环境污染事故和生态破坏事故等的节目报道。例如，媒体针对山西屡次出现的“黑煤窑”事件的报道，不仅做了大量消息型报道，而且还进行了追踪报道和深度分析，在社会中产生了非常大的反响，引起了社会的强烈关注。

3. 公共卫生事件类突发公共事件报道

公共卫生事件是指突然发生，造成或者可能造成社会公众健康严重损害的重大传染病疫情、群体性不明原因疾病、重大食物和职业中毒以及其他严重影响公众健康的事件，主要包括传染病疫情、群体性不明原因疾病、食品安全和职业危害、动物疫情以及其他严重影响公众健康和生命安全的事件。

公共卫生事件类突发公共事件报道主要是针对上述事件进行的报道，如2008年广播电视对甲型流感的持续报道。由于公共卫生事件的发生具有区域性、扩散性、持续性和危害性等特点，因此对于此类事件的报道不仅要与时俱进、持续报道，而且还要进行解释性报道，以消除人们对疫情的恐慌。

4. 社会安全事件类突发公共事件报道

社会安全事件类突发公共事件主要包括针对恐怖袭击事件、民族宗教事件、经济安全事件、涉外事件、群体性事件以及其他刑事案件等的报道，如对2008年发生在西藏拉萨市的“3·12”打砸抢烧事件的报道。这类事件往往涉及范围广，其影响不仅局限在国内，而且扩散至国际，因此广播电视在对此类事件进行报道的时候要迅速反应、抢占先机，以事实为依据，正确引导舆论。广播电视要对此类事件发生的背景和前因后果做出详尽的报道，并对事件产生的后续影响要做深度分析。

三、突发公共事件对政府形象的冲击

突发公共事件媒介化常发生在网络传播中，而网络又是一个相对开放的空间，并且形成了全球性的传播系统，国内外网民不断参与，舆论滚动发展，若处理不当，会导致事件在短时间内形成危机。从目前我国的突发公共事件的发生、发展及高潮来看，虽然参与者主要是国内网民，但是我们看到外国驻中国记者的报道，在国外也引起了强烈反应，促使外国网民也参与其中，由此形成了国内外一起促使公共事件媒介化的现象，对我国政府形象形成了强烈冲击。

（一）线上线下对社会议题关注度高度契合

2013年3月3日，人民网发起了线上线下两个“十大热点问题调查”。超过117万人次网民参与了线上调查投票，十大热点问题的前三个获票数均超过10万。线下调查则电话访问了包括北京、上海和广州等一线城市及大连、青岛等计划单列市在内共36个城市的3 000余个样本。

在十大热点问题的选择上，线上线下调查结果均包含“社会保障”、

“收入分配”、“反腐倡廉”、“食品药品安全”、“住房保障”、“医疗改革”、“稳定物价”、“法治中国”议题，区别在于，“交通治理”和“社会矛盾化解”进入了线下调查前十名，在线上调查中名列第九、十位的“行政体制改革”与“国防建设”则未入榜。

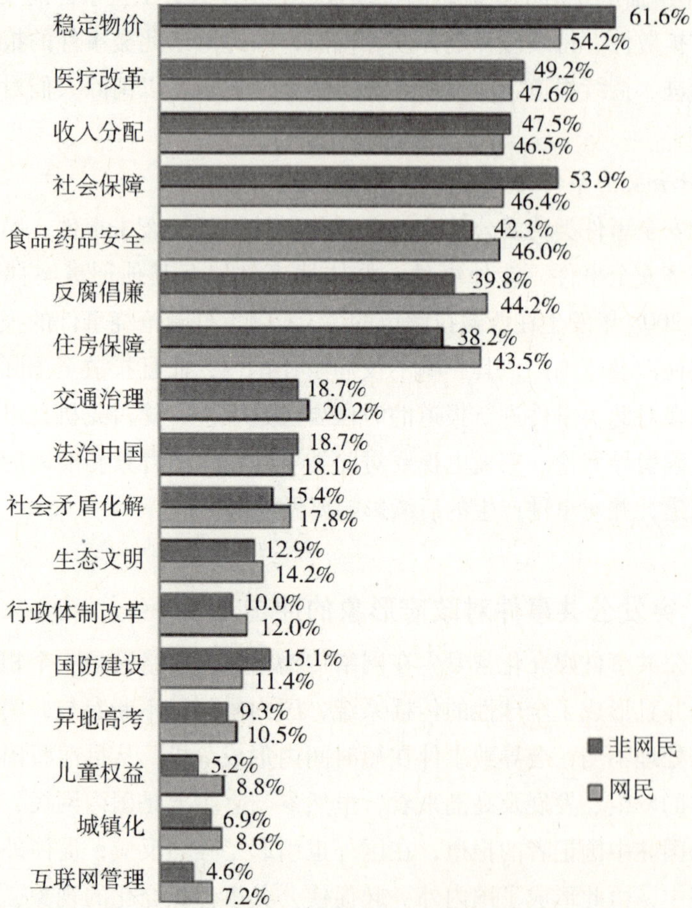

线上线下十大热点问题调查①

从上图来看，线上线下评选出的社会议题虽有小的差异，但是总体上来说，它们所引起的社会关注以及其中对政府的期待还是高度一致的。例如，2013年四川雅安地震之后，遭遇信任危机的红十字会截至2013年4

① 2013两会热点调查线下结果出炉. 人民网，http://npc. people. co. cn/2013/0301/c14576-20639099. html，2013-03-01.

月27日收到了社会捐赠款物5.66多亿元，占比53%以上。全国有115家基金会参与芦山地震救灾募捐，共募集善款和物资10.49亿元，从数据上来看，好像中国红十字会还是有相当高的信任度。但《人民日报》根据红十字会所获得的捐赠总额，于2013年4月30日发表评论文章《网络舆情并不完全等同现实民意》，认为网络舆情与现实民意之间，有着巨大的差异①，其内在含意是，我们不要过于相信网络民意。然而，如果我们深挖捐赠红十字会的名单，会发现捐赠给红十字会的大都是国企，而普通群众的人数与数额均呈现巨大滑坡。2013年4月20日，四川雅安芦山县发生7.0级地震后，中国红十字会发微博称将派工作组赶赴灾区考察灾情，引发近万名网友留言“滚”；深圳红十字会在莲花山公园为地震灾区举行街头募捐，却遭市民不信任绕道而行。2013年4月25日15时30分，深圳市红十字会总共募集捐款155.2万元；而民间公募基金会深圳壹基金在24日前共收到近1.5亿元捐款。很显然，如果从民间的角度来说，网络民意其实与现实民意有着巨大的共同之处。而有的媒体却站在官方的立场上，片面解读红十字会的信任危机，诋毁网络民意，是不足取的。

（二）国内新媒体与传统媒体合力推动突发公共事件媒介化

突发公共事件传播主要是通过网络和手机短信等新媒体，再经人际传播扩散，并通过传统媒体的联动报道而形成的。由于网络传播的去中心化、传播主体的多样性、信息传播的迅捷性等特征，谣言、流言及不满情绪等极易通过新媒体迅速传播，造成公众情绪骚动，从而促使社会危机的发生。网络的草根性、流动性、难管理、难预测等特点，再加上传统媒体的介入，形成了各种媒体的联动传播效应，对政府的舆论引导和危机解决提出了全新的挑战。

从过去众多案例的发展过程来看，突发公共事件媒介化均有一个规律，那就是网帖“滚雪球”效应与传统媒体的联动报道，促使危机放大，甚至导致舆论失控，与此同时，政府又应对不当，一味按照传统、落后的思维方式，指挥媒体，强迫媒体统一口径，接受政府的说法，更进一步导致事件媒介化，提升了事件的热度。如甬温铁路特大事故发生后，铁道部新闻发言人在面对新闻记者的质询时，说出了“不管你信不信，反正我信

① 陈述．网络舆情并不完全等同现实民意．人民日报，2013-04-30.

了”的言语，在公众当中造成了非常恶劣的影响，对铁道部的形象造成了极大的损害。从这个角度来说，如何及时应对公共事件的媒介化，并建设一个常态性的应对机制，去塑造政府坦诚、开放、透明的形象，是一个值得政府思考的问题。

近十年来，我国突发公共事件媒介化的进程不断加速，越来越多的公众参与到“围观”当中，如“微博反腐”等。政府面对这一趋势虽采取了许多措施，如完善新闻发言人制度，定期发布政府相关信息，及时应对公众质疑，推出微博等，但是由于媒介管理机制未进行适当的革新，思维观念还有待与时俱进，导致突发公共事件媒介化的现象不断出现，对政府形象产生了强烈冲击。

（三）国外媒体报道推动突发公共事件媒介化和国际化

德裔英籍学者、原伦敦经济学院院长、著名自由主义政论家拉尔夫·达伦多夫 1998 年发表了《论全球化》一文，认为：“20 世纪 70 年代的生态危机，80 年代的核武器辩论（特别是切尔诺贝利核电站事故以后），使人们产生了全球意识。”他还认识到：“信息革命把人类居住的整个世界变成现实的空间。从电话经过电子计算机到国际互联网的发展道路消除了人们的空间界限，这是以前的任何技术发展所无法实现的。”

在全球传播时代，维持一个信息封闭的体系的代价非常高昂，而且有很大风险，在一个封闭的信息系统内做决策，这种危险性更大，甚至还关乎一个国家的存亡。我国正处于中华民族复兴的关键时期，加快发展是当前的重要任务，然而，在中国融入国际化的过程中，国外的资本更愿意到一个信息透明的国家投资。信息透明度成了一个国家寻求投资的一项重要指标。在冷战时期，掩藏信息是一个国家不可或缺的能力。而在全球传播的新时代，掩藏信息只会损害一个国家的信誉，阻碍一个国家在经济全球化时代的竞争力的形成，延缓抵抗西方文化入侵的能力的生成，这种结果必然损害其国际形象。

客观来说，当前我国的媒介政策已经不能适应信息传播全球化的趋势，管理不放松，非但不会有助于突发公共事件的解决，反而会造成己方处于更加不利的国际舆论环境中，直接的结果就是中国政府的声音说不出去，即使说出去也无人听、无人信，无法帮助国家参与全球性的政治、经济、文化制度的制定，创造一个更加有利于我国发展的国际环境。

从国外媒体报道我国突发公共事件，从而促使事件国际化的过程来看，外国媒体报道大多承担“二传手”的角色，即外国媒体通过从网络和传统媒体发现相关信息，然后用英语向世界进行传播，但其取向往往是负面解读，导致我国国家形象受损。

四、突发公共事件的处置

突发公共事件发生后，因其具有极高的新闻价值，各种媒体均会在第一时间进行报道，特别是网络以滚动的信息披露方式，为受众提供了及时、极具震撼、真实的现场画面。在事故报道过程中，许多媒体不仅直播了事件，而且从人性化的角度对当事人进行心理干预，报道了一些缓解受害者及其家属情绪的新闻，取得了不错的效果。然而，仔细观察媒体在报道这些事件的全过程，我们发现媒体在追求新闻时效和轰动性效果的同时，却在一定程度上出现了过度炒作、报道无序、编排不当、整体报道缺乏规划等问题，甚至还出现了娱乐化的倾向。这些问题不但在一定程度上反映了政府施政的缺陷，而且也反映了当前媒体对发布突发公共事件缺乏相关指引的问题，这应该引起我们对媒体如何建立应对重大突发事件的机制，完善报道舆论导向功能的思考，未雨绸缪地做好应对特大突发事件的准备。

（一）突发公共事件媒介化的乱象

2011年7月23日，甬温特大铁路事故导致多人死亡，这是在高铁发展大跃进的背景下发生的，引起了社会的普遍关注。人们对高铁大跃进式的发展提出了许多质疑，对铁路部门缺乏以人为本的发展理念产生不满。在这种形势下，作为肩负挖掘社会真相，推动社会进步责任的国内媒体，无一例外投入了大量时间和精力进行长时间、大篇幅的报道，力求把相关信息最快地传播给公众，以便在媒体竞争中取得优势。

在媒体的关注和强势报道下，铁道部不得不更加关注乘客的救援，解释事故过程，寻找事故原因，尽量给乘客和公众一个交代。客观来说，媒体的介入，对重现事故过程，鞭策铁路部门正视事故的原因起到了积极作用，体现了以人为本的精神。媒体对事故问责的追究与探讨，对受害者及其家属的人文关怀都反映了它们经过三十多年改革后的进步。然而，从甬温事故的整体报道来看，我们却发现了许多媒体都缺乏对重大突发事件进行报道的工作指引，表现为一窝蜂地报道和追踪事件，资料补充、专家解说和报道角度等均存在同质化倾向，呈现出采访无序、报道脉络不清晰、报道逻辑安排不当、报道程序紊乱等现象。记者往往是想到什么才报道什么，抓住一条就报道一条的心理非常明显，报道计划缺乏周密部署，经常顾此失彼，反映出媒体对如何报道重大突发事故，怎样对受害者及其家属的心理进行辅导，尽量避免制造混乱和恐慌等能力的严重不足。

（二）突发公共事件有序媒介化的必要性

缺乏有序报道与信息发布的指引，在市场化的导向中，许多记者只能凭感觉和社会责任进行报道，但是这种报道思想在重大突发事故面前往往显得苍白无力。很多肩负报道任务的记者到了现场，由于缺乏工作指引，无法理清头绪，实施有效采访报道，实现提高报道效率的目的。记者不了解现场情况，又无工作指引，有时对事故夸大报道，使公众阅听现场报道时感觉到事故的重大性和严重性，但是由于无法从整体上了解事件，因此常被新闻报道所惊吓，从而在社会上形成恐慌情绪。这种负面效应很值得我们反思。在报道重大突发事件，如何做到镇定，全面报道事件，日本NHK（日本放送协会）的做法很值得我们借鉴。

2011年3月，日本发生特大海啸，但日本媒体却表现出惊人的镇定，由于有工作指引的帮助，能够如实、平静地报道海啸，稳定了人们的情绪，并兼顾了对受害者的人文关怀。一位在NHK工作，名为阿部博史的工作人员在接受《南方周末》记者的采访时，介绍了NHK在重大事件中如何按照既定的工作指引，有计划、有步骤地进行报道："随着时间的推移，我们对地震的报道会不断变化。一开始是警告哪些地区发生了地震，大约什么时间海啸会出现，请大家及时逃离到安全的地方，正在做饭的人要马上关火等等；地震发生后，要报道各地灾情，有哪些避难所，受灾地区通信手段是什么，如果手机打不通，日本有一种紧急状况下的留言短信和留言电话，其他信号发不出，这个留言却可以；也会报道哪个避难所需要多少水、多少毛毯、多少汽油、哪些药品、各避难所的具体人数，告诉他们在震后怎样睡得比较安稳。"这种有条不紊的工作指引，既使记者在报道重大事故时有章可循，高效报道新闻，实施对公众的心理干预，同时又为处于困难中的人们提供了许多有用信息，注重了对受害者的精神安慰，值得我国媒体学习。

（三）突发公共事件媒介化的有序报道方式

如何在突发公共事件报道中游刃有余，有序地报道新闻，为公众提供全面、翔实的信息，需要媒体在平时建立起重大突发事件报道的工作指引，既能指导记者在混乱的事故现场中寻找有价值的新闻，又不至于制造恐慌情绪。笔者认为，一方面，媒体在建立重大突发事件报道指引时，要注重演习，建立反应机制，以便增强媒体集团军式报道的实战能力；另一方面政府也应该出台更加符合传播规律的危机处理机制。

1. 媒体重大事故报道的常态性演习

媒体要建立常规和制度性的演习活动，不仅要在平时加强模拟训练，而且还要因应重大事件的不同类型，出台相应的处理措施，根据相应的工作指引做好报道准备。

重大事件报道演习有助于媒体在平时积累经验，形成一套行之有效的媒体反应系统，在重大事件和公共危机即将来临或处于萌芽状态之时，就能够对已有的信息进行整理、分析，预测它们发生的时间，并第一时间作出反应，从而实施高时效、密集型的准确报道。很多重大突发事件往往在发生之前就出现了苗头，大众传媒如果在平时缺乏演习，即使发现新闻苗头，也无法及时应对，错失报道最佳时机。在这一方面，NHK 在 2011 年 3 月报道地震和海啸的做法，可以为我们提供许多启发。

NHK 主持人阿部博史在接受《南方周末》记者采访时说，NHK 每天晚上 12 点都要做一次地震灾害报道的演练，记者、节目制作人、主播和摄像师必须轮流参加，每个月会轮三到四次，就和值班一样，甚至高层管理者都必须参加。NHK 在日本各地都有分支机构，会在全国各地繁华街道以及海岸架设摄像头，一旦某个地方发生了地震，30 秒之后 NHK 总部就会切换到当地摄像头拍摄的画面，接着，东京总部的播音员马上讲解地震震级、具体位置等信息。可以肯定的是，1995 年阪神大地震后，NHK 就意识到培养随时准备报道地震的意识的重要性。事实上，日本各种媒体就经常进行地震、海啸的防灾演习，既不会引起公众的恐慌，又在演习当中就如何报道事件积累了丰富经验。正是在平时经常进行演习，所以在地震和特大海啸到来之时，NHK 能够从容应对。

媒体应对重大事故的演习可以在以下两个方面进行加强：第一，媒体要与重大事故相关机构如传染病预防机构、地质灾害预报机构、安全生产监督机构等建立更为密切的联系，有时可以与之联合举办演习活动；第二，媒体内部要设立应急机构，机构成员应包括高层领导、资深记者及编辑，还要有相关的专家学者。总而言之，在平时建立有效的重大事故监测、预警和演习制度，不仅能极大地降低重大突发事件发生后媒体疲于奔命、匆忙应对的负面效应，消除媒体报道不当，无法应对重大事故报道的弊端，而且能够提高媒体的反应速度和报道效率。

2. 政府建立重大事故报道的应急机制

建立重大事故报道应急机制重在建立部门联动机制、信息采访传播准备机制和信息实时直播机制。一般来说，重大事件的发生都呈现为突发公共性质，且经常以无法预料的方式发生，这就要求政府必须针对重大突发事件的特点，掌握重大突发事件的处理规律，建立预警和应急处理措施，迅速报道新闻，从而满足公众的知情权，缓解公众的紧张情绪，疏导社会舆论。

在平时，政府要建立与各种媒体的密切关系。政府与媒体联动，在第一时间向社会公布政府信息，如授权发布新闻、组织报道等，要保证在整个事件处理的过程中，始终坚持把权威、准确的信息传播给公众。当重大突发事件发生时，政府能够及时实施各部门的联动，积极整合各方面的应急力量和资源，理顺应急管理指挥机构、办事机构和工作机构的关系，充分发挥各部门的职能作用，提高应对工作规范化水平，形成协调运作系统。重大突发事件涉及面广、头绪多、时间紧，政府必须坚持“统一指挥、协同配合”原则，充分发挥各部门的作用和优势，建立统一指挥的联动机制，保证工作有序、高效进行。这种协作运作系统，既可以调动力量全面报道重大突发事件，又可以帮助政府及时应对和处理事件。

建立部门联动机制，要做到以下三点：一是政府要健全信息发布系统，完善发布机制，加强指导和督促检查，确保渠道畅通；二是要加强各部门横向沟通配合，做到互联互通，信息共享，资源共享；三是要加强整体联动，一旦重大突发公共事件发生后，相关部门按照应急工作指引要求，立即进入应急状态，发挥各自作用，形成应对合力。比如说，在汶川地震报道中，为了让人们了解到最全面翔实的新闻，政府充分发挥联动机制作用，积极与奔赴灾区的媒体联动，与部队及相关救援部门联动，与社会各界联动。有效地实现媒体内外资源的互动，可扩充新闻的信息量，增强新闻的真实性和感染力，同时也有助于政府掌握各种信息。

除了要建立部门联动机制外，还要建立信息直播机制，能够确保信息的透明与传播渠道的畅通，在报道的过程中要大胆采用“速报—更正”的直播方式，第一时间播报新闻，抢占舆论高地，掌握舆论的主动权。对于存在失实和采访不充分的地方采取迅速更正的方式，减少负面影响。行动的迅速能够争取到报道的主动权，信息的公开和透明也将赢得公众的赞誉，提升媒体的影响力，做到“现场直播，让真相跑在谣言的前面”。当直播的过程中存在过失的时候，媒体要在第一时间澄清事实真相，避免流言或者谣言的传播。

此外，还要建立完善的专家库。这个专家库可以为政府报道重大突发事件提供非常多的帮助。专家是解释某一重大突发事件的最好传播者。他们通过现身说法，可以把事件解释得非常清楚、深入，能够得到公众的认可，减少社会的恐慌。这可以弥补政府官员在一些学科或行业领域专业知识的不足，增强报道的说服力、知识性和权威性；同时也可以使政府规避因说错话而导致的危机处理风险，增强信息发布的权威性。要分门别类建设专家资源库，根据不同领域的专家，建立相应类别的专家档案。在选择专家时，一般要求具备如下条件：对媒体报道的议题相当熟悉，拥有自己独立、独到的见解；愿意就自己擅长的领域发表专业见解；能够帮助媒体强化权威性，使报道更易于吸引受众，并且更有效地“提高对公众的影响力”。负责整理专家库的工作人员应及时更新专家资料及其意见，并使专家和社会热点之间形成某种关联。

总之，建立重大突发事件工作指引，重在对记者和编辑给予适当的引导，帮助他们在现场及时展开有条不紊的工作，也为记者的采访报道活动提供依据，避免出现违反法律的现象。重大突发事件的报道指引不能要求记者生搬硬套传播规律，更不能强行要求媒体只报道政府的意见，而应在尊重新闻报道规律的基础上，积极引导媒体，扭转不利的舆论局面，有效地化解危机。

二、突发社会安全类事件媒介化现象解读

郭美美事件的媒介化过程与解析

李四方

郭美美事件对红十字会的信誉造成了致命的伤害。一个“老牌”的公益组织因为郭美美的炫富，引发了公众的质疑，继而丧失公信力，需要至少二三年时间重建。其中所暴露出的制度监管缺失、管理不善等问题，再一次引起我们对官营公益组织改革的思考。

一、郭美美事件回顾

（一）事件概况

2011 年 6 月 20 日，新浪微博上一个名叫“郭美美 Baby”的账号引起了众多关注。郭美美在其微博中展示了多张生活照，照片中出现了玛莎拉

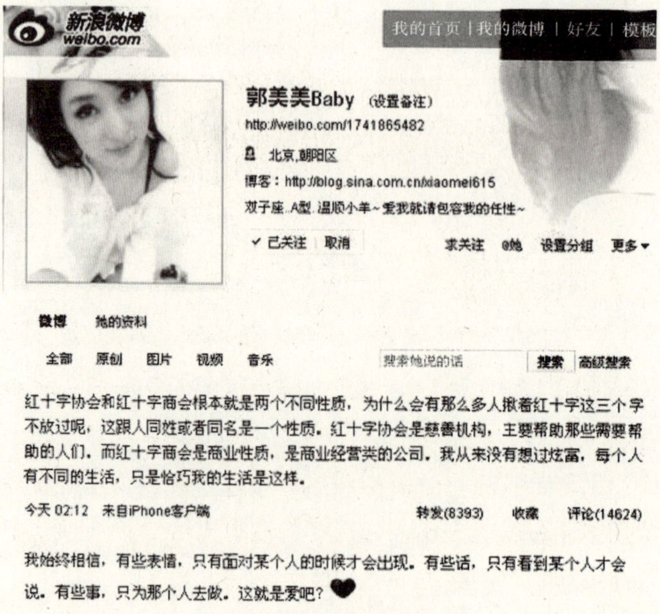

图 1　郭美美新浪微博截屏图片

蒂跑车、私人别墅和爱马仕名包等奢侈品，而她的微博官方认证身份是“中国红十字会商业总经理”。这些公开信息引发了公众的强烈质疑：一名20岁的年轻女生如何能当上“中国红十字会商业总经理”，其别墅、名车、名包等奢侈品是否与挪用红十字会善款有关联?

有网友对其进行了人肉搜索，牵扯出中国红十字会、商业系统红十字会、青基会、天略集团、王鼎公司、中红博爱公司及中谋智国广告公司等众多机构和公司，经过网络媒体的快速传播，郭美美事件成为媒体的热点议题。

（二）郭美美微博舆情变化：从炫富到道歉

从6月21日到6月26日，网络意见领袖的公开质疑，成功引起了公众对郭美美“中国红十字会商业总经理”身份的注意，郭美美连续发布5条微博解释其官方认证身份与其所在公司都是不实信息。

图2　郭美美与其玛莎拉蒂跑车（图片来源：百度图片）

无论郭美美个人生活的奢华与否，公众更关心的是是否有少数人利用慈善机构获取个人不正当利益。网民们自发搜集资料，寻找郭美美与中国红十字会商业系统及其关联公司的关系，通过收集和梳理，发现中国红十字商业系统确实存在操作不规范，最终迫使中国红十字会撤销中国红十字会商业系统。随后，郭美美也被中国红十字会正式起诉。

郭美美事件爆发后，新浪微博取消了郭美美的微博认证身份并对公众致歉，新浪微博管理团队承认工作上的失误，并发布声明称“原认证说明为‘演员’，后经本人申请将认证说明更改为‘红十字会商业总经理’，此过程中新浪微博没有进行严格审核”，新浪微博管理团队表示向“红十字会、相关人员、广大新浪微博用户深表歉意”（见表1）。

表1 郭美美微博内容、态度变化①

发布时间	传播媒体	传播者	传播内容
2011年6月21日晚23时	新浪微博	郭美美	我所在的公司是与红十字会有合作关系，简称红十字商会，我们负责与人身保险或医疗器械等（公司）签广告合约，将广告放在红十字会免费为老百姓服务的医疗车上
2011年6月22日凌晨2时	新浪微博	郭美美	红十字协会和红十字商会根本就是两个不同性质，为什么会有那么多人揪着红十字这三个字不放过呢，这跟人同姓或者同名是一个性质
2011年6月26日14时38分	新浪微博	郭美美	本人出于无知在微博上自称为中国红十字会商业总经理，对此愚昧行为给中国红十字会造成的名誉损害和公众误解深表歉意！本人从未在中国红十字会工作，这个身份完全是本人杜撰出来的
2011年6月26日14时45分	新浪微博	郭美美	本人杜撰这个身份是完全没有恶意的，请各位网友原谅！但本人万万没有想到这个愚昧行为会导致网友对中国红十字会产生误解，本人在此向中国红十字会鞠躬道歉，并向关心此事的网友深深致歉
2011年6月26日14时52分	新浪微博	郭美美	数日来，本人已经受到家人和朋友严厉教育和谴责！这几天我一直在反省这个给大家造成了伤害和烦恼的愚昧无知行为，希望各位网友不要再炒作，我决定用更多的时间来自我反省和自我教育

随着郭美美事件不断发酵并殃及中国红十字会，中国红十字会总会先后于6月22日、24日两次通过中国红十字会官方网站发表声明，称没有“红十字商会”机构，该机构中不设有“商业总经理”职位，也没有郭美美其人，更指出郭美美是借红十字会进行个人炒作。

在网络媒体、政府组织和公众的舆论压力下，郭美美不得不发布微博

① 信息来源：郭美美的新浪微博. http://weibo.com/u/1742905793.

说明其杜撰了“中国红十字会商业总经理”身份，并向公众道歉。笔者通过百度指数统计得到图 3。

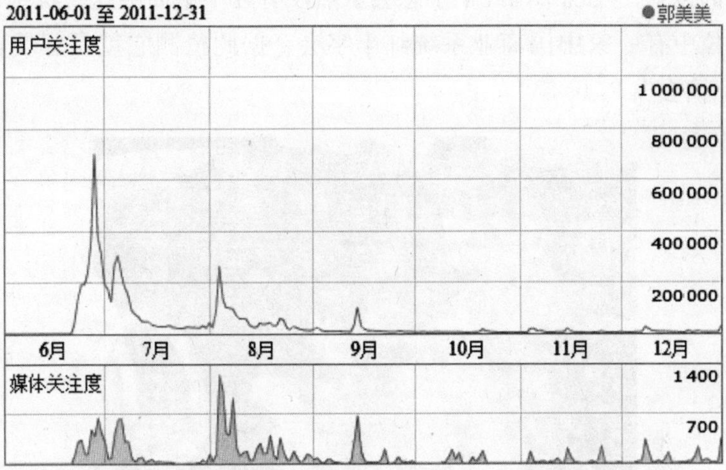

图 3　郭美美事件用户关注度和媒体关注度走势图

（单位：篇；时间：2011 年 6 月 1 日到 2011 年 12 月 31 日）

表 1 和图 3 表明郭美美发布微博的内容与公众和媒体的关注度成正比，当郭美美的微博晒出“中国红十字会商业总经理”的认证身份的时候，在百度共搜索出 702 968 篇关于郭美美的文章，综合分析这些文章发现，公众最关心的是郭美美有没有挪用中国红十字会的善款来满足个人的物质需求。公众通过网络议程设置成功引起大众媒体的注意，通过大众媒体的广泛报道，迫使中国红十字会多次发表声明称郭美美与其没有任何关联。直到 7 月民政部公布数据显示，全国社会捐款同比 6 月下降了 50%，媒体才发现郭美美事件引发了巨大的慈善机构信任危机。同时，网民爆料郭美美与中红博爱资产管理公司有着紧密的联系，而中红博爱公司正是商业系统红十字会的关系企业，这些关系预示着郭美美与中国红十字会存在着间接的联系，从而引发又一波媒体报道的风潮。图 3 中网民关注度的最高值与媒体关注度的最高值存在一定的分割，这是因为郭美美事件爆发初期引起了网民的热烈讨论，随着更多的内幕被挖掘出来，以及牵扯到中国红十字会，引发全国公众讨论慈善机构信任问题，随后大众媒体通过多次报道设置舆论议程，理性反思郭美美事件对中国慈善界改革的意义。

公众指出，郭美美如果完全没有接触过相关项目，如何得知商业红十字会的经营模式？而这种经营模式是否适合公益事业？是否有人利用该经营模式赚取暴利？这些问题推动公众的质疑进一步升级。愤怒的网民们经过仔细的搜索，发现中国红十字总会虽然没有红十字商会这一机构，但在下级单位中有一家中国商业系统红十字会，据此猜测它就是郭美美说的“红十字商会”。

图4　郭美美在微博上展示名牌女包①

随后有人在微博“爆料”：郭美美，曾用名郭美玲，南下深圳在演艺界发展时认识了天略集团董事长丘振良，两人关系不明，而丘振良认识红十字会副会长郭长江，郭美美因此结识了郭长江，和红十字会产生关联。还有人在郭美美的微博关注中发现了一个“@郭长江CR”的ID（未经实名认证），该微博仅仅关注了4个人，其中一个就是“@郭美美Baby”。很多网民猜测郭长江和郭美美有着父女关系。种种迹象不但加剧了网民们的猜测，也证实了郭美美与中国红十字会有着非比寻常的关系。

（三）应对郭美美事件：政府组织履行“公共人角色”

从6月22日到28日，中国红十字会先后四次发布声明，指出组织内没有名叫郭美美的员工，并将采取法律措施维护组织声誉（见表2）。

表2　中国红十字会针对“郭美美事件”发布声明的四次变化

发布时间	政府组织	发布内容
2011年6月22日	中国红十字会	称没有“红十字商会”机构，该机构中不设有“商业总经理”职位，也没有郭美美其人

① 见郭美美的新浪微博. http://weibo.com/u/1742905793.

（续上表）

发布时间	政府组织	发布内容
2011 年 6 月 24 日	中国红十字会	称已就此事向公安机关报案，对今后继续恶意炒作此事件的单位和个人，红十字会将保留进一步追究其法律责任的权利
2011 年 6 月 25 日	中国红十字会	称红十字会已于 24 日正式向公安机关报案，决定启动法律程序，维护红十字会的合法权益和良好声誉
2011 年 6 月 28 日	中国红十字会	称网上流传的某些与红十字会及相关个人有关的照片、微博、亲属关系的说法等内容，经核实，均无任何事实依据，纯属不负责任的谣言。而副会长郭长江既没有名叫“郭美美”的女儿，也没有名叫“郭子豪”的儿子。中国商业系统红十字会设有会长、副会长、秘书长等职务，从来没有总经理的头衔

从表 2 可见，在中国红十字会发布的四次声明中，最开始指出网络传播信息不实，中国红十字会没有郭美美其人，但并没有说明中国红十字会商业系统的存在及其设立的合法性。在网络意见领袖公开指出中国红十字会商业系统所属公司与郭美美存在联系的情况下，传统媒体整合网络信息理性反思郭美美事件，并代表公众质疑中国红十字会商业系统的操作规范。最终中国红十字会经过认真调查，撤销了中国红十字会商业系统，并建立网站，发布公众捐款信息查询系统。郭美美事件经过网络媒体和传统媒体的长时间报道，对中国慈善事业的发展造成了深刻影响。

2011 年 27 日审计署发布审计结果公告，披露了对中国红十字会总会 2010 年预算执行情况和其他财政收支情况进行审计过程中发现的五个问题，其中包括超标采购 420 余万元。这一问题无疑又加剧了民意沸腾，民众认为红十字会不仅任人唯亲而且贪污腐败，对此红十字会副会长王伟表示，审计署公告所披露的是红十字会总会 2010 年财政拨款的使用问题，不涉及社会捐款。这五个问题，有的是操作层面的技术问题，有的是会计核算不规范问题，均不存在贪污腐败、假公济私，也不存在“小金库”等问题。关于超标采购 420 余万元问题，王伟介绍说，2009 年经财政部批准，红十字会总会在当年财政预算中安排了 1 648 万元卫生救护培训项目的模拟人教具采购任务，并于当年12月按照政府采购程序进行招标采购，中标总额为1 227.67万元，比原采购预算减省了420.33万元。为加大对地方红十字会开展群众性卫生救护培训的支持力度，总会对招标采购结余的420.33万元资金，采取增加采购模拟人数量的措施完成了当年的预算执行任务，但未按规定程序向财政部报告。王伟表示中国红十字会已经对相关问题进行了纠正，并向审计署报告了整改结果，得到了审计署的认可。

（四）网络媒体：发挥议程设置的功能

郭美美事件发生后，中国红十字会先后多次向公安机关报案，财经网记者发布微博，称郭美美事件已被北京公安机关正式立案，经过多家网络媒体的报道，郭美美被证实赶往北京配合公安机关调查，但事件性质属于治安事件而非刑事案件。

表3 网络媒体针对“郭美美事件”在一天内不同的新闻报道

发布时间	传播媒体	报道题目	传播内容
2011年6月29日	财经网	郭美美应警方要求从外地返京接受调查	称北京警方对郭美美事件正式立案，郭美美本人应警方要求从外地返京接受调查。网上传其被刑事拘留的消息失实，目前此案属于治安案件调查范畴
2011年6月29日	中广网	北京警方对郭美美事件正式立案属治安调查	记者证实了北京警方对郭美美事件正式立案，郭美美本人应警方要求从外地返京接受调查
2011年6月29日	新华网	“郭美美事件”引发信任危机 红会逐条回应	中国红十字会不存在“超标采购420余万元”，红十字会已以郭美美虚构事实、扰乱公共秩序为由向公安机关报案
2011年6月29日	人民网	中国红十字会通报“郭美美”事件	介绍了中国红十字总会于28日召开新闻发布会并发布通告的情况

从表3可见，网络媒体作为社会的公共领域能够将众多分散的公众意见筛选后纳入媒体议程，通过媒体议程来影响政府在突发公共事件中的政策议程。突发公共事件实质上就是一种危机传播，网络媒体对于“议程设置”的把握，直接影响着受众对事件的认知。

从网友在微博中爆出中国红十字会副会长郭长江和郭美美是父女关系后，郭长江公开表示自己既没有女儿郭美美也没有儿子郭子豪，自己也从来没有使用过微博或博客。之后网络上流传郭长江佩戴奢侈品牌“百达翡丽”手表，郭长江在网上公布自己不知道这个手表品牌也没有该样式的手表。商业系统红十字会始终处于网络舆论的风口浪尖，中国红十字会解释说，这是中国商业联合会根据《中华人民共和国红十字会法》第八条“全国性行业根据需要可以建立行业红十字会”的规定提出申请并经总会审批成立的行业红十字会。

（五）传统媒体：发挥信息重组的功能

郭美美事件发生后，传统媒体整合网络信息，通过多种传播渠道报道新闻，在报道中采用网络意见领袖的意见，采访政府官员和事件当事人，满足公众对事件信息的需求，并多渠道设置媒体议程，推动事件的解决（见表4）。

表4　传统媒体针对“郭美美事件”一天内不同的新闻报道

发布时间	传播媒体	报道题目	传播内容
2011年6月30日	《京华时报》	北京警方就郭美美事件立案否认将其刑拘	律师丁海洋认为，郭美美的行为不符合扰乱公共秩序罪的构成要件，若红十字会认为其虚构事实的行为侵害该组织的名誉权，可按民法通则的规定对其提起诉讼
2011年6月30日	《法制时报》	郭美美事件红十字会报警警方仍未立案	警方已经接到中国红十字会总会报警，现正在前期调查中，截至发稿时尚未立案
2011年6月30日	广东出版集团《时代周报》	“炫富女”郭美美引发慈善界地震	商业红十字会副会长王树民是王鼎公司的法人代表，商业红十字会秘书长李庆一是王鼎公司的副总经理
2011年6月30日	中央电视台《东方时空》	真相调查：郭美美事件	记者采访了事件当事人郭美美和天略集团董事长丘振良，郭美美称自己对“红十字商会总经理”微博认证身份不知情。丘振良表示郭美美所提模式确实存在，并由天略集团开发

纳德·科恩在《报纸与外交》一文中指出："在多数时间，报界在告诉人们怎么想时可能并不成功；但它在告诉它的读者该想些什么时，却是惊人地成功。"虽然议程设置不能左右信息受众的思维，却可以将某些问题纳入媒介议程，引起受众的关注，也可以将某些问题排斥出媒介议程，使之被舆论忽略。在传统媒介之下，舆论议程由政府与媒体共同主导，而且执政党与政府对媒体有着事实上的管理权，因此，政府能够主导舆论议程的设置，从而有效地引导舆论的方向。尤其在突发公共事件中，网络舆论议程设置的科学与否直接影响政府的公信力。

对于公众最关心的郭美美所说的这样一个运作模式，涉及车体广告、医疗保险，这个模式中间存不存在漏洞让慈善捐款有可能变成某些人私人的巨额财产？中央电视台曾于2011年6月28日采访了天略集团董事长丘振良，他表示该模式确实存在，由天略集团开发，并确认该模式本身没有问题，而只是涉及监管到不到位问题。政府组织如何处理这起引起慈善信任危机的突发公共事件，传统媒体代表公众提出了公众最关心的一个核心问题，即我们是否能将自己的捐款，放心地交到公益机构的手里？至此郭美美事件引发的媒体风暴愈演愈烈，从中国红十字会的"郭美美事件"到中华慈善总会的"尚德诈捐门"，再到中国青少年发展基金会的"中非希望工程"，慈善信任风暴愈演愈烈，慈善组织成为众矢之的。

二、郭美美事件引发慈善界"地震"

郭美美事件给有关慈善组织造成的影响非常恶劣。民政部最新统计数据显示，2011年6月份全国社会捐款为10.2亿元，但自6月下旬"郭美美事件"等一系列事件发生后，社会捐款数以及慈善组织捐赠数额均出现锐减。其中，全国7月份社会捐款数为5亿元，和6月相比降幅超过50%。慈善组织6月到8月接收的捐赠数额降幅更是达到86.6%。

2013年4月20日，四川雅安发生7.0级地震，地震后第三天，中国红十字会在赈灾募捐中再次遭遇公众信任危机，在其官方微博中，网友留下了万余条"滚"字留言。截至4月20日当晚，红十字会累计收到捐款14万余元，而壹基金收到的捐款达2 340万元。也有网友对比了深圳市红十字会在汶川地震和雅安地震中收到的捐款数额，2008年汶川地震时深圳市红十字会共募集超过2亿元的爱心捐款，截至4月25日15时30分，雅安地震中深圳市红十字会总共募集捐款155.2万元，不管是同时期的红十字总会和壹基金，还是不同时期的同一家红十字分会，两者募集到的数额差距巨大。

中央财经大学中国企业研究中心主任、社监委委员刘姝威在2013年4月22日发布微博，建议红会社监会重启郭美美事件调查程序，向公众说明为什么在红会发生郭美美事件，以及说明怎么避免再次发生类似事件。他说，因为“郭美美事件不向公众解释清楚，红会在公众中的声誉很难恢复”。

事情一波三折，2013年4月26日中国红十字会秘书长王汝鹏通过实名微博说，红会没有任何人说要重查郭美美。不少网友认为，郭美美事件不进一步调查清楚，红十字会的声誉很难得到恢复。红十字会的社会募捐屡遭质疑，显示出中国民众对官办慈善机构的信任仍然没有反弹迹象。

三、郭美美事件中的政府、媒体和公众的议程设置

为了满足公众对郭美美事件真相的了解，2011年北京市公安局官方微博“平安北京”连发三条微博通报郭美美事件，称现查明，郭美美原名郭美玲，并于5月自行杜撰了“中国红十字会商业总经理”身份，郭美美及其母与中国红十字总会无直接关联。但是公众对北京市公安局“无直接关联”的说法不满意，认为调查结果仍然含糊不清，没有向公众交代清楚郭美美事件的背景。

事发一个月后，郭美美及其母亲郭登峰终于公开露面，解释事件的来龙去脉。两人在第一财经电视接受学者郎咸平专访，整个采访持续了一个小时，郭美美在接受采访时表示，中红博爱股东王军是其“干爸”，而王军则是深圳的地产商人，豪车玛莎拉蒂是王军赠送给她的。郭美美同时承认，她接受了公安局两天的询问。其母郭登峰在采访中向外界表明，她本人亦财富可观，1990年就已在深圳有两套房子、几百万现金。至于其财富来源，则是靠炒股票。

2011年7月4日中红博爱资产管理有限公司CEO翁涛在微博上曝出“真相”，称郭美美是中红博爱前董事王军的女友。从广东出版集团报道披露的信息，以及从郭美美在第一财经接受专访时透露的信息显示“中红博爱资产管理有限公司”是一家非常特殊的公司，从公开资料查知，中红博

爱资产管理有限公司成立于2008年，是全国性的控股投资集团，是中国红十字会的关系企业（商业系统红十字会“借壳”的王鼎公司，正是中红博爱的股东），主要业务是关于红十字会相关公益服务项目的投资、运营和管理。

中红博爱公司在网络上进行招聘时自称是“中国红十字会的关系企业”，并将在全国大中城市社区内投资建3万个红十字博爱服务站。招聘信息里还说，这个项目是由中国红十字会总会主办、商业系统红十字会承办的。至此，中红博爱公司成为公众质疑的一个重点。

公众重点质疑的另一个对象是商业系统红十字会，在它运作的多个项目中，有多家商业公司包括王鼎公司、天略集团、中红博爱资产管理公司参与其中，这些项目到底是公益项目还是商业项目？作为一个慈善组织中国红十字会有没有挪用公众的捐赠赚取商业利益呢？作为中国红十字会下属的一个机构，红十字会有没有对商业系统红十字会运作的项目进行监督和约束呢？

中国商业系统红十字会表示自身以及所有相关机构都与郭美美无关，并表示可以公开成立十年来的所有账目，欢迎监督查询。而中国红十字会总会表示，商业系统红十字会是经总会批准成立的行业分会，但人、财、物的领导和管理责任不属于红十字总会。它的主管部门是中国商业联合会。

四、舆论监督：政府组织与公众的博弈

2011年12月31日，中国红十字会总会通报了关于对商业系统红十字会调查处理的情况，调查结果显示，商业红十字会中不存在“红十字商会”机构，没有设立“红十字会商业总经理”职务；郭美美与中国红十字会总会及商业红十字会没有任何关系，其炫耀的财富与红十字会、公众捐款及项目资金没有任何关系。通报还表示商业红十字会自成立后没有按照《中国红十字会章程》的要求，召开会员代表大会；没有理事会、常务理事会等领导机构，不符合行业红十字会的基本组织要求；没有建立完善的财务、合同与项目管理制度，内部管理混乱；部分负责人利用其双重身份，在项目运作中存在关联交易，严重违反公益组织的基本原则。经中国商业联合会同意，决定撤销商业系统红十字会，并将依据法律法规对遗留

问题进行相应处理。至此，郭美美事件暂告一段落。

2011 年注定成为中国慈善事业非比寻常的一年，郭美美事件也作为中国慈善事业的一个里程碑事件载入历史。经历过一段时间的网络质疑和媒体报道，郭美美的身世和财富依然疑点重重。该事件之所以能够不断发酵，是因为在生活中不少人都或多或少捐助过衣物钱财给中国红十字会，而中国红十字会多年来不透明的运作机制引发了民众的不满，郭美美事件的全民大讨论源自多年来公众对慈善机构日积月累的不信任感。

五、议程设置：网络媒体与公众的一次成功合作

议程设置功能作为一种理论假说，最早见于美国传播学家M. E. 麦库姆斯和D. L.肖于 1972 年在《舆论季刊》上发表的一篇论文，题目是“大众传播的议程设置功能”。麦库姆斯和肖指出，大众传播具有一种为公众设置“议事日程”的功能，传媒的新闻报道和信息传达活动以赋予各种“议题”不同程度的显著性（salience）的方式，影响着人们对周围世界的“大事”及其重要性的判断。

我们可以从三种作用机制来考察大众传媒在郭美美事件中进行“议程设置”的效果。第一种机制称作“知觉模式”，大众传媒报道或不报道某个“议题”，会影响到公众对该“议题”的感知；第二种机制称作“显著性模式”，即媒介对少数“议题”的突出强调，会引起公众对这些议题的突出重视；第三种机制称作“优先顺序模式”，即传媒对一系列“议题”按照一定的优先顺序所给予的不同程度的报道，会影响公众根据这些议题的重要性顺序所做的判断。一般认为，大众传媒主要是通过这三种机制来设置议程的。而且，从“感知”到“重视”再到为一系列议题按其重要程度排出“优先顺序”，这是一个影响和效果依次累积的过程，越往后效果越大，影响也越深刻。

在“议程设置”功能“知觉模式”中，通过新浪微博、财经网、新华网、人民网、《京华时报》、《法制时报》及央视等大众传媒的报道，在短短几天内，郭美美事件成为网民和大众最关心的媒体议题，人们津津乐道于这个年仅 20 岁却拥有别墅、名车、名包等众多奢侈品的女生何以成为“红十字商会总经理”？由此，公众对红十字会的质疑声铺天盖地。在“议程设置”功能“显著性模式”中，人们由对郭美美奢华生活的关注，到新

浪微博对郭美美“红十字商会总经理”的官方认证，进而到微博爆料郭美美是红十字总会副会长郭长江的女儿，是中红博爱公司前董事王军的女友，以及红十字会为何超标采购420余万元等问题。网络媒体和传统媒体不断引导民众关注与郭美美有关的一个又一个议题，挖掘事件背后的真相。在“议程设置”功能的“优先顺序模式”中，在与郭美美有关的一系列事件中，大众传媒报道的核心议题是红十字会与郭美美是何关系？商业红十字会系统是怎么回事？这也是民众最想从央视节目《真相调查：郭美美事件》和中国红十字总会三次声明中了解的信息。

（一）网络媒体打造“意见的自由市场”

互联网带来了一场舆论传播载体的革命，网络媒体自由、开放的特征使舆论表达跨越了时间和空间的限制，消泯了传播主体与客体之间的界限，打造了“意见的自由市场”。在网络世界，任何人都可以发布信息，即所谓的信息发布“零门槛”，理论上每一个人都可以成为“新闻发布者”。

网络舆论的传播载体包括网站、论坛、贴吧、博客等，这些舆论载体具有开放性和交互性的特点。开放的网络平台赋予每一个人自由发表言论的权利，任何人都可以在最短的时间内了解各地发生的重大事件并自由地发表自己的观点。网络言论的开放性使得突发公共事件中任何与公众利益直接相关的公共政策和政府行为都必须置于公众的监督之下，任何社会问题一旦引起网民的关注，就会形成巨大的网络舆论压力。

（二）网络媒体成为公众关注突发公共事件的窗口

郭美美不仅掀起了慈善风暴，更让公众在媒体设置的议程中提升了公民意识和社会责任感，以下数据反映了关注郭美美事件中的公众性别、年龄、职业和学历构成：

图5是通过百度指数统计得到的数据。数据表明，男性仍然是关注突发公共事件的主体，但是更多的女性也开始关注突发公共事件，尤其是涉及女性主题的网络事件。由于郭美美事件大量涉及豪车名宅等炫富主题，这些都是现代都市人群极其敏感的话题，他们面临着强烈的就业竞争压力，物质上希望得到更大的满足，年仅20岁的郭美美炫富刺激了公众的敏感神经，尤其是让面临就业的高学历年轻男性倍感压力。从图中能够很明显地看到关注郭美美事件的人群集中在20—39岁的中青年，大部分拥有本科及以上学历，大多分布在教育领域或者IT等高科技领域。

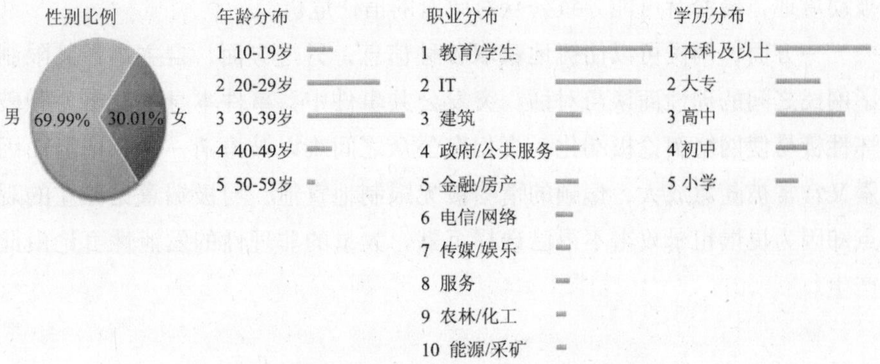

图5　关注郭美美事件中的公众人群属性

（时间：2012 年 8 月 1 日到 2012 年 12 月 31 日）

在郭美美事件中，人们为何揪住郭美美“红十字会商业总经理”身份不放？这源于人们长期对中国慈善事业工作的不规范操作和工作制度不透明的不满。郭美美事件不仅反映了普通民众对中国慈善事业的不信任，也反映了中国现实社会割裂引发的不信任感乃至绝望感。人们渴望通过郭美美事件建立中国慈善事业工作的信息公开制度，这也促成了“中国红十字会捐款信息管理系统”的推出，该系统可以通过网络平台对捐款的接收、管理和资助流向进行在线查询。

网络舆论的主体即普通的网民，在网络时代任何人都有可能成为舆论的主体，都有机会参与社会公共事务，发表自己的观点，发挥舆论监督的作用。网络舆论主体的匿名性和多元性解构了政府网络空间话语的主导权，消减了传统媒体时代政府“把关人”的作用。匿名性是网络舆论主体最大的特点。

网民是一个存在于虚拟空间的群体，表现出与现实的人完全不同的特点。在网络这个虚拟的社区中，网民们因脱离了社会真实身份的约束和他人的监督而有可能更自由、更大胆地发表自己的观点，特别是那些囿于自己的真实身份在现实生活中无法表达意见的人。虽然这在一定程度上给了网民们更大的言论自由，为政府更好地了解民意提供了机会，但这种虚拟性也给一些信息造假者和谣言传播者提供了舞台。他们有可能利用各种虚拟身份在网络上肆意发表虚假信息，甚至制造混乱，恶意误导公众。特别是政府回应危机的缓慢与滞后，瞬间就会导致负面舆论蔓延，让政府处于被动境地，最终有可能导致公众对政府的信任危机。

一方面，网民可以便捷地获取各种信息；另一方面，自主选择又限制了网民之间的理性商谈与对话。突发公共事件中，事件本身的冲击力和破坏性极易使网络舆论极端化，真相在公众之间难以被澄清，而某些负面因素又常常被随意放大，偏颇的情绪被无限制地宣泄，与极端意见相左的观点却因为畏惧粗暴攻击不得已选择沉默，大量的非理性的发泄性言论由此产生。

六、突发公共事件中信息沟通不完善：政府与民众之间存在信任沟壑

（一）政府组织应加强与媒体合作，建立公开透明的信息沟通机制

公共关系学理论强调，信息沟通是危机管理的核心。突发公共事件最大的特点之一是其不确定性和复杂性，完善的信息管理对危机的预防、准备、回应和重建至关重要。危机发生时，公众出于对危机的恐惧和对危机事件的不明真相，出现各种流言蜚语是必然的。而杜绝谣言产生的唯一办法就是建立公开、顺畅、权威的信息公开机制，及时、全面、准确地告诉公众事实的真相，提高政府工作的透明度，满足公众的知情权，堵塞流言传播的渠道。尤其在网络传媒环境下，政府管理部门与网民就重大社会问题的互动远没有达到网民满足的程度。

近年来虽然政府部门主动公开信息的意识加强，但仍受到传统惯性思维的影响，与网民缺乏互动信息的传递，无法满足公众的全面知情权，不能及时回应不断出现的各种质疑，这就可能扩大流言蜚语的传播范围并增加公众的疑惑。

郭美美事件中，公众最初的质疑焦点在“中国红十字会商业总经理”的微博认证身份上，事件发生后中国红十字会声称没有“中国红十字商会”，却没有提及其下属机构“商业系统红十字会”，存在隐瞒事实的嫌疑。2011 年 6 月 24 日，商业系统红十字会发布声明称与郭美美没有任何关系，但细心的网民发现多家商业公司都是商业系统红十字会的关系企业，包括王鼎公司、天略集团和中红博爱资产管理公司。据中红博爱资产管理公司 CEO 翁涛发布微博称，中红博爱公司前董事王军是郭美美的男

友，事件发生后辞去了董事一职，而郭美美在接受郎咸平专访时称王军为自己“干爸”，这些信息都显示了郭美美与商业系统红十字会存在间接联系，而不是商红会宣称的没有任何关系。直到2011年6月28日下午2点半，中国红十字会在总部召开了新闻发布会向媒体做有关说明，但是邀请的媒体名单只有中央电视台、新华社、《人民日报》、《中国青年报》、中国新闻社、中央人民广播电台。而其余媒体，则以“内部情况通报”的名义，被婉拒于会场外。此事后来被戏称“央级媒体通报会”。

（二）政府组织应把握舆论议程设置：掌控突发公共事件话语权

目前我国政府和大部分有着官方背景的组织实行的仍然是传统的媒介传播模式，在“以党办媒体”为核心的传播体系下，政府控制着大部分主流媒体，可以通过设置议题、控制信息传播内容和渠道来实现议程设置。这种以政府为中心的舆论管理模式长期存在，形成了政府“我说你听”自上而下的舆论管理机制，对公共危机事件信息传播方面存在种种“误区”，如担心媒体报道社会的阴暗面会影响国家和社会的稳定，对于一些危机事件尤其是网络上发布的信息采取不报或少报的做法，直接导致了流言蜚语的滋生，使事件朝着更难以控制的局面发展。作为有着官方背景的中国红十字会，在事件几乎失控时才召开新闻发布会并拒绝众多媒体尤其是网络媒体的报道，直接推动了事件的不断升级。

总之，在突发公共事件中政府应主动设置网络议程，主导网络舆论走向，优化政府形象。虽然政府无法利用媒体支配民众怎样思考突发公共事件，但政府可以通过利用网络媒体和传统媒体设置议程，确定哪些信息可以进入媒介议程，最终影响和改变公众对事件的看法。

在突发公共事件中，政府要采取及时回应事件的策略，满足公众对信息了解的需求，特别关注网络和传统媒体中有关政府形象的议程，控制媒介议程的病毒式传播，尤其是会影响政府形象的恶意传播，避免舆论朝着损害政府公信力和形象的方向发展，并根据不同的信息发布重新设置媒介议程，修复和改善政府形象，及时向公众传达政府处理突发公共事件的态度和措施，消解公众对政府的不信任感，减少网络和传统媒体的负面舆论，从而控制媒体议程，引导舆论朝着有利于提升政府形象的方向发展，树立政府公正、公平的正面形象。

参考文献：

[1] 余霞，廖小丽. 试论微博在突发公共事件中的传播功能. 东南传播，2011（8）.
[2] 陈艳霞. 微博在突发公共事件中的功能和角色浅析. 重庆大学硕士学位论文，2011.

“房姐”事件媒介化透析

焦何结

从2012年10月8日广州番禺“房叔”登场以来，因拥有多套房产而进入公众视野范围的“房多多”们就如“新闻串烧”，不断地刺激着公众的神经。在非法拥有多套房产的外衣之下，隐蔽着更多深层次的问题：户籍管理制度的漏洞、公众对官员财产披露的急切呼吁、因官员腐败而引起的官民矛盾等。而陕西“房姐”龚爱爱的出现则达到了这一系列事件的舆论高峰。

从“房姐”在网络上被曝光到最后被捕，不到一个月的时间。在整个过程中，网络媒体和传统媒体相互作用，强势舆论贯穿始终，一方面追踪着事态的进展，另一方面也对相关政府机构的调查行为进行了强势监督。

一、事件回顾

2013年1月16日，中华网有帖子称“神木县农村商业银行副行长、榆林市人大代表龚爱爱在首都北京拥有二十多套房产，折合人民币近十亿元”；她“同样是双重身份双户口，另一个身份证名字叫‘龚仙霞’”，以龚仙霞的身份在京拥有20余套房产；龚爱爱曾是陕西西安江东企业投资发展有限公司法人代表，“公司固定资产十几亿元以上”。网帖还公布了“房姐”的两个身份证号码、住址及龚仙霞名下在京三套房产的地址。

2013年1月17日，该帖在网上热传，龚爱爱也被网友戏称为“房姐”。

1月22日，龚爱爱被查出有四个户口，其中一个在北京。北京警方着手调查。

1月24日，公安部成立调查组，龚爱爱在京房、车被查封，户口被注销。北京警方对龚爱爱事件立案调查。

1月27日，神木警方对龚爱爱涉嫌伪造国家机关公文、印章罪立案。

1月31日，北京警方证实，截至当时龚爱爱在京拥有41套房产。

2月4日，经榆林市人大常委会许可，按程序依法对龚爱爱刑事拘留，在榆林市境内异地看押。

9月29日，龚爱爱一审判决有期徒刑3年。

二、舆情发展过程解析

“房姐”事件作为全媒体时代一起典型的网络热点事件，因牵涉多方主体，在网络公共领域掀起了大范围的舆论浪潮。“房姐”事件最先在网络上爆出，其信息的敏感性引来了广大网民的迅速围观，传统媒体也迅速对事件进行了报道。新媒体和传统媒体合力，造成了强大的舆论声势，政府在强势的舆论监督之下，不得不介入，并开展调查。而政府对待该事件的态度、采取措施的速度又反过来影响着舆论的发展。

在事件发展的不同阶段，政府的表现和舆情的走向有何关系？笔者将通过形象化的分析对此作出解答。结合下表，我们可以看出“房姐”事件的舆情发展过程。

网民有关“房姐”事件的百度搜索次数（数据来源：百度指数）

时间	网民百度检索次数
2013年1月17日	0
2013年1月21日	3 171
2013年1月22日	7 098
2013年1月24日	13 292
2013年1月31日	14 266
2013年2月1日	15 747
2013年2月5日	10 837
2013年2月9日	1 157

（一）事件初发期（2013年1月16日至2013年1月21日）：事件曝光，大众关注

2013年1月16日，“房姐”在京拥有多套房产以及拥有两个身份证的消息在网络上被披露出来，网民针对该事件展开了激烈的讨论（见图1）。据人民网舆情监测室统计，1月20日，与“房姐”话题相关的微博数量达到了65 300条（见图2）。再经过传统媒体对这一消息的广泛转载，21日，

该事件的百度搜索指数上升到了 3 171 次，相关微博的数量为 50 600 条。

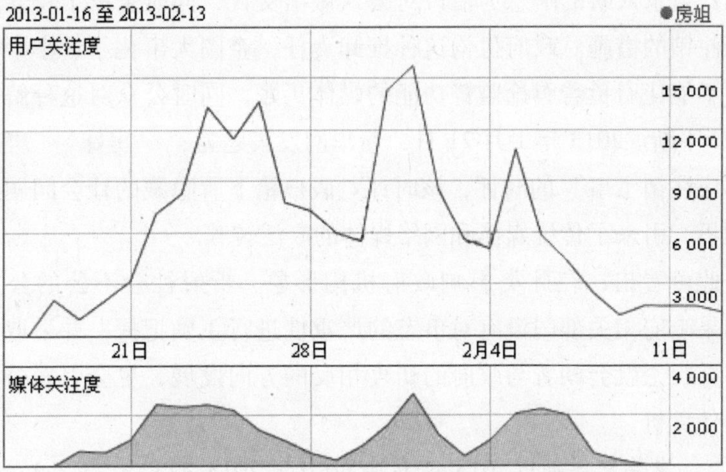

图 1 "房姐"事件的媒体关注度与用户关注度走势图

（时间：2013 年 1 月 16 日至 2013 年 2 月 13 日）

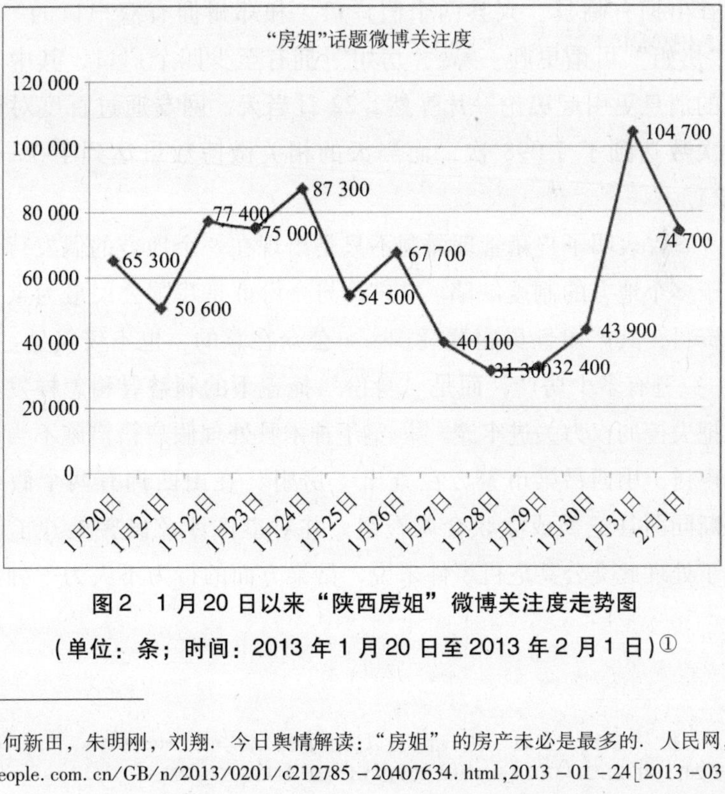

图 2 1 月 20 日以来"陕西房姐"微博关注度走势图

（单位：条；时间：2013 年 1 月 20 日至 2013 年 2 月 1 日）①

① 何新田，朱明刚，刘翔．今日舆情解读："房姐"的房产未必是最多的．人民网，http://yuqing.people.com.cn/GB/n/2013/0201/c212785-20407634.html,2013-01-24[2013-03-10].

针对“房姐”拥有多重身份的消息，陕西神木县称消息属实，并且以民警在户籍录入时的疏忽为借口对公众做出交代，同时采取了将龚爱爱的假户籍注销的措施。政府机构这种推卸责任，企图大事化小、小事化了的做法并不能让肩负着舆论监督功能的媒体买账，同时公众对这种解释也是“吐槽”不断。2013 年 1 月 21 日，新华网发表题为“‘房妹’‘房姐’假户籍不应注销了事”的时评，该时评对假户籍下所隐藏的社会问题进行了深入剖析，引来了传统媒体和网络媒体的广泛转载。

由此可看出，在此类影响政府机构形象、折射社会不公的公共事件中，如果政府相关部门没有对事态的严重性进行正确把握，并采取适当措施，那么舆论就会朝着与政府的初衷相反的方向发展，更会引发公众对政府的信任危机。

（二）事件发展期（2013 年 1 月 22 日至 2013 年 1 月 23 日）：事态深入，舆论发酵

2013 年 1 月 22 日，“房姐”继被陕西查出拥有两个户口之后，又被山西调查出拥有临县、兴县两个假户口。和郑州拥有双户口的“房妹”相比，“房姐”可谓更胜一筹。“房姐”拥有至少四个户口，其中一个落户北京的消息更引起舆论一片哗然。22 日当天，网友通过百度对该事件的搜索次数达到了 7 098 次，而当天的相关微博数量达到了 77 400 条（见图 2）。

这一事件表明了户籍管理漏洞不只是出现在一个地方的偶发行为，而是存在于多个地方的制度缺陷。“户籍与身份证是我国公民最为重要的身份证明资料，其严肃性毋庸置疑。……公众在意的，也不仅仅是‘房妹’‘房姐’究竟有多少房产，而是‘身份’掩盖下的利益寻租怎样发生、如何才能把失控的权力关进牢笼。”[①] 鉴于神木县处理假户籍措施不当所引发的舆论声讨，山西吕梁市警方在查出“房姐”在山西拥有两个假户口之后，果断同两县纪委成立联合调查组，并对事件涉及民警展开了停职调查。对于处理此类公共危机事件来说，吕梁方面的行为不失为一种认识上的进步。

---

① 新华社．“房妹”“房姐”假户籍不应以注销了事．新华网，http://news.ifeng.com/mainland/detail_2013_01/21/21433323_0.shtml，2013－01－21［2013－03－29］．

（三）事件高潮期（2013 年 1 月 24 日至 2013 年 2 月 5 日）：消息频出，高潮不断

2013 年 1 月 24 日，公安部成立调查组，龚爱爱在京房、车被查封，户口被注销。北京警方对龚爱爱事件立案调查。媒体和公众对“房姐”事件的关注达到了第一个顶峰，24 日当天的百度搜索次数达到了 13 292 次。而当天的微博数量达到了 87 300 条，形成了该事件爆发以来的第一个舆论高潮。

面对如此强势的“舆论旋风”，该事件所牵涉到的政府部门不得不站出来对公众有所交代。并且，政府部门还不能只是停留在就事论事的基础上，因为公众企盼的是由“房姐”事件所折射出来的户籍管理制度缺陷这一类问题能得到彻底的解决。针对网民所表达的民意诉求，公安机关将 7 名为龚爱爱违法办理户口的嫌疑犯拘捕。

2013 年 1 月 30 日，新华网记者“从公安部获悉，公安部近年来针对户籍管理中存在的问题，开展了系列专项清理整治，目前已纠正和清理了一批身份证重号和重户、多户问题，查处违法违规办理户口的民警 121 人”[①]。由此，我们也可以看出“房姐”系列事件的爆发加快了我国解决户籍管理制度缺陷这类问题的步伐。

由于“房姐”所拥有的房产众多，且牵引出一系列作为连锁反应的幕后事件，所涉范围广泛，并且随着调查过程的展开，不断有新的消息曝出，导致“房姐”事件高潮迭起，在很长一段时间内都是公众注意力的焦点。

2013 年 1 月 31 日，新华网发布微评论称，北京警方证实“房姐”在京拥有 41 套房产，可是主角本人却杳无音讯。该消息一出，舆论一片哗然。网民对事件相关方处理事件的态度产生了怀疑，质疑声、抱怨声充斥网络空间。

“房姐”事件反映了国人仇的不是富，而是不仁。在警方介入调查的情况下，严重违法的当事人龚爱爱竟然能消失得无影无踪，这背后的利益链和权力寻租行为让广大网民对该事件相关当事人能否被绳之以法产生了

---

① 史竞男，邹伟. 7 名为陕西“房姐”龚爱爱违法办理户口的嫌犯被刑拘. 新华网，http://news.xinhuanet.com/local/2013-01/30/c_114560029.htm,2013-01-30[2013-03-30].

怀疑。当日，与“房姐”话题相关的微博数量达到了 104 700 条。2013 年 2 月 1 日，百度搜索“房姐”新闻的指数为 15 747 次。至此，舆论达到了事件发生以来的最高峰，而此高峰的出现是因为政府相关部门处理事件不力，没有快速高效地采取措施解决问题。裹挟着质疑和猜测的谣言在舆论里不断升温，公众再一次对政府部门产生了信任危机。

（四）事件消退期（2013 年 2 月 6 日后）：“房姐”被捕，舆论缓和

2013 年 2 月 4 日，“房姐”龚爱爱被神木警方拘捕，在榆林市境内异地看押。

2013 年 2 月 5 日，“房姐”被拘留的报道被传统媒体和新媒体广泛转载，公众对“房姐”事件的关注又达到了一个高潮，当日的百度搜索次数为 10 837 次。至此，“房姐”事件终于有了一个结果。该事件所带来的余波虽然还未散去，但更多的舆论热点的出现使得公众对这件事的关注逐渐淡化。

三、网络反腐事件的传播特点分析

2012 年可以称为中国的“网络反腐元年”。“表哥”杨达才被网友拉下马，重庆一批官员因不雅视频在网络上被曝光而下台，以及一直在公众视野范围内徘徊的“房多多”系列事件的水落石出，都展示了网络在反腐行动中所扮演的“利器”角色。通过观察分析这一类发端于网络的反腐事件，可以发现这类事件在传播过程中有很多相似点。

（一）传播路径相似

我们简单地回顾从“房叔”曝光到“房姐”被捕这一系列事件的发展过程，旨在找出影响事件传播的各要素，并在此基础上总结出该类事件的传播路径。

广州番禺“房叔”蔡彬拥有 22 套房产的消息最初由知情网友在天涯论坛上曝出，继而引发网友围观，传统媒体介入报道，接着政府部门展开调查，最终事件真相得以公之于众。“房叔”从 2012 年 10 月 8 日被网络爆料到 10 月 22 日被“双规”，前后不到半个月的时间。

“房婶”李芸卿拥有 24 套房产的消息最初也是从论坛上曝出，接着引发网友围观和讨论，然后《南方都市报》等传统媒体进行实地调查，官方介入，最终真相大白。而李芸卿普通公民的身份，也引起了部分人关于网络在发挥监督作用的同时侵犯个人隐私是否合理的思考。

“房妹”、“房姐”事件最初也是由网络爆出，最终在传统媒体和网络媒体的共同舆论监督下，官方介入，得出事实真相，并对相关当事人进行处理。

综合以上分析，我们可以得出，“房多多”等网络反腐事件在信息的传播过程和舆论的发酵过程中大致遵循着如下传播路径。

网络媒体爆料 ⇨ 传统媒体介入 ⇨ 公众舆论升温 ⇨ 政府部门调查 ⇨ 多种媒体共同关注 ⇨ 事件水落石出 ⇨ 公众舆论平息

媒体进行“议程设置”，通过对部分话题的显著性处理引导了公众注意力的走势，而媒体的大量报道和公众对于某特定事件的关注共同塑造了全民关注“房家族”事件的“拟态环境”，但是在以微博为典型代表的社会化媒体大行其道的新媒体时代，传统媒体并不拥有绝对的信息传播权，网民对某一事件的大范围关注会生成“舆论旋风”，甚至起到一种“反议程设置”的作用。如果传统媒体不能把握传播主动权，就会被网络舆论牵着鼻子走。

和传统媒体时代相比，在新媒体时代，媒介接近权的进一步实现以及公众发声渠道的多元化使得媒体和公众之间的关系从以往单向的“传”与“受”演变成双向的循环影响关系。这种关系的变化所产生的影响贯穿于事件的整个传播过程当中，使得事件的传播路径变得更为复杂。

（二）两个信息场相互作用

通过观察在事实回顾的基础上总结出来的公共事件传播路径，我们可以发现在这一系列由房子牵扯出来的反腐事件中，网络作为最初的信源扮演着重要的角色。网络所具有的进入门槛低、匿名性、扩散范围广等特点决定了它能成为“反腐新利器”。在“房多多”系列事件中，网络自始至终都参与其中，网民对事件的关注形成了“舆论旋风”。大量的相关微博、广泛的新闻搜索、论坛帖子讨论等传递的信息构建了声势浩大的反腐“拟态环境”。

在这个“拟态环境”里，网络媒体和传统媒体都扮演着信息传播者的角色，共同发挥舆论监督的作用，推动事件的发展。在“房多多”系列事件的传播过程中，参与的主体有网络媒体、传统媒体以及政府相关部门。事件最初通过网络媒体曝出，进而传统媒体介入其中，随后传统媒体和网络媒体之间实现了信息的双向循环流动，两者相互交融，共同对事件的进展跟踪报道，最终督促相关部门得出调查结果。在整个过程中，我们可以看到信息的传播流动形成了两个信息场域：一个是网络信息场域；另一个是传统媒体信息场域。两者并非孤立存在，而是相互交融，相互影响。

关于两个信息场域相互作用的方式和特点，中国学者李彪有一段论述十分贴切："网络事件爆热的真正动力虽在于议题本身的敏感度等内源性动力，但也在于传统媒体的响应和互动。网络表现出的互动性与新闻爆料的边界，使新闻报道开始更多地从网络中汲取素材与民意，使得网络媒体和传统媒体都有可能成为网络事件的信息源头，在网络事件形成和发展过程中，网络媒体提供了网络事件放大的平台，传统媒体成为网络事件最终'落地'的助推器，二者相互作用、相互借力，由此形成了强大的舆论声势。"[①]

（三）信息的透明性影响着舆论走势

网络媒体的兴盛使传统的媒介生态环境发生了翻天覆地的变化，而博客、论坛、微博等多种信息传递平台的出现更是解构了传统的舆论格局。网络与生俱来的"草根化"特点使其能作为"加热器"将舆论环境搅得风生水起。近年来，进入公共领域的很多热点事件都是由网络最先挑起，或者是经由网络舆论的叠加、发酵，最终演变成影响广泛的公共事件。

纵观近年来发生的网络热点事件，多是由于话题具有敏感性，牵涉到公众利益而被推到舆论的风口浪尖。而舆论最终得以平息，有两种原因：一是相关责任方积极介入事件，通过公布事件结果主动平息舆论热潮；另一个就是事件各主体都采取不置可否的态度，任由舆论高涨，最终这一波舆论被新一波更热的事件覆盖。

中国当前正处在社会转型期，各种影响社会安全和稳定的问题层出不穷，如果政府对于各类危机事件不予以正确的处理，后果将不堪设想。公共危机事件发生以后，政府作为社会公共事务的管理者应该采取积极的姿态，及时介入事件，用事实说话，引导舆论向理性健康的方向发展。政府的作为和公共危机事件的舆论走势有着密切的关系，而相关信息的透明更是直接影响着舆情的发展。

---

① 李彪. 谁在网络中呼风唤雨：网络舆情传播的动力节点和动力机制研究. 北京：人民日报出版社，2011. 61.

以“房多多”系列事件为例，通过对比“房叔”、“房婶”、“房妹”、“房姐”四起事件所引起的网络用户关注度和媒体关注度趋势走向图（见图3、图4、图5、图6）[①]，我们可以发现用户关注度的走势和媒体关注度的走势呈正相关。而网民和媒体对事件的关注走势和政府对事件的处理是密切相关的。

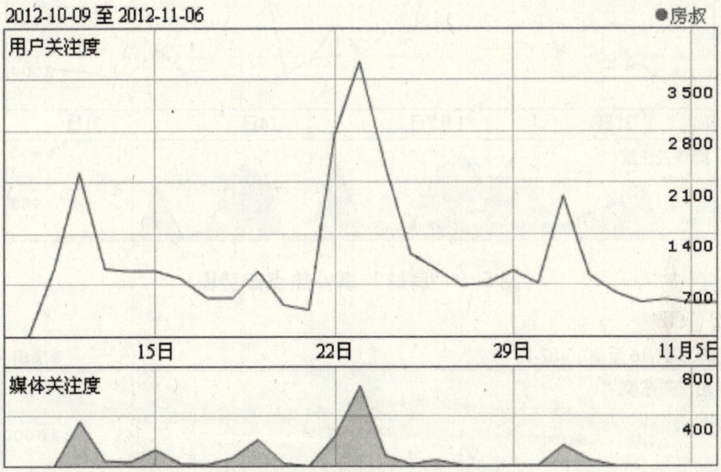

图3 “房叔”事件热点走势图

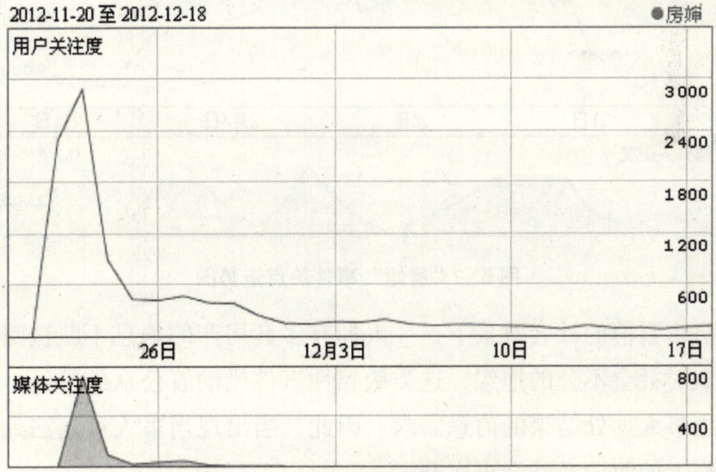

图4 “房婶”事件热点走势图

① 图3、图4、图5、图6 相关数据均来自百度指数.

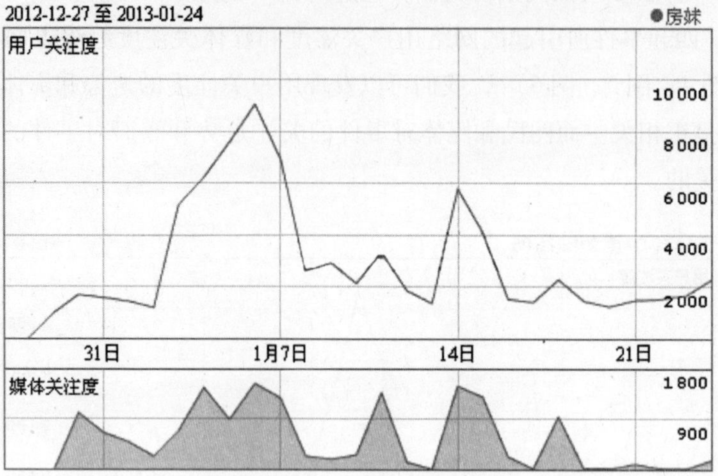

图5 “房妹”事件热点走势图

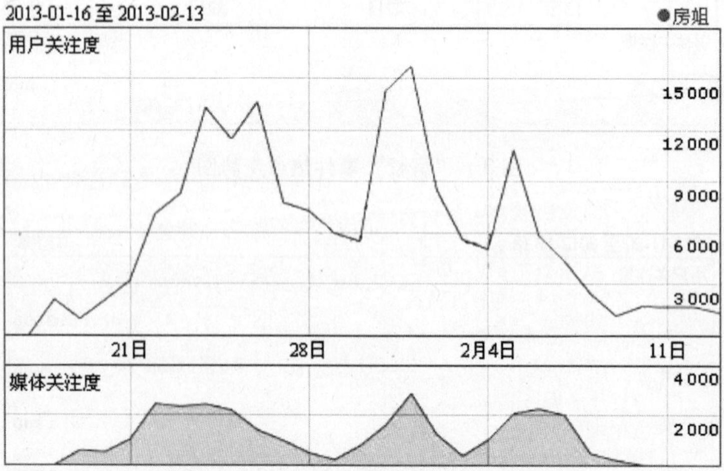

图6 “房姐”事件热点走势图

在房市紧俏的社会背景下，一人拥有多套房产的消息不断被曝出，引起了公众对社会不公的抱怨，这类敏感性事件挑动着公众的神经，激发了公众对当事人惩处结果的信息需求。因此，当出现当事人逍遥法外的谣言时，网络上的舆论必然会再次升温。

“房妹”事件中传言翟振锋被取保候审引来了一个舆论高峰，警方的及时辟谣遏制了舆论的继续升温。而“房姐”事件高潮不断，一方面是随着调查的展开，新的“内幕”不断曝出；另一方面也是公众对事件当事人行踪的怀疑而导致了舆论的高涨。

掌握了信息公开和舆论走势之间的规律，公共危机事件的相关主体在处理事件的过程中就应该注重信息发布，抢占谣言生成之前的时机，利用权威的信息引导将舆论引向理性的发展方向。

四、启示与思考

“房叔”蔡彬从被举报到被“双规”，前后不到半个月的时间；“房婶”从被举报到真相水落石出也不过几天时间。在这两件事的处理过程中，广州政府部门反应迅速，并借助微博等新的媒体形式及时发布消息，因此，政府的形象并没有因这类事件而受到影响，公众反而对其态度的诚恳和行动的迅速表示肯定。而相比之下，“房妹”事件从网络举报到最终立案前后跨越半年多的时间；“房姐”从被举报到不断曝出新内幕，再到当事人失踪，最后被捕，一波三折。公众的情绪不断被激化，牵涉其中的公安部门、纪检部门因其表现不尽如人意而受到了公众的质疑，其部门形象打了折扣。

我们不得不反思：面对相似的同类事件，为何公众对政府相关部门的处理会持大相径庭的态度？归根到底，还是作为事件责任方的政府部门在处理事件中的态度和行为存在差异。以此为鉴，在公共危机事件媒介化的今天，政府部门作为责任主体在事件发生后如何应对显得至关重要了。

全媒体时代的到来使得公共危机事件出现了媒介化的趋势，在这种背景下，政府不能再延续传统媒体时代处理公共危机事件的方式——以堵为主，而是要积极地面对媒介环境的变化，转变执政方式，让新媒体“为我所用”，果断地化解危机，消除公众对政府的信任危机。

“房家族”系列事件作为新媒体时代公共危机事件媒介化的典型案例，为政府应对公共危机事件提供了很多有价值的启示和指导。

（一）满足公众知情欲望，抓住舆论引导时机

公共危机事件发生以后，在事件本身的敏感性和公众强烈的求知欲的共同作用之下，公众对事件本身有一种“信息饥渴”。如果政府部门能准确掌握公众的这种信息需求，并且通过多种媒体及时发布相关信息，就能满足公众的知情欲望，同时也挤占了谣言生长的空间。打败谣言最好的方式就是提供准确、权威的信息。

从事件爆发到谣言生成前这段时间是进行舆论引导的黄金时期，政府部门如果能抓住这个时机，迅速站出来表明自己的态度，并将接下来的行动计划告知公众，就能把握话语主动权。“房叔”事件从网络上曝出后，广州纪委快速利用官方微博“@廉洁广州”表明将会迅速展开调查。微博发布信息的速度不仅是传统媒体无法比拟的，而且作为一种新的执政方式，能拉近政府和网民之间的距离。政府在利用微博发布信息的同时，也留给了网友一个信息反馈的平台，为网友表达意见提供了一条渠道。

其后，番禺政府和广州纪委都利用微博及时地发布调查结果，给了公众一个交代。广州政府解决问题的速度之快和信息的高度透明不仅显示出其面对舆论的诚恳态度，更彰显了其“网络执政”能力之强。因此，和“房妹”、“房姐”事件的舆论发展情况相比，“房叔”事件的舆论得到了快速而理性的引导。

（二）“把脉”网民发声诉求，准确应对化解危机

新媒体时代的到来不仅改变了传统媒体时代由传播者主导的传播格局，也使得作为受众的公众的角色发生了变化。在“大众麦克风”时代，公众的媒介接近权进一步得到保障，网络的普及提升了公众的媒介素养，相应地，其参政议政的能力也得到了增强。

在公共事件媒介化的过程中，众多网民参与围观，拧成一股强势力量，在事件的发展过程中掀起“舆论旋风”。而一些具有专业知识、媒介素养良好，或者是在现实世界有着重要影响力的网民已经超越了纯粹的围观者的身份，担负起了“网络意见领袖”的角色，引导着舆论的发展方向。

在新媒体时代，“意见市场”前所未有的开放程度使得公众很难再对肤浅的借口买账。因此，在公共危机事件发生之后，相关责任方都不能轻易地推卸责任，妄想采用“大事化小、小事化了”的方式使事件得以解决。

“房姐”拥有多个户口的事件爆出后，有关公安部门给公众的说法竟是因工作人员“疏忽”所致，并且只采取将户口注销的解决办法，而在深究相关责任人的行动上却显得迟缓无比。这种逃避责任的做法被网民和具有社会责任感的媒体深深诟病。

因此，政府在处理公共危机事件时，不能为了维护自身形象而轻易为

事件定性，采取逃避责任的做法，而应该在对事实进行深入调查的基础上给公众一个诚挚的交代。透过“意见市场”上喧嚣繁杂的声音，对网民最深刻的发声诉求进行“把脉”，从根源上化解危机才是平息网络舆论的根本之道。

（三）多种媒体“为我所用”，现实问题虚拟管理

据中国互联网信息中心发布的第31次《中国互联网络发展状况统计报告》显示，截至2012年12月底，中国网民规模已达到5.64亿。网络媒体的兴盛在催生电子商务的同时，也为政府部门开拓了一种新的执政形式。在网络时代，当公民已在“网络问政”道路上大步迈进的时候，一些政府部门的媒介素养还停留在传统媒体时代。网络作为一种工具，既然可以作为公众参政议政维护权利的工具，那么也能成为政府执政的工具。为了应对公众的“网络问政”，政府部门应该积极应用“网络执政”这种新方式。

以微博为代表的社会化媒体在发布信息的快速性等方面具有传统媒体无法比拟的优势。例如，和传统媒体单向发布信息的模式相比，微博的评论功能在信息传播者和信息浏览者之间搭建起了一座沟通的桥梁。公共危机事件发生以后，政府可以充分利用微博对民意进行“把脉”，通过微博发布事件调查的结果，通过网络这个虚拟的空间对现实问题进行管理。

同时，政府还可以在把握舆情走向的基础上，实现网络媒体和传统媒体的对接，根据两种媒体的不同特点制定不同的报道策略。

“房叔”事件发生以后，广州市相关政府部门积极介入，通过对新媒体的利用，抢占了舆论制高点，并以其诚恳的态度和快速的反应赢得了公众的信任。“房叔”事件作为负面事件最终却因当局的正确处理而产生了正面的影响。广州纪委在公共危机事件中所采取的处理模式，值得其他政府部门学习。

政府作为执政者，必须跟上时代的步伐，针对社会环境的变化，不断调整执政方式，在执政实践探索中，应该本着“贴近实际、贴近生活、贴近群众”的原则，追求更好的执政效果。

参考文献：

[1] 李彪. 谁在网络中呼风唤雨：网络舆情传播的动力节点和动力机制研究. 北京：人民日报出版社，2011.

[2] 宫承波，李珊珊，田园．重大突发事件中的网络舆论——分析与应对的比较视野．北京：中国广播电视出版社，2012.

[3] 杜骏飞主编．沸腾的冰点：2009 中国网络舆情报告．杭州：浙江大学出版社，2010.

[4] 陶贤都等．网络媒体与传统媒体议程互动——以杨丽娟事件为例．华中科技大学学报（社会科学版），2009（2）.

[5] 新华社．“房妹”“房姐”假户籍不应以注销了事．新华网，http://news.ifeng.com/mainland/detail_2013_01/21/21433323_0.shtml,2013-01-21[2013-03-29].

乌坎事件国内外媒体的舆论响应分析

王娜君

公共危机事件的媒介化过程是一个传统媒体和新媒体联动并相互作用的过程，各个媒体的报道手段、内容、倾向性等会迅速形成带有一定情感色彩的舆论场，并时刻影响着事件的走向。乌坎事件作为近年来我国标志性的一起政治性群体事件，极大地考验了政府的舆情应对能力。

乌坎事件的媒介化过程中有明显异于其他事件的特征。第一，该事件涉及我国政治体制问题，戳中政府基层管理的弱点，事件的敏感度高，导致国内主流媒体集体沉默。第二，由于网络技术的开放性和不可控性导致言论把关困难，网络媒体在该事件的发展中先发制人，在官方和传统媒体选择沉默的情况下，突破重重封锁发布信息，是该事件媒介化的关键，而在事件的前中期，网络舆论呈现负面的一边倒状态，政府面临严重的网络公关危机，形象严重受损。第三，由于事件具有一定的政治敏感性，吸引了港台和欧美地区多家媒体关注和报道，在事件后期村委会选举期间更有近30家中外媒体到场。第四，三个舆论场的矛盾凸显，该事件中的舆论场多于以往的“两个舆论场”（除了国内传统媒体的舆论场和网络舆论场外，还有境外媒体的舆论场）。由此不难看出，境外媒体对该事件的关注度明显高于其他社会公共危机事件，这也引发了我们如何应对政治性群体事件，如何回应媒体的诸多思考。

一、研究目的

本文以乌坎事件作为研究对象，通过媒介介入来展示该事件的媒介化过程，研究方法主要采用案例分析法和定量分析法。首先需要说明的是，为了便于研究，本文将研究的时间区间设定为2011年9月21日（事件曝光）至2012年3月4日（事件走向良性解决）。

根据人民网舆情监测室发布的乌坎事件舆情调查显示（图1），从

2011 年 9 月 21 日至年底，乌坎事件的舆论关注度呈曲线上升态势。笔者统计了网民互动的关注度走向和新闻报道的关注度走向，见图 1。

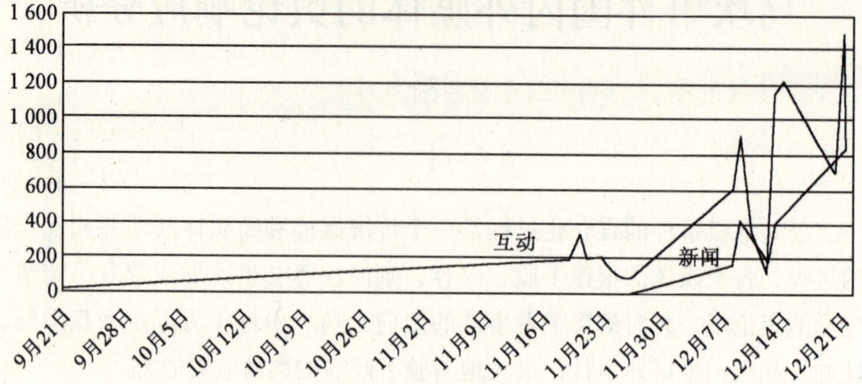

图 1　广东乌坎事件舆论关注度走势（单位：篇）

从图中互动关注度的走势来看，有几个峰值值得注意：2011 年 11 月 20 日左右产生一个峰值，这里产生峰值的原因是 11 月 21 日乌坎村约四百（也有媒体报道是四千）村民聚集市政府上访，引发网络自媒体特别是微博上的大讨论；另外是 12 月 10 日左右的一个峰值，这个时间点正是薛锦波之死引发了舆论波动，在 12 月 13 日左右舆论关注度回落，之后则一直处于较高位置。其次，从新闻的关注度曲线来看，直到 12 月 30 日左右才渐渐有了报道量，说明在相关政策的限制下，事件的前半阶段政府和主流媒体失声现象严重，在事件后半期，政府的公开应对和表态才促进了主流媒体关注度的迅速上升，逐渐在传播中把握了信息主动权。

根据该图表以及笔者统计的数据，将该事件的媒介化过程分成三个阶段进行分析：

第一阶段是 2011 年 9 月 21 日至 12 月 10 日，该时间段内，事件由新浪微博曝光后，随后的网络关注度一直较高，其中 11 月 21 日的乌坎村民集会是舆论的峰值，将进行重点分析。

第二阶段是 2011 年 12 月 11 日至 2012 年 1 月 15 日，该时间段内外媒的关注增多，且政府态度逐渐由回避转为正面应对，国内主流媒体报道增多，政府开始掌控舆论主导权并逐渐得到民意和舆论的支持，是舆论由负面到正面的关键转折点。该阶段需要重点分析的是 12 月 11 日和 12 月 20 日的舆情：12 月 11 日薛锦波事件引发负面舆论升级，政府危机一触即发；

12 月 20 日广东省委副书记朱明国正面回应该事件，并成立工作组妥善解决，舆论缓和并转向积极，成为乌坎事件舆情的转机。

第三阶段为 2012 年 1 月 16 日至 3 月 4 日，是乌坎事件逐渐平息的过程。

需要说明的是，在新媒体研究方面，由于事件的敏感性，网络上的部分内容被删除或屏蔽，所以在查找原始资料方面存在一定的难度，笔者只能尽最大努力搜集资料并借鉴已有的相关文章，如卢江南的硕士论文《草根之魅：新浪微博在“乌坎事件”中的传播机制研究》等文章中的部分资料。

二、乌坎事件的媒介化过程分析

（一）第一阶段（2011 年 9 月 21 日至 12 月 10 日）：乌坎事件引爆——新媒体与公民新闻

以“乌坎事件”为关键词，在百度指数上搜索 2011 年 9 月 21 日至 12 月 10 日的关注度指数可得到图 2。

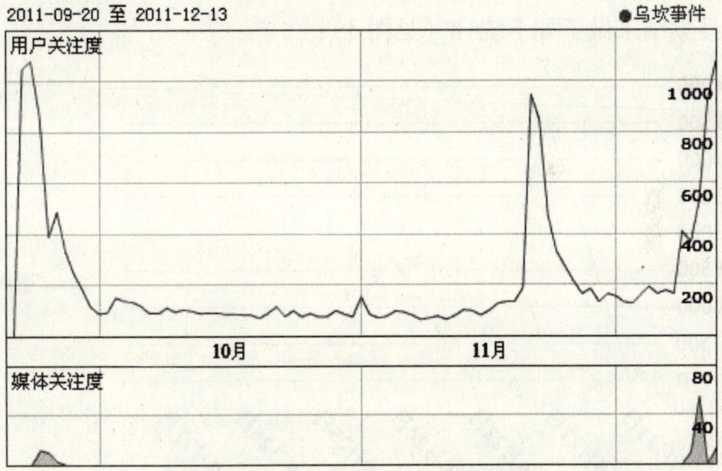

图 2 “乌坎事件”关注度走势图

根据图 2 可以看出，从 9 月 21 日事件爆发到 12 月 11 日薛锦波之死致使事件升级的这段时间内，我国传统的报纸、电视媒体除去 9 月和 12 月有极少量报道外，其他时间的报道量基本为零。而网络用户的关注度则一直保持并出现两个明显峰值，分别在 9 月下旬和 11 月中下旬。

1. 自媒体的媒介化过程分析——舆论引爆点

在这一阶段，官方媒体几近集体失声，而互联网的不可控性和把关难度大则为村民提供了充分的发声空间。当地村民及目击者在极其闭塞的条件下利用网络积极向外界传播消息，在极具传播优势的微博上发布和转发事件的最新进展，在影响力较大的各大论坛、博客上大量发帖和转帖，使事件得以曝光。虽然相关信息频频被删，但俗话说“纸包不住火”，关注该事件的网民并未善罢甘休，信息在一次次被删除后又一遍遍被重新发出，乌坎事件就是在这种重重封锁下，通过网络媒体实现突破，得到了越来越多的关注。公民新闻这一信息传播形式在该事件第一阶段的传播中发挥了关键性的作用，特别是微博的传播作用非常明显，以 2011 年 9 月 21 日至 12 月 11 日为区间，在新浪微博以“乌坎”为关键词可以搜到 227 424 条结果。此外，这一阶段的自媒体关注度出现了两个峰值，笔者将分别对其进行分析。

（1）第一个自媒体舆论峰值——事件曝光。

事件最初就是通过互联网曝光的，在新浪微博上以“乌坎”为关键词可进行搜索，笔者将 2011 年 9 月 21 日至 27 日在新浪微博以“乌坎”为关键词的搜索结果做了如下统计（见图 3）：

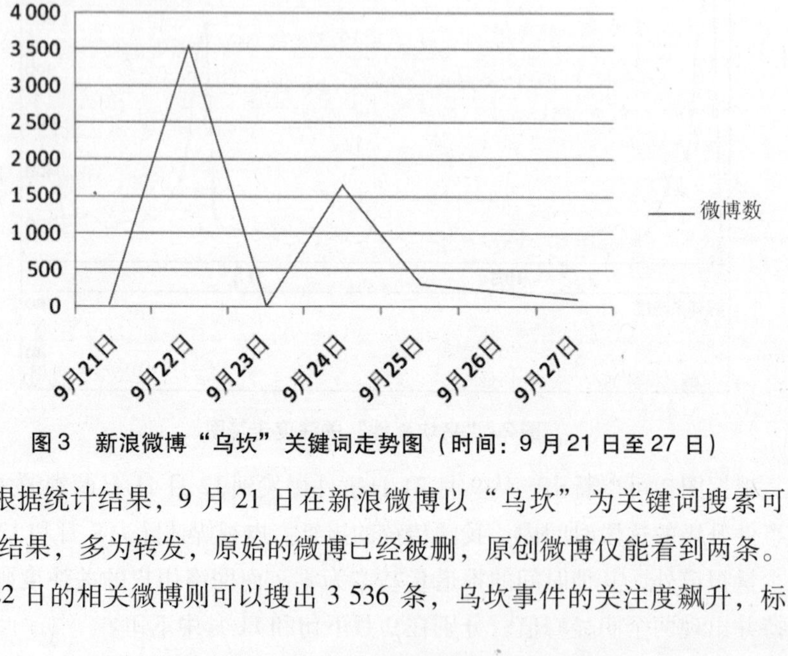

图 3　新浪微博“乌坎”关键词走势图（时间：9 月 21 日至 27 日）

根据统计结果，9 月 21 日在新浪微博以“乌坎”为关键词搜索可得 46 条结果，多为转发，原始的微博已经被删，原创微博仅能看到两条。而 9 月 22 日的相关微博则可以搜出 3 536 条，乌坎事件的关注度飙升，标志着乌坎事件的网络舆论开始形成。

根据相关资料，目前能得知的最早的微博发布于21日凌晨，一个用户名叫“中国乌坎”，注册地显示为香港的微博用户发出了内容为“明天21号上万名乌坎起义军将进攻东海游街，踏平市政府，让陆丰市永无宁日，敬请期待”的微博（目前该微博账号已被封）。此外，乌坎村民“@鸡精”和“@WK张建兴”均是微博上关于此事的最早报道者。9月22日，“@鸡精”（本名吴吉金）把事件信息及时发布到新浪微博上，由于新浪屏蔽了“鸡精”账号12月16日之前的所有微博，所以目前该微博的内容以及转发评论量已经无从得知。这一段时间内，不断有最新情况的微博发布，同时伴随着大量的转发和删除。而在各大论坛和博客上，例如天涯论坛、西祠胡同、网易博客等，一个载有大量图文的关于该事件详细介绍的帖子（目前已无法找到）被大量转载，虽然屡屡被删，但网民们在删帖后继续转载，9月24日，凯迪社区的帖子“当农民感到绝望的时候……（评‘陆丰乌坎事件’）”也被多次转载。

（2）第二个自媒体舆论峰值——乌坎村村民聚集上访。

11月21日，大批乌坎村民聚集到陆丰市政府办公大楼前上访，打出“打倒贪官”、“还我耕地”、“惩治腐败”、“官商勾结，扼杀民主”的七彩标语、横幅等，事件的关注度再次飙升，网络舆论又达到了一个峰值，此时在新浪微博以“乌坎”为关键词搜索11月21日的微博，共有1 945条。而11月22日则搜到6 862条，@头条新闻 发布微博：【广东陆丰数百村民不满土地出让聚集市政府上访】转载南方网的消息，该微博被转发456次，评论282次。在评论中，大量网友质疑该消息中上访人数四百的真实性，因为外媒报道中称聚集人数远远超过四百。

网络舆情因其蔓延迅速、受众面广，具有巨大的影响力和极强的“杀伤力”，针对网络舆论愈发难以控制的发展趋势，官方的微博也偶尔会发出维稳的声音。例如9月22日，@平安汕尾 发出了如下微博（见附图2）：“#警方辟谣#警方提醒各位网友注意，不要随意转发网上未经证实的消息。肆意编造虚假信息、故意散布谣言是违法行为。”该微博被转发2 993次，收到评论1 902条，笔者对该微博评论的情感倾向做了抽样分析，持反对态度的网友占到了98%，部分评论还带有谩骂和讽刺字眼，仅有2%的网友表示支持辟谣。由此可以看出，在这一阶段，政府的无作为已经开始引发舆论危机，多数网民对官方持极度不信任态度。

2. 传统媒体的媒介化过程——集体失声

在该时间段内，由于相关部门的缄默以及真相的扑朔迷离，官方主流媒体基本处于沉默状态，少有的声音也仅限于转载官方通稿，声音统一，同质化严重。

在事件曝光后的第二天，汕尾陆丰即发布官方新闻通稿。2011 年 9 月 22 日大洋网以“广东陆丰发生村民聚众打砸事件”为题，刊发了该新闻通稿，新浪网、网易等各大门户网站及时进行了转载。2011 年 9 月 23 日，人民网、央视网、凤凰网、《南方日报》、中国新闻周刊网、中国经济网等多家媒体陆续对这一新闻通稿进行了报道，标题均强调“村民打砸事件”、“民警受伤”等字眼。2011 年 9 月 24 日，南方网发布了《陆丰 9·21 乌坎事件基本平息　村民代表终获满意答复》，称 24 日下午乌坎村十三位村民代表与陆丰市、东海镇经过多次沟通后获得满意答复。2011 年 9 月 26 日广东新闻网刊文《广东陆丰乌坎事件基本平息　无村民死亡》称广东陆丰乌坎事件已经基本平息。

2011 年 11 月 21 日，市民上访引发事件升级，南方网刊文《陆丰市乌坎数百村民聚集市政府上访》，对“9·21 乌坎事件”发生后政府采取的相关举措进行了报道，称事发后当地党政机关高度重视，并及时进行了处理。报道将参与游行的人数描述为四百人，引发公众对该数据的严重质疑。2011 年 11 月 22 日，南方日报刊登了《陆丰迅速妥善处置村民上访》一文，中新网、搜狐网、腾讯网均做了转载。

通过这些新闻报道中出现的“平息”、“满意答复”、“妥善处置”等字眼，可以看出官方媒体的新闻内容较为正面，而从“民警受伤”等字眼可以看出官方媒体多将发生冲突的责任归咎于村民。而这些稿件的具体内容也未涉及过多具体细节，着重叙述事件得到妥善处理，维稳的目的性较强。由此可以看出政府和主流媒体多是在保障社会团结稳定的基础上展开宣传报道，态度较为谨慎。其中唯一特殊的、内容较为激进的新闻稿发自财新网，2011 年 9 月 26 日财新网刊文，介绍了从村民处了解到的引发事件的导火索，因该新闻相对其他官方媒体较为激进，所以仅被转载两次即被删除。凤凰网以“广东村民疑集体土地被非法转卖出租多年仅分红两次”为题进行了转载，随后也被删除。2011年11月21日财新网再次刊文，被转载8次，但仍旧未免于被删除的命运。

此外，电视媒体也集体沉默，中央以及各大省级卫视未作任何报道，地方媒体珠江台和陆丰台是仅有的两家能够进入乌坎拍摄采访的电视媒体，即使这样，两家电视台的报道也并未广泛传播，且报道中均指称乌坎村村民为暴民，对事件的处理明显带有一定的偏袒官方的情感色彩。

3. 境外媒体的报道——关注度提升

这个阶段，境外媒体陆续突破限制，进入乌坎发布报道：

2011年9月23日，《星岛日报》、《澳门日报》、《香港商报》、《香港经济日报》及《太阳报》均对此事进行了报道，所描述的内容与官方声音出入甚大。

2011年9月24日，《星岛日报》刊文《乌坎村追查失踪受伤少女 深港穗原住民声援促还耕地》称，一名十三岁少女在骚乱中受伤送医院后人间蒸发，要求当局解释因由。当局为避免局面失控，下令所有公安人员离村暂避。

2011年11月22日，《太阳报》刊文《陆丰万人示威反独裁》称，21日晨8时半，乌坎村大批村民由村委会出发，他们沿途高呼口号，挥动“反对独裁”、“毁林者罪大恶极”、“还我耕田”、“打倒贪官”等字样的彩旗，涌向陆丰市政府。游行队伍望不到尾，组织者声称人数过万，但内地官方传媒称只有近四百人参加。

2011年11月23日，《星洲日报》刊文《中国贪官私卖地引抗议 当局默许广东罕见和平大示威》，将此次游行称为“六四风波”后罕见的大规模和平示威游行。但与国内媒介报道相去甚远。

2011年12月6日，《明报》报道称，12月4日网名为“爱国者一号”的村民在中山市被公安拘捕，引发村民不满，指政府不抓贪官反而抓村民，是“秋后算账”。

2011年12月11日，《明报》刊文《官指受境外势力煽动拘3人 陆丰罢市抗议秋后算账》称，村民对政府一连串的“秋后算账”行为十分不满，10日在村内罢市集会，声援被捕村代表，有村民更在网上发出紧急通告，呼吁所有同胞返回当地支援，保护家乡。

可以看出，外媒的声音和境内媒体的声音有很大的不同，其中不乏“独裁”等词语，言辞较为激烈，部分报道直接将矛头指向中国政府。

此外，在乌坎事件的第一阶段，有几件事有着见微知著的作用，可以使我们更具体地了解媒介在事件该阶段的信息传播中所处的位置。事件一：上文中提到的村民张建兴，他在网上搜寻记者的报道时发现有些报道偏离了乌坎村民维权的轨道，出现了一些“贴标签”的现象。12月19日，他写了一篇《致媒体朋友》，原文如下：“乌坎村很高兴见到这么多媒体人员，对于我村事件，还请正面报道，避开‘起义’、‘起事’等字眼，我们不是起义，我们拥护共产党，我们爱国家。谢谢各位的关注！”在微博上，这封公开信的微博原文被转发58次，评论617条。由此，可以看出微博这种草根化新媒体的传播方式在事件发展的第一阶段有传播作用和纠偏作用。事件二：由于在此期间南方网只转载汕尾党政信息网的通稿，乌坎村民在村里挂起了“南方网报道失实，丧失职业道德”的横幅以示抗议。由此可以看出在事件的第一阶段，民众对于官方媒体的倾向性极度不满，对官方媒体持非常不信任态度。网络上对政府不利的舆论蔓延，政府危机一触即发。

（二）第二阶段（2011年12月11日至2012年1月15日）：乌坎事件的升级——境内主流媒体关注度明显提升，外媒加大关注力度

2011年12月11日，陆丰市新闻办发布新闻称“犯罪嫌疑人薛锦波，在汕尾市看守所羁押期间，突感身体异常，被紧急送往汕尾市逸挥基金医院抢治。经持续抢救无效，在当天上午11时许宣告死亡”。汕尾市逸挥基金医院称薛锦波的死亡原因为心源性猝死，已初步排除其他死因。薛锦波之死的官方说明引发大众猜想，使事件再度急剧升级，舆论关注度走向新高。

笔者通过百度指数，以“乌坎事件”为关键词获得该阶段内用户和媒体对于该事件的关注度走向（见图4）。

由该图可以看出，无论是用户关注度还是媒体关注度都有一个明显的峰值，在12月20日左右，这个时间也是该事件走向缓和的关键

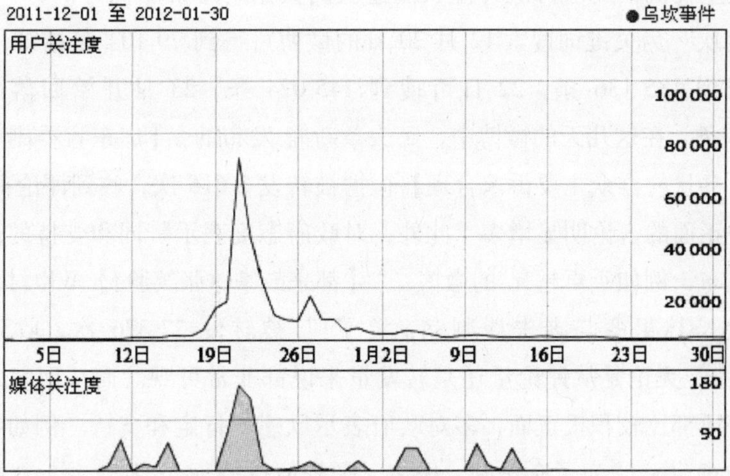

图4 “乌坎事件”关注度走势图

（时间：2011 年 12 月 11 日至 2012 年 1 月 30 日）

转折点。

1. 自媒体的媒介化过程——舆情由负转正

在新浪微博上以“乌坎”为关键词，以 2011 年 12 月 11 日至 2012 年 1 月 15 日为时间段，可以搜到 1 165 136 条结果。约为第一阶段的 227 424 条的 5 倍，事件的升级程度由此窥见一斑。该阶段的第一个舆论峰值由薛锦波之死引发，以“乌坎”为关键词搜索 2011 年 12 月 11 日的微博，仅搜到 382 条结果，12 月 12 日数量飙升，一日之间达到 105 472 条结果；而若以“薛锦波”为关键词，12 月 11 日仅能搜到 115 条结果，12 日则搜到 62 624 条结果，13 日又回落至 401 条结果。在网友发表的微博和评论中，不少都把薛锦波的死和钱云会事件联系起来，且以负面的声音为主，认为薛锦波是死于暴力，有些网民呼吁“请救乌坎”，有些则谴责政府，舆论中充满不安、愤怒和无助。例如，@黎学文 说：“乌坎已经成为乡村治理溃败的样本。”@云南蔡馥敏 说：“一个依靠暴力发展经济的迷途，从来就不会有光明存在。”网络舆论场的氛围空前糟糕。政府的形象大损，群众对政府愈发反感和失望。

2011 年 12 月 20 日，广东省委副书记朱明国出面正面回应该事件，人民日报发表评论，网友的情绪得到抚慰，逐渐由对抗政府转为支持政府，事件发生转机，舆论再次升温，而这次的舆论终于开始向好的方向发展。以“乌坎”为关键词搜索12月20日的微博可得到79 104条结果，21日则可搜到135 136条，22日可搜到145 024条，23日开始回落，跌至90 640条。在这几天的微博中，@头条新闻 发布的：【广东省委副书记朱明国：乌坎村群众主要诉求合理】微博被转发2 616次，收到评论480条，评论中正面的言论明显增多。此外，对政府态度表示赞同和支持的微博也不断发布，例如@卓越兄 的微博：“【都来鼓掌这张笑脸!】WK村代表理事会会长林祖銮与老朱谈判完，笑了!”被转发27 376次，收到评论8 254条，无论是从评论量还是转发量来说都非常可观。而从回复的内容看，言语都比较积极正面，多对政府表示欣慰、肯定和支持。例如@葡萄架下的童 说：“为了有法制，民主，平等值得!”@忆无奈 说：“扬眉吐气。好开心的笑脸，真替他高兴。”@淡水青檬 说：“乌坎一小步，中国一大步”。微博的舆论领袖@许小年 也转发并评论说：“乌坎村事件得到妥善处理，体现了理性和妥协精神，村民与政府双赢，乡村民主自治出现新局面。小岗村是经济改革的先行者，乌坎村或许将成为社会改革的探路人。”

以此为转折点，网络舆论转向为支持政府的态度。政府的正面应对极大地改善了网络的舆论场，阻止了舆论的进一步恶化。

2. 境内媒体的报道——由回避转为正面应对

12月11日，薛锦波之死导致舆论升级，官方的相关报道及时发出，境外媒体的报道紧随其后。12月22日《人民日报》刊发了时评《“乌坎转机”提示我们什么》，这被众媒体视为安全信号，此后国内媒体开始陆续进入乌坎采访报道。虽然境内媒体的声音依然有限，但是也体现了政府态度的转变，从侧面反映了政府对乌坎事件的态度逐渐由消极回避转为积极应对，笔者对国内的部分报道做了如下粗略统计和总结（见表1）。

表1 国内媒体报道乌坎事件情况表

	机构	时间	报道标题
网站	汕尾党政信息网	2011年12月11日	陆丰“9·21”案件一犯罪嫌疑人羁押期间心源性猝死
		2011年12月11日	公安机关开展清障行动，推进乌坎维稳工作
	汕尾市人民政府网	2011年12月21日	认真落实朱明国副书记讲话精神，加快平息乌坎事态
	南方网	2011年12月13日	检察机关介入犯罪嫌疑人薛锦波死因调查
	大洋网	2011年12月21日	乌坎村民欢迎省工作组进村
	FT中文网	2011年12月9日	广东汕尾通报陆丰群体事件：有境外势力推波助澜
		2011年12月16日	乌坎抗议活动升级
纸媒报道	《人民日报》	2011年12月22日	“乌坎转机”提示我们什么（京华时报转载），“人民日报评乌坎事件：村民合理利益诉求未受正视”被多家媒体转载
	陆丰市新闻办	2011年12月14日	乌坎“9·21”事件被羁押人员家属探视
	《南方日报》	2011年12月15日	汕尾通报乌坎事件嫌疑人死因调查结果
	《南方都市报》	2011年12月20日	汕尾市委书记郑雁雄通报乌坎事件有关决定，政府收回并赔偿404亩涉事用地
	《东方日报·神州观察》	2011年12月23日	朱明国走访乌坎村 称给村民的承诺不会变
	《中国财经日报》	2011年12月16日	一村尚难治 何以治天下
		2011年12月17日	中国广东陆丰乌坎村抗议活动升级：薛锦波葬礼和一些鲜为人知的事情
		2011年12月19日	中国广东陆丰乌坎村抗议活动：被封锁后的乌坎村
		2011年12月22日	中国广东陆丰市乌坎村抗议事件21日新进展：达成共识
	《国际财经日报》	2011年12月20日	乌坎村将与政府谈判提出取消游行的条件

（续上表）

	机构	时间	报道标题
	《经济观察报》	2011 年 12 月 23 日	乌坎土地风波走向良性互动
电视台	广东卫视	2011 年 12 月 21 日	郑雁雄与朱明国会议与讲话
电台	中央人民广播电台	2011 年 12 月 19 日	声援乌坎村　大陆出现零星示威活动

通过百度新闻搜索中的标题搜索功能，以“乌坎”为关键词，统计了乌坎事件第一阶段和第二阶段主流媒体的新闻报道量，去除重复的报道内容后，第一阶段共搜到新闻 4 条，第二阶段则搜到 170 条，报道量显著提升。

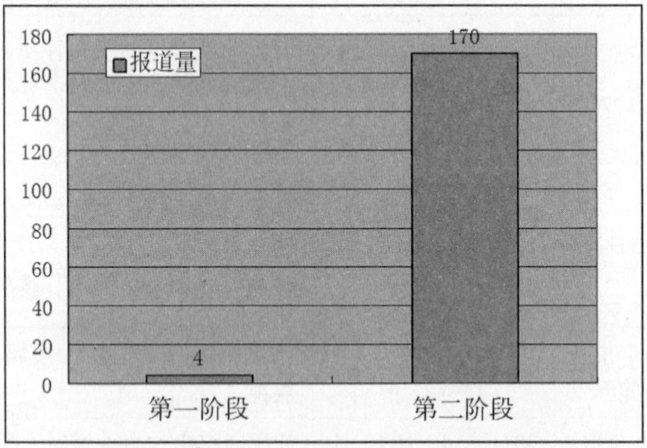

图 5　不同阶段主流媒体的报道量比较图

由图 5 可以看出第二阶段官方媒体的态度明显转变，开始正面积极回应乌坎事件，特别是一直被视为政府代言人的《人民日报》于 12 月 22 日刊发的评论《“乌坎转机”提示我们什么》，不仅被其他官方媒体看作是可以报道的信号，也极大缓和了大众的情绪。该评论主要强调了几点内容：首先，从态度上讲，反思了事情前期的回避态度，文章中说道“如果能及时抓住利益诉求点，事发前认真倾听、公正评判、果断解决，就不会小事拖大、层层升级，演变成群体性冲突，乌坎事件也就会呈现不同走向”。由此反映出政府对于该事件的前期处理有了深刻的反思。其次，从行为上讲，反思了政府对于该事件的错误处理方法，文中提到：“群众固然不能‘有诉求就过激，一过激就违法’，再合理的诉求也要在法律框架下解决，基层政府也不能把本属正常的诉求表达，用‘堵’和‘压’使之演变成过激对抗。”最后，肯定了乌坎村民的利益诉求，文章中指出“有利益博弈并不可怕。有了这样的博弈，才能更好地平衡利益、协调关系，让整个社会处于动态稳定之中”。整篇文章都反映出政府积极正面应对和反思的态度，这种积极行动也极大消减了乌坎事件的舆论危机，特别是缓和了网络舆论场的激烈声音，使大众看到了政府的转变，阻止了该事件的进一步恶化，并使政府的公关危机得以解除。

3．境外媒体的报道

在这一阶段，境外媒体在该事件上大展拳脚，做了很多相关报道，香港和台湾的许多中文媒体，如香港 TVB、《星岛日报》、《明报》、《中国时报》以及《自由时报》等都进行了详略不同的相关报道。海外诸多媒体，如英国的 BBC、《金融时报》、《每日电讯报》，美国《纽约时报》、《华尔街日报》，法国法新社，日本 NHK，德国《图片报》等，都进行了相关报道，很多报道都直接发自乌坎。笔者将境外媒体的部分报道粗略统计如下（见表 2）：

表 2　境外媒体新闻报道乌坎事件情况表

地区	媒介类型	媒介名称	时间	报道标题
香港地区	纸媒	《明报》	2011 年 12 月 12 日	陆丰千警催泪弹攻村　万人阻拉人　一被捕者猝死
			2011 年 12 月 18 日	乌坎村 1.3 万人剩粮 7 天，全村抗争近 4 月，逾千武警海陆围堵
			2011 年 12 月 19 日	市政府否认，解放军进驻
			2011 年 12 月 19 日	乌坎村民周三突围，“死就死”，拟游行至市政府，促还遗体土地
			2011 年 12 月 20 日	政府突愿赔，村民指分化拒接受，保证不派军警，未肯归还薛锦波遗体
			2011 年 12 月 22 日	乌坎自治组织获批合法　建政 62 年首承认　允放人还尸
			2011 年 12 月 22 日	村民杀鱼慰劳，境外记者争付费
			2011 年 12 月 23 日	连审 31 小时　首获释村民曾想死　薛锦波死前亦曾被连审 29 小时

（续上表）

地区	媒介类型	媒介名称	时间	报道标题
		《成报》	2011 年 12 月 19 日	逾千解放军进驻乌坎
		《苹果日报》	2011 年 12 月 19 日	中国广东乌坎村，面临解放军镇压
		《中国时报》	2011 年 12 月 19 日	乌坎村民再示威　军警封锁要道
		大公网	2011 年 12 月 23 日	乌坎被刑拘三村民取保候审
	网络 电台	香港商业电台	2011 年 12 月 20 日	乌坎村民明晤粤省委副书记顺延示威游行一日
台湾地区	纸媒	《联合报》	2011 年 12 月 22 日	学者看法/人民维权步步逼　官方选择性退让
			2011 年 12 月 22 日	铭传大学教授杨开煌：乌坎村抗争　考验汪洋
英国	网络	BBC 中文网	2011 年 12 月 15 日	BBC 记者深入乌坎直击村民抗议
			2011 年 12 月 18 日	存粮有限　广东乌坎村警民继续对峙
			2011 年 12 月 22 日	中共党报发表评论为乌坎事件定调
	纸媒	《金融时报》	2011 年 12 月 16 日	乌坎抗议活动升级
		《太阳报》	2011 年 12 月 13 日	陆丰村民死前疑遭酷刑
美国	纸媒	《纽约时报》	2011 年 12 月 26 日	中国至少还有 62 万个“乌坎村”
		《华尔街日报》（中文版）	2011 年 12 月 12 日	陆丰民众今冲击市政府
			2011 年 12 月 20 日	汕尾市参与解决乌坎危机，村民筹划大游行
英国	网络	世界社会主义者网站	2011 年 12 月 20 日	中国农村抗争获得广泛支持“Chinese village protest gains wide support”

（续上表）

地区	媒介类型	媒介名称	时间	报道标题
美国	电台	自由亚洲电台	2011 年 12 月 12 日	公安催泪弹攻村千警封锁断粮乌坎村五被捕村民两死三残
			2011 年 12 月 15 日	陆丰龙头村过千村民效乌坎抗争
			2011 年 12 月 19 日	乌坎村事件启发邻市村民站起来

由表 2 可以看出，港台地区的媒体对该事件保持高度关注，例如香港地区的《成报》对该事件做了连续报道，对事件描述非常详细。《亚洲周刊》更是以一篇长文《乌坎，一个村庄的觉醒》进行深度报道，该文在网络上广泛传播。港台地区的媒体由于言论自由，报道出现分化，有的较为客观中立，尊重事件发展本身，致力于还原事件本来面目。而像《苹果日报》这种走煽情路线媒体的报道会一味追求眼球效应而不顾事实真相，可信度较低。

而在欧美地区，几个影响力较大的媒体的报道也受到国际上的广泛重视。

英国的媒体中，在这一阶段最早发出声音的是《太阳报》，12 月 13 日，该报刊文《陆丰村民死前疑遭酷刑》，称广东汕尾陆丰乌坎村的警民对立升级，继警方“秋后算账”抓捕五名涉早前抗议事件的村民后，其中一人于扣查期间离奇猝死。村民酝酿发动更大规模的抗争。当局为控制事态，已派上千警察封村。

《金融时报》在 2011 年 12 月 16 日发表《乌坎抗议活动升级》一文，头版图文并茂报道，而在第四版更有详细介绍，报道中提到：“中国农村的土地名义上归集体所有，但官员们可用开发的名义将土地所有权托管，并换取补偿金。不过村民常常认为补偿金过低，无法反映出土地出让带来的收益。”

BBC 中文网在 2011 年 12 月 18 日发布了题为《存粮有限 广东乌坎村警民继续对峙》的新闻，展示了乌坎地区公安执法和群众抵抗的场景，并称这样的抵抗在中国可能是致命的，中国的腐败事件腐蚀了民众对于共产党的信任。

《每日电讯报》的报道《直击乌坎》则形容“乌坎村发生了极不寻常事件。两万人口公开反抗，中共完全失控，这是历来首次”，多次提到“中共”，政治意味很浓。

美国《纽约时报》指出，在中国，像乌坎村这种居民遭地方政府欺压的村落，至少有625 000个，而这种贪腐的地方政府，由于利益纠结，很难根除。《华尔街日报》的一篇报道则称村民们赢得了政府非常少见的让步。

这些境外的权威媒体不仅注重报道事件进展，还深入发掘了事件背后的深刻动因，如《金融时报》提到了中国的土地问题。不少媒体认为该事件是对中国共产党的一次考验，也有媒体对中国官方的行为表示赞赏，例如路透社。而美国的《纽约时报》和《华尔街日报》则呈现对立态度。其中，还有一个非常特殊的媒体，即自由亚洲电台，这个媒体在国内声誉很差，被认为是藏独势力的傀儡，该媒体关于乌坎事件的报道较为反动。

（三）第三阶段（2012年1月16日至3月4日）：乌坎事件的平息

2012年1月15日上午，乌坎村召开党员大会，省委组织部王叶敏宣布村党总支部正式成立，由民选代表、临时代表理事会顾问林祖銮担任村党总支书记、村委会重新选举筹备小组组长，负责领导村委会重新选举工作，乌坎村党总支部成立后，该村原党支部自行解散。林祖銮与新启蒙公民参与立法研究中心的熊伟随即着手筹备往后的选举工作。村党总支部的成立标志着事件开始得到有效解决，之前的火药味渐渐散去，事件的发展趋于平稳化。这一阶段以“乌坎事件”为关键词的百度指数如图6。

由图6可明显看出用户和媒体的关注度都有一个明显峰值，其中用户的关注度峰值出现在2012年2月18日，而媒体关注度的两个小峰值则分别出现在2012年2月18日和20日。

从主流媒体报道来讲，无论是境外媒体还是境内媒体，都基本以报道乌坎成立村民选举委员会为主，也开始出现一些反思性、总结性的评论。境内主流媒体着重强调事件的和平解决，意在将舆论引导至正面方向。2月18日，2011年度公民社会十大事件公布，乌坎事件入选，导致新的一轮媒体报道小高峰。报道多以类似“彰显基层治理困境，官民对话协商化解冲突”的语言总结该事件。由此也看出在该事件中政府逐渐掌握了舆论主动权，政府形象扭正。

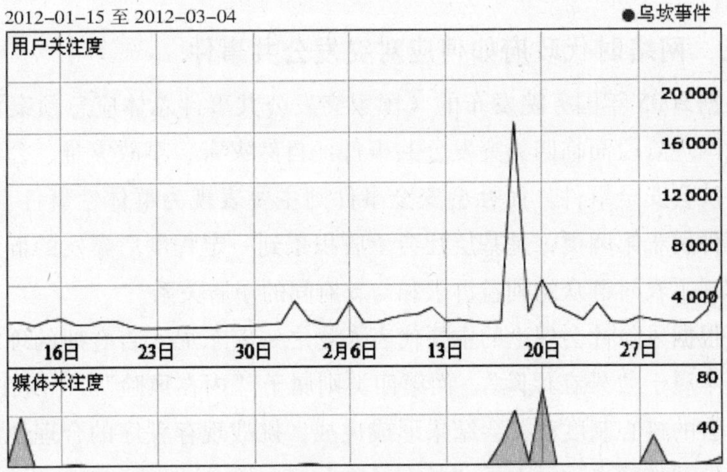

图 6 “乌坎事件”关注度走势图

（时间：2012 年 1 月 15 日至 2012 年 3 月 4 日；数据来源：百度指数）

而在新浪微博上以“乌坎”为关键词，以 2012 年 1 月 15 日至 3 月 4 日为时间段，可以搜到 53 311 条结果。笔者又以关键词“乌坎”搜索了 2 月 15 日至 2 月 23 日每日的微博数量（见图 7）。

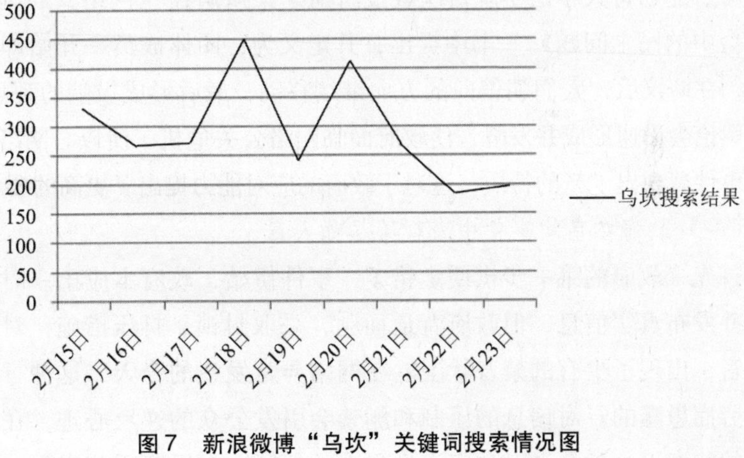

图 7 新浪微博“乌坎”关键词搜索情况图

该时间段内，每日的微博数量停留在 200 至 500 条之间，标志着该事件逐渐平息。之后，关于乌坎事件的纪录片也陆续制作完成。其中以阳光卫视纪录片《乌坎》最为知名，于 2012 年下半年推出。

三、网络时代政府如何应对突发公共事件

根据2005年国务院发布的《国家突发公共事件总体应急预案》的分类，我国现阶段面临四类突发公共事件：自然灾害、事故灾难、公共卫生事件、社会安全事件。而社会安全事件则主要表现为群体性事件。明显，乌坎事件属于第四类，是基层社会矛盾积累到一定程度后爆发的群体性事件，体现了农村群众的利益诉求和与政府间的矛盾关系。

而根据风险社会理论的主要代表人物之一安东尼·吉登斯的理解，前三类基本属于“外在风险”，而第四类则属于“内在风险”。“内在风险”会对社会的核心制度和社会结果形成挑战，挑战现存秩序的合理性，威胁更大，处理难度也远远大于“外在风险”。

在新媒体时代，传统公共事件的处理难度进一步增大，由于网络时空上的互动性与即时性以及传播模式上的双向传播和多向传播特点，相关舆情会迅速形成，且容易受刻板印象影响，受众偏向于认为传统媒体的报道是具有某种倾向性和偏袒性从而更倾向于相信网络信息，加之网络传播极易出现群体极化现象［“群体极化”（grouppolarization）概念由美国当代法哲学家、芝加哥大学法学院讲座教授凯斯·桑斯坦在《网络共和国——网络社会中的民主问题》一书中提出，其定义为：团体成员一开始即有某些偏向，在商议后，人们朝偏向的方向继续移动，最后形成极端的观点］，相关的舆论会迅速形成并发酵，使政府面临网络公关危机。所以，网络时代的群体事件展现出了新的特质，这对于政府的应对能力提出了更高的要求。

（一）政府在乌坎事件中表现不尽如人意

首先，政府的第一步棋便走错了，事件伊始，政府本应第一时间出面应对并发布真实信息，但政府背道而驰，采取封锁、打压措施，对真相闭口不言，出现了少有的禁言状况。在网络异常发达的今天，这种行为无疑是徒劳而愚蠢的。对信息的压制和删禁会引发公众的逆反心理，在信息不透明的状态下，公众会对政府产生更多的怀疑，在民意无法申诉、沟通渠道被堵、政府对民众呼声置若罔闻的情况下，网络媒体立刻就会成为社会矛盾的放大器，从而损毁政府公信力，从整体上削弱政府的执政能力，甚至引发一场直指政府合法地位的网络危机。

其次，在薛锦波事件后，政府态度明显转变，应对策略也及时进行了

调整。但网络舆论业已形成，可以说政府是迫于网络舆论压力才改变了应对策略，所以依旧处于一种较为被动的状态。

（二）政府网络危机公关的应对模式探析

突发性公共危机事件挑战的是政府迅速处理危机性事件、恢复并稳定社会秩序的能力，考验的是政府在风险社会的执政能力。政府若想保持其权威性和正面形象，有两个维度需要注意：信息透明度、政府公信力。信息的高度透明是政府掌握舆论主导权的保证，而政府的公信力则是政府执政的根基和保证。这就对政府应对危机的能力提出了很高的要求。一旦政府遭遇公关危机，若没有把握好这两个维度，形象很容易受损。政府在面临公关危机特别是网络舆论危机时，到底该如何应对？我们能从乌坎事件中政府的应对策略得到一些警示和启示。

1. 遵循传统的危机公关三原则

危机公关有几大普适性的原则，政府在面临形象受损的危机时也适用于这三大原则：①第一时间原则。突发事件的应急处置有所谓的黄金时间，即事件发生的第一时间。乌坎事件爆发后，政府应该迅速作出回应，即使事件涉及政治体制问题，也要勇于面对和回应，而不是如何“捂住”，如何封锁消息。②公开透明。一旦危机出现，要立刻主动公开信息，掌握舆论主动权。政府信息公开方式应遵循 3T 原则，一是“以我为主提供情况”（Tell Your Own Tale），政府要牢牢掌握信息发布主动权，从而树立渠道权威；二是“尽快提供情况”（Tell It Fast），赶在各种猜测和恐慌出现之前，把信息公布出来；三是“提供全部情况”（Tell It All），信息发布要全面、真实，必须以实相告，显示政府的透明度和诚意，把危害降到最低。乌坎事件中，基层政府长期采取回避态度和封锁信息的手段，反而导致公众追究政府责任的强烈欲望不能得到释放，进而激起内心的逆反心理，导致负面舆论迅速增多，政府形象大损。③积极对话沟通原则。政府特别是基层政府面对公共舆情危机，要积极和群众对话，态度要诚恳，不要采取逃避态度，也不能采取文过饰非的策略。要站在群众的角度认真对待及深刻反思。可以主动利用新闻发布会等公关工具，适时适度地告知事件的进展。

2. 处理好与媒体之间的关系

从政府与传统媒体的关系来讲，强制打压只能催化负面舆论的迅速蔓延。所以，要建立起与媒体的良性互动关系，首先，不能控制媒体，应该在把握好“度”的情况下允许媒体报道；其次，要有接受媒体采访，与媒体交流的意愿；最后，充分利用媒体，做好形象危机应对工作，从而逆转危机态势。

从政府与网络媒体的关系来讲，因网络时代“信源—媒体—大众”的信息传播模式崩塌，传统媒体的议程设置功能已被减弱，政府要学会应对网络公关危机。首先，遭遇危机时要及时在官方网站和门户网站发布信息，乌坎事件中，政府虽然发布了官方的通稿，但明显诚意不足。其次，可开设相关论坛，给网民提供网络问政的渠道，打造民意社区。最重要的一点就是利用好微博这个“利器”，开设相关的政务微博，在微博实时发布公务动态，增加信息透明度，积极和网民沟通互动，直面网络民意。

参考文献：

[1] [美] 凯斯·桑斯坦. 网络共和国：网络社会中的民主问题. 黄维明译. 上海：上海人民出版社，2003.

[2] 曾胜泉. 中国突发事件舆情应对理论手册和实战指南：突发事件舆情应对指南. 广州：南方日报出版社，2012.

[3] 童星等. 中国应急管理：理论、实践、政策. 北京：社会科学文献出版社，2011.

[4] 翟峥，吴浩. 应对突发公关事件国际传媒处置实证分析. 北京：世界知识出版社，2012.

[5] 卢江南. 草根之魅：新浪微博在“乌坎事件”中的传播机制研究. 中国青年政治学院硕士学位论文，2012.

附：

9月21日，陆丰东海镇乌坎村部分村民进行非正常上访，并引发打砸事件。为首分子煽动部分村民先后到丰田畜牧场、海上餐厅、富荣针织厂进行打砸破坏，造成多处财物被损。

9月22日下午1时左右，不法分子又散布公安打死小孩的谣言，并煽动部分村民持钢管和砖块冲击当地边防派出所，向执勤民警投掷石块等，造成十多名民警受伤，六辆警车被破坏。在此过程中，公安干警和工作组人员始终保持冷静克制，极尽耐心做村民的说服工作，没有与村民发生肢体接触，没有对村民更没有对儿童采取任何行动，没有造成群众伤亡。所谓干警在维持秩序的过程中打死小孩之事纯属谣传。

@平安汕尾
weibo.com/pasw

图1　9月22日，平安汕尾的官方微博发微博辟谣

图2　2011年12月22日《人民日报》刊发了时评《“乌坎转机”提示我们什么》

2012年“钓鱼岛事件”媒介化解析

陈祥华

2012年12月18日，社科院2013年《社会蓝皮书》发布了《2012年互联网舆情分析报告》。报告根据网络帖子数量盘点了2012年20件网络热点事件。这20件网络热点事件的跟帖数总计超过百万。其中“钓鱼岛与反日游行”跟帖过亿，位列第一，足见钓鱼岛争端在网络舆论中的影响力。在“钓鱼岛事件”中，从事件发端、舆论萌芽，到事态扩大、事件升温，最后到事件缓和，微博皆如影随形，在舆论引导中发挥了重要作用。

一、“钓鱼岛事件”的舆论演进

2012年下半年发生的“钓鱼岛事件”在国内舆论中激发了强烈的反应，互联网上对此话题的讨论可谓“民意汹涌”——其中尤以新浪微博平台最甚——甚至在全国各地引发了示威游行、抵制日货、打砸日本商店和日系车辆等事件。

9月11日，日本中央政府非法签署收购钓鱼岛进行国有化的协议，再加上9月份以来日本种种“购岛”行为导致中国民间对日本的忍耐达到极限，其屡屡挑起事端的行径引发了愈演愈烈的“抗日”浪潮（以“9·15”保钓游行为代表，当天全国就有52个城市爆发了反日示威游行，见表1）。

表1　钓鱼岛事件发展进程

舆情节点	时间	事件	消息来源
事件发端	2012年4月16日	日本东京都知事石原慎太郎表示“购买”钓鱼岛，引发争议	《环球时报》
	2012年4月17日	中国外交部回应“中国对钓鱼岛及其附属岛屿拥有无可争辩的主权。日方对钓鱼岛及其附属岛屿采取任何单方面举措，都是非法和无效的”	环球网

（续上表）

舆情节点	时间	事件	消息来源
	2012 年 6 月 12 日	日本频频派官员前往钓鱼岛，《人民日报》发布评论指出“日本必须停止制造新的事端和闹剧，以实际行动维护中日关系大局”	《人民日报》
事态扩大	2012 年 7 月 6 日	日本政府高官造访石原慎太郎，传达了将钓鱼岛本岛、南小岛、北小岛 3 岛“国有化”的方针，计划于 2012 年内促成岛屿的“国有化”	日本《产经新闻》
	2012 年 7 月 24 日	日本首相野田佳彦在国会表示，目前政府内已开始着手筹措预算，正式启动将钓鱼岛国有化的程序	《郑州晚报》
	2012 年 8 月 15 日	中国 7 名保钓人士成功登陆钓鱼岛宣示中国主权。“保钓”行为引起国内媒体与民众强烈关注，国内 10 多个城市举行反日游行	新浪新闻
	2012 年 8 月 15 日至 20 日	在中国网络信息平台上新闻就有 2 310 条，论坛 376 条，博客 1 770 条，相关微博信息 78 287 条①。其间，关于“逮捕”和“释放”“保钓人士”在中日两国媒体和民众间引起广泛的讨论	互联网
	2012 年 9 月 10 日	日本政府在首相官邸召开阁僚会议，正式决定以 20.5 亿日元的价格，从所谓“土地权所有者”手中买下钓鱼岛中的 3 个岛屿，将其“国有化”。中国政府作出实质性回应，“钓鱼岛”相关话题的相关舆论正处于爆发状态	日本《读卖新闻》
事件发酵	2012 年 9 月 11 日	当天，日本政府签订购钓鱼岛合同，促使钓鱼岛问题升级，引发国内媒体强烈关注。9 月 11 日，全国多家报纸也将钓鱼岛这一关系中国主权问题的报道摆在了头版位置	搜狐传媒

① 蔡尚伟，钟勤．当论“钓鱼岛国有化”事件中国政府舆论引导．人民网，http://media.people.com.cn/n/2012/1016/c40628-19281824.html,2013-03-07.

（续上表）

舆情节点	时间	事件	消息来源
	2012 年 9 月 12 日	中方再次要求日方“撤买”钓鱼岛，中日间交流活动停摆蔓延至政治层面。各地相继出现抗议活动。人民日报发表“奉劝日本政府认清形势，悬崖勒马，立即停止在钓鱼岛的一切侵权行动”的评论	《人民日报》
	2012 年 9 月 14 日	日本政府“国有化”钓鱼岛引发港人怒火。香港多个团体和政党 12 日先后到日本驻港总领馆抗议。香港“保钓行动委员会”计划本周日发动，也不排除再派船赴钓鱼岛宣示主权	搜狐新闻
	2012 年 9 月 15 日至 9 月 18 日	中国内陆多个城市爆发反日示威游行	搜狐新闻
舆论缓和	2012 年 9 月 18 日后	联合国秘书长潘基文于 9 月 20 日呼吁和平化解冲突。20 日例行记者会上，外交部表示希望日方回到对话解决钓鱼岛争议轨道上来。在美国出面斡旋后，中国舆论稍加缓和。中国媒体也就反日游行中的暴力行为予以谴责，呼吁公众理性爱国	搜狐新闻

由表 1 可以看出，从 4 月 16 日一直到 7 月为事态发端期，期间中日并未直接在舆论上短兵相接，处于相对平静期，但并非一直风平浪静，6 月 12 日《人民日报》发表相关言论谴责日方行径，至此，中国民众已对钓鱼岛争端表示初步关注，互联网上已出现相关言论。舆情激发点出现在 9 月 11 日，当天日本宣布完成购岛程序。在此舆论形势下，国内一方面出现了较为激烈的街头集会游行；另一方面在社会化媒体中出现了理性爱国、回归公民精神的网络呼吁。

二、“钓鱼岛事件”的媒介化过程全解析

仅 2012 年 9 月 15 日一天，全国 52 个城市同时爆发反日示威游行充分说明了在媒体报道后，民众的爱国热情“自下而上”、“从线上到线下”空

前高涨；同样，伴随反日情绪引发了“打砸”现象，9 月 16 日，各地政务微博纷纷就涉日游行发声。从舆情角度看此次钓鱼岛事件：在深层次上增强了网民的公民意识，但也应该让媒体反思其在推动舆论中应该始终起到理性而积极的作用，稳定价值观，更好地做舆论的“压舱石”，引导舆论理性化宣泄。

（一）媒体关注度与总体走势分析

以“钓鱼岛事件”为搜索对象，以 2012 年 7—10 月作为时间段，我们可以看到网络舆情关注度相关数据的上升区间（见图 1）。

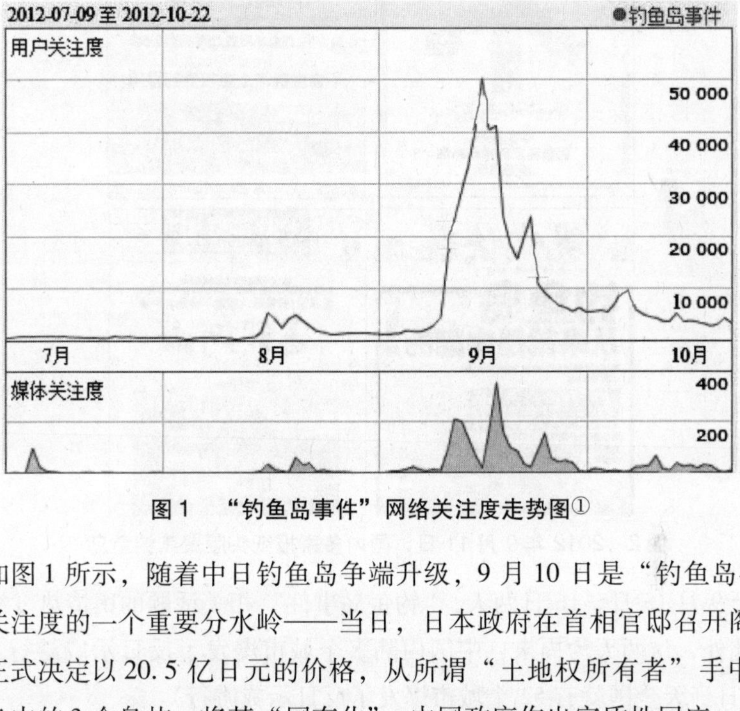

图 1　“钓鱼岛事件”网络关注度走势图①

如图 1 所示，随着中日钓鱼岛争端升级，9 月 10 日是“钓鱼岛事件”网络关注度的一个重要分水岭——当日，日本政府在首相官邸召开阁僚会议，正式决定以 20.5 亿日元的价格，从所谓“土地权所有者”手中买下钓鱼岛中的 3 个岛屿，将其“国有化”。中国政府作出实质性回应，“钓鱼岛事件”相关话题达到了该时期媒体关注度的最高峰（见图 2）。

9 月 11 日也是一个重要的舆情增长点、爆发点，当日，日本政府签订购钓鱼岛合同，导致钓鱼岛问题升级，引发了国内媒体的强烈愤慨。从当日起，舆情热度就达到了一个前所未有的高峰，相关网络新闻报道突破了

① 百度指数. 以“钓鱼岛事件”为关键词的百度指数结果，http://index.baidu.com/,2013 - 03 - 01.

18 500 条。在网络媒体中，对于采取军事手段的舆论在当日已初具雏形，凤凰网开展了主题为“钓鱼岛‘购岛’事件有关问题的看法”的网络问卷调查，共有 180 000 余人参与，有超过 6 成民众选择了“军事手段，武力施压”作为“中方最应采取的反制日方的手段”。

图2　2012 年 9 月 11 日，国内多家报纸头版聚焦钓鱼岛①

至 9 月 15 日、16 日两天，“钓鱼岛事件”相关话题的舆情热度继续上升，此外，这两天为周末，中国内陆多个城市爆发了反日示威游行（仅 9 月 15 日当天全国就有 52 个城市爆发了反日示威游行）。

9 月 17 日，“日本首相称中国保钓者若登岛就拘捕”事件引发了各类媒体关注度的大幅反弹，相关话题的舆情热度再次升温（相关网络新闻 4 万多篇）。9 月 18 日，伴随着媒体报道“两名日本人非法登上中国钓鱼岛”，相关舆情热度继续升温。

---

① 搜狐传媒．聚焦钓鱼岛 多家报纸头版现口号标题．http://media.sohu.com/20120911/n352844601.shtml，2013－03－01．

此后的9月20日，联合国秘书长潘基文于9月20日呼吁和平化解冲突。随后外交部表示希望日方回到对话解决钓鱼岛争议轨道上来，美国也加入斡旋阵营，舆情渐趋缓和。

值得指出的是，尽管总体上“钓鱼岛”话题的舆情态势是在回落，但相关舆情是以高温甚至超高温状态回落到次高温状态，相关舆情的热度仍然是远远高于普通的突发公共事件。“钓鱼岛事件”相关舆情仍然是舆情关注点中“热点中的热点”。2012年9月，比较“火”的公共事件还有很多，其中以“微笑局长”、“表哥”杨达才为代表，通过对比分析发现，就同一时期的网络关注度来看，与钓鱼岛事件相比，“表哥”事件的舆论热度相对逊色（见图3）。

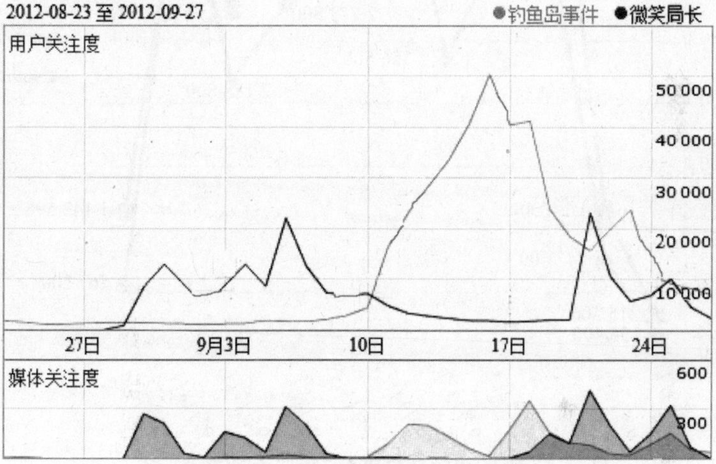

图3 “微笑局长”、“钓鱼岛事件”关注度走势对比分析

（时间：8月23日—9月27日）①

（二）微博关注度分析

2012年9月9日以来的数据显示，微博上对“钓鱼岛事件”相关话题的关注走势与上述网络媒体的关注走势较为一致。在经历短暂的舆论酝酿之后，开始呈现出爆发式增长的态势。

“钓鱼岛”相关微博数量从9月9日起出现爆发式增长，自9月10日起，“钓鱼岛事件”相关微博就超过200万条。据人民网舆情频道统计，仅9月

① 百度指数.“微笑局长”、“钓鱼岛事件”关注度对比分析（8月23日至9月27日），http://index.baidu.com/，2013-03-05.

11日一日腾讯微博和新浪微博两大微博平台上的相关微博数量就分别从原来的20余万条暴增到320余万条和450余万条。数据在14日达到顶峰,当日有超过880万条微博关注"钓鱼岛事件",数据显示相关话题微博关注度仍处于持续攀升的高温状态。(见图4)

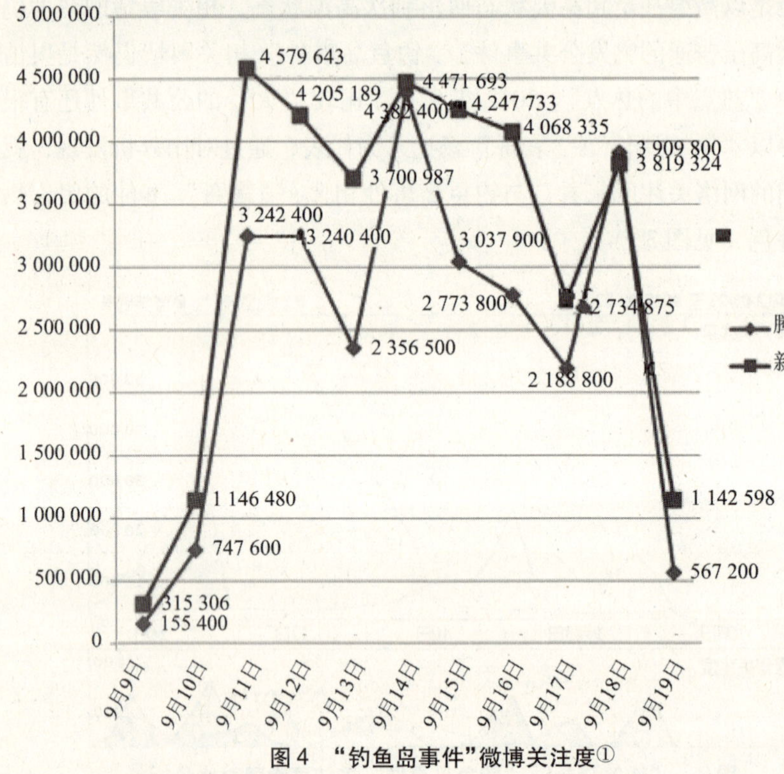

图4 "钓鱼岛事件"微博关注度①

尤其应该关注的是9月15、16日两日来的数据均处于高位运行状态,"即使在主流微博运营商在一段时间内限制长微博发表的情况下,依旧出现了相关数据'翻倍'的情况"②,近700万条微博成为了网络民意表达的重要渠道。

通过观察"钓鱼岛事件"的媒介化过程,我们可以发现以下特点:

---

① 钓鱼岛屿事件最新数据统计:微博呼吁理性爱国的反日游行城市.人民网舆情监测室.http://yq.people.com.cn/service/index.html,2013-03-05.

② 中国网舆评.公民意识在舆论中强化.http://www.china.com.cn/opinion/node_7167108.htm,2013-03-06.

1. 以微博为代表的社会化媒体通过设置议程左右舆论走势

从“钓鱼岛事件”发生到周末大规模爆发反日游行，民众在信息的“接收”与“表达”方面更加依赖社会化媒体，以微博为代表的社会化媒体，成为网民了解信息、表达看法的重要平台。

微博最为人所熟知的是其自由、平等、开放和及时便捷等传播特点，这些特点使得公众可以方便地进入微博这个话语平台，可以随时利用微博获取信息并与他人沟通。由于这些特点，微博成为具有“及时性”与“高度互动性”的媒介。在“钓鱼岛事件”中，民众通过微博围观事件的进展，新浪微博用户通过转发或评论这类微博，表达爱国热情，抒发民族情感，并在突发事件中冷静思考。

以陈祥华、王骏为核心成员的暨南大学新闻与传播学院研究生团队曾就“钓鱼岛事件中微博对舆论的影响”这一课题做过相关调研，数据显示，以微博为代表的新媒体通过设置议程左右舆论走势。

表2 新浪微博页面《热门话题》栏目的注意程度

程度	注意到了，并且会点击	注意到了，但仅限浏览标题	没有注意到
百分比	27.40%	53.60%	19%

表3 是否认可新浪微博的议题设置

程度	完全不认可	不太认可	一般	比较认可	十分认可
百分比	4.30%	15.20%	43%	32.80%	4.30%

《今日热门话题》和《热门话题排行榜》两个栏目是新浪微博进行议程设置的重要工具。统计结果显示，超过半数的用户注意到了新浪微博的这一话题议程的设置方式，但超过半数的人仅限于浏览标题（见表2）；约三分之一的用户比较认可新浪微博的议程设置的效果，43%的用户认为“一般”（见表3）。说明新浪微博的这两个议程设置方式效果明显，用户认可程度较高，实际上对受众的认知和选择是有一定舆论影响力的。

“钓鱼岛事件”作为重要的时事新闻，必然会在新浪微博的《今日热门话题》和《热门话题排行榜》两个栏目中出现，体现出“钓鱼岛事件”的重要性。同时，随着事件的发展，出现了游行示威，甚至打砸抢日系车辆和日系商店的过激事件，新浪微博对热门话题内容及时作出调整，由宣扬爱国主义和民族意识转变成呼吁理性爱国、文明游行。新闻类议题设置在微博议程设置中的重要性可见一斑。微博议程设置仍然通过“知觉模式”、“显著性模式”和“优先顺序模式”，即报不报道某个议题、强调某些议题、影响微博用户对该议题的感知和重视程度，来影响公众对议题重要性的判断。

2. 打通两个舆论场，让主流媒体发挥舆论引导正能量

新华社前总编辑胡振南曾谈道：“当今中国客观上存在着两个舆论场，一个是以电视台、广播电台、党报等传统媒体所构成的官方舆论场，另一个是以都市报尤其是互联网所构成的民间舆论场。”① 随着新媒体，尤其是微博时代的来临，网络舆论常常抢占先机，影响力不断扩大，影响着舆论走向，与其形成鲜明对比的是官媒话语权逐步弱化。打破两个舆论场之间的隔阂，是官媒当务之急。在捍卫钓鱼岛主权的斗争中，国内媒体发挥出了巨大而积极的作用。

在“钓鱼岛事件”中，以《人民日报》、中央电视台、新华社为代表的主流媒体，和各地方媒体一起，刊播了大量新闻报道，从历史和国际法等多角度证明钓鱼岛的主权自古以来属于中国，揭露了日本政府妄图吞并钓鱼岛的丑恶行径，引导人民群众捍卫国土的爱国浪潮。至此，大众媒体的倾力报道和全国人民的爱国热情已汇流成一股强大的力量，官方、民间两个舆论场间的隔阂就此打破。

媒体在最初的喧哗之后保持了较为客观的理性态度，体现出作为热情高涨的舆论中难得的声音，这与民众的喧哗和义愤有本质区别，也很好地引导了舆论。总结媒体报道时可以发现：媒体在事件前期以动态报道为主，2012 年 9 月初后转变为以评论、转述为主，体现出在舆论热潮中难得的客观与冷静。

在此其中包括《环球时报》在内的众多报纸在肯定钓鱼岛主权之外，用大量事实与态度表明了“抵制日货”的客观立场，旗帜鲜明地反对暴力化表达。在这其中自 9 月 11 日后，媒体回归理性成为舆论的主要走向。

非常值得一提的是主流媒体的领头羊《人民日报》，在“钓鱼岛事件”中，发挥了舆论引导的重要作用（见表 4）。

《人民日报》是官方舆论场的代表，在“钓鱼岛事件”中与民间舆论

① 祝新华. 两个舆论场的融通之道. 南方传媒研究，2012（38）：38.

场充分互动，相互融合，最后形成社会合意，引导舆情理性发展。纵观整个过程，《人民日报》对舆论的引导做到了准确、及时和理性，值得称道，也为国内媒体在公共危机事件的舆情引导方面树立了标杆。

表4　人民日报在事件发展过程的反应

事态进展	日期	日方行径	《人民日报》回应及影响
事态酝酿	2012年4月16日	发布“购岛言论”	无
	2012年6月12日	频频派官员前往钓鱼岛	发布评论指出“日本必须停止制造新的事端和闹剧，以实际行动维护中日关系大局”。至此，中国民众对钓鱼岛争端表示关注
事态扩大	2012年8月中旬	国会称着手准备钓鱼岛“国有化程序”，日本政府受理东京都登岛申请	发表题为《中方对日本右翼分子登上钓鱼岛表示强烈抗议》的报道和《大国崛起新路的信心与定力》的评论。国内舆情高涨，引发更大范围关注
	2012年9月11日	日本政府签订购钓鱼岛合同，促使钓鱼岛问题升级	人民网发表题为《钓鱼岛，口水仗已没有意义》的评论，指出日行径“既荒唐可笑，更令人愤怒!”“钓鱼岛”相关舆论处爆发状态
事态发酵	2012年9月12至18日	出动大批巡逻飞机，要求保护在华日本人安全；两名日本人非法登岛	对“钓鱼岛事件”相关话题每日必报，整个9月共刊发58篇报道。从中央领导人到普通民众对“购岛”行动表示强烈的不满、抗议和谴责，纷纷发出“钓鱼岛是中国的、坚决捍卫国家领土主权”的声音。从9月16日至9月18日，中国内地多个城市爆发反日示威游行
事态趋缓	2012年9月18日后	日首相亲自派特使前往中方，望得到谅解	刊发评论员文章《文明理性展现中国力量》，理性引导民众爱国情绪的表达与民间舆情的走向

（三）政务微博理性中立，官方媒体动态回应

政务微博是网络问政的一种新形式，主要指中国政府部门推出的官方微博，力求做到“织博为民”[①]。在“钓鱼岛事件”中，政务微博，尤其是官方公安微博，对扭转网络舆论的暴力倾向起了重要作用。

人民网舆情监测室数据显示，从2012年9月15日0时到9月16日12时，北京、上海、成都、长沙、南京、广州和深圳等地政府新闻办和公安系统通过官方微博表态，呼吁和支持民众理性、和平地表达爱国诉求，同时强调对各地出现的打砸抢烧等违法行为，将严肃查处。其中@广州公安的高峰原创量一天内达到13条之多。

以@公安部打四黑除四害 微博为核心，公安部治安管理局严正表态，各地公安微博倾力转发积极互动，@深圳公安、@济南公安、@大连公安等百个公安微博在此发出同一个声音：理性爱国，合法表达。同时，上千网友热情回应：爱国就是要爱自己的家园同胞。官方声音和草根呐喊百川归海，汇流于此。

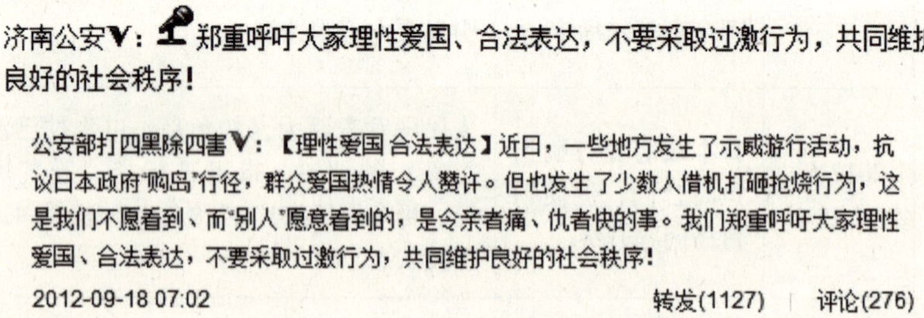
济南公安V：郑重呼吁大家理性爱国、合法表达，不要采取过激行为，共同维护良好的社会秩序！

公安部打四黑除四害V：【理性爱国 合法表达】近日，一些地方发生了示威游行活动，抗议日本政府"购岛"行径，群众爱国热情令人赞许。但也发生了少数人借机打砸抢烧行为，这是我们不愿看到、而"别人"愿意看到的，是令亲者痛、仇者快的事。我们郑重呼吁大家理性爱国、合法表达，不要采取过激行为，共同维护良好的社会秩序！

2012-09-18 07:02 转发(1127) | 评论(276)

图5 “钓鱼岛事件”中的警方呼吁

比较有代表性的微博是北京公安局官方微博@平安北京。@平安北京发布消息，对当天群众在日本驻华大使馆门前的理性抗议活动表示感谢。警方在官方微博中表示：“部分群众自发地来到日本驻华大使馆门前，挥舞国旗，呼喊口号，表达自己的爱国热情，强烈谴责日本‘购买’钓鱼岛这一非法行径。在表达爱国热情过程中，大家都保持了理性的态度，配合现场民警引导，现场秩序井然。在此，北京警方感谢大家的配合，谢谢

① 庞胡瑞. 政务微博如何对敏感事件发声. 中国网，http://opinion.china.com.cn/opinion_58_54958.html，2013-03-05.

大家!"

从百度指数舆情监测（图3）中可以看到，在公安微博进行持续的理性呼吁之后，2012年9月19日、9月20日"钓鱼岛"整体舆情持续下滑，互联网上的暴力声音开始逐渐减少。纵观"钓鱼岛事件"的整个传播过程，政务微博都保持了一个理性而中立的传播态度。在所有政务微博中，公安部门的官方微博充当了"理性呼吁"的排头兵，有效化解了网络舆论中的暴力倾向。

三、总结与讨论

纵观"钓鱼岛事件"全过程，我们发现，以微博为代表的新媒体在信息传播和舆论引导中始终发挥着中流砥柱的作用。

（一）微博已经成为公共舆论发展的新场域

主体的多元化和平民化让微博成为真正的草根媒体，140个字的字数限制以及便捷、多样化的发送手段让每个个体都能够发表自己的言论，极大地解放了民众的话语权。多极化与病毒式传播充分发挥了网络媒体的力量，在一次次的评论和转发过程中，大众高参与度的公共空间渐渐形成。微博通过与传统媒体的互动，主动设置议题，影响公共舆论的发展。这也使它成为公共舆论发展的新场域。

从"钓鱼岛事件"可以看出，微博并不仅仅只是一个日常娱乐工具或是社交平台，其在舆论的形成与发展中，正在和传统媒体一样担当同等重要的角色，已不再是一个可有可无的配角。

在该事件中，微博的信息传播途径让舆论变得更有影响力和扩张力，人们不仅通过微博接收信息，还使用微博生产和传递信息，在信息共享的情况下，越来越多的人进行信息传递和反馈，从而产生了病毒式的传播效应。这也为微博成为公共舆论新场域提供了必要条件。

（二）微博平台对公共危机事件走向有重要影响

微博作为新媒体的代表，在公共事件的舆论形成过程中担当舆论监督者的同时，也成为受众宣泄情绪的话语场，但谣言的散播则成为微博话语场中的一大诟病。微博近几年来对公共事件的舆论影响起到监督作用的代表事件有山西疫苗导致注射儿童的致死致残事件、湖北宜黄拆迁自焚事件、军队政委方大国打空姐事件、"表哥"杨达才事件等，均是通过新浪微博进入公众视野。2012年发生的公共事件中，微博对公共舆论影响较大的则是什邡事件和启东市大规模群体事件。在“钓鱼岛事件”中，微博平台事态走向的重大影响上文已提到，在此就不赘述。

那么，在公共危机事件中如何更好地引导舆论，促成事态良性解决？从“钓鱼岛事件”的媒介化过程中，我们可以得到一些启示。

1. 要占领信息发布高地，及时反应

在舆论尚处于酝酿阶段即事态发展的初级阶段时，政府应果断采取措施反客为主，掌握信息发布的主动权，给舆情引导定下一个良好的基调，使事态向好的方向发展。

4月17日，针对石原慎太郎宣称的“准备年内收购钓鱼岛部分岛屿”一事，中国外交部快速反应，召开新闻发布会，宣布中国对钓鱼岛拥有无可争辩的主权。随后在事态进一步扩大的过程中，外交部不断通过新闻发布会、记者招待会等，在各种场合表明中国对钓鱼岛拥有“无可争辩的主权”，给国内媒体提供了许多新闻素材。以《人民日报》、《环球时报》为代表的主流媒体纷纷撰文谴责日方行径，宣示主权。这些主流媒体通过他们自身的影响力，在国内营造了一个爱国主义舆论场，力促事态解决。

2. 新旧媒体联袂互动，引导舆论向良性发展

在我国，传统新闻媒体如报纸、电视等依然是民众接收信息的重要来源，也有一定的公信力，它们所传播的一言一语都影响着公众对社会事务的看法。此外，网络等新兴媒体在重大突发事件中的话语权和影响力不断扩大也是不争的事实，二者应当联袂互动，通过议程设置的方式引导舆论。

“‘没想到中国反应如此激烈’，日本媒体这样惊叹。不理解，缘于你们对历史刻意回避。可知道，中国人心中，一股气憋了百余年。钓鱼岛是警示牌，记录昔日屈辱沧桑，也将成为转折点，见证奋起中国寸土不让的集团意志。这样的意志，将使中国像钢板一样坚硬凝聚。这样的中国，无所畏惧。安。”2012年9月13日23点43分，《人民日报》官方微博发出这样一条微博，共获得了10 000余条转发和26 000余条评论。钓鱼岛事件中，《人民日报》官方微博一改传统官办媒体高高在上的姿态，与民众深度互动，对舆情走向有积极的引导作用。

参考文献：

[1] 程诚. 试论微博对舆论形成的影响. 新闻爱好者，2012（9）：1 ~ 2.

[2] 杨维. 论微博在网络舆论形成中的作用. 现代视听，2011（1）：68.

[3] 中国网舆评. 公民意识在舆论中强化. http://www. china. com. cn/opinion/node_7167108. htm,2013 - 03 - 06.

[4] 人民网舆情监测室. http://yq. people. com. cn.

[5] 蔡尚伟，钟勤. 刍论“钓鱼岛国有化”事件中国政府舆论引导. 人民网，http://media. people. com. cn/n/2012/1016/c40628 - 19281824. html,2013 - 03 - 07.

三、突发公共卫生类事件媒介化现象解读

“毒胶囊事件”网络传播效应扩大化分析

赵　萍

公共卫生安全事件由于涉及食品安全问题，与每一位公民的身体健康息息相关，触动着每个公民的神经，因此相较于其他突发公共事件更具新闻价值和话题性，也更容易激发起公众的愤慨和恐慌情绪，甚至导致公众加深对政府监管部门的不信任。若政府部门处理不善或任由事件发展，则会造成公众对政府的信任危机，从而影响政府部门形象和正常的职能运作。因此，掌握舆情、把握舆论走向、了解在公共卫生安全事件传播中媒体所扮演的角色和作用，规避事件媒介化所带来的风险等都是政府部门不得不面临的难题。

危机事件的集中爆发并没有给政府部门学习应对公共危机事件的时间，2012 年年初“毒胶囊事件”的爆发再次将政府部门推向了风口浪尖。“毒奶粉”事件已经让政府部门初次见识到了公共卫生安全事件媒介化的威力，显然，在那次事件中政府的应急措施可谓一团糟。那么在事隔三年后影响力不亚于“毒奶粉”事件的“毒胶囊”事件中，政府面对媒介化了的公共危机事件是积极应对还是一如既往地置若罔闻呢？

一、事件回顾

在以往的公共卫生安全事件中所曝出的“毒”食品，“毒”的是产品特定的消费人群，这些产品我们还是可以找到替代品的。告别“毒奶粉”还有母乳天然无公害、戒掉“塑化剂酒”还有红酒做候补、抛弃“地沟油”还有自己的小厨房。然而中国食品安全问题再一次挑战了公民的底线，这次的“毒胶囊事件”可谓是全体公民集体“中招”，避无可避，无一幸免。本应该治病的药却变成了害人的毒，是什么样的暴利才会让企业昧着良心赚百姓的救命钱？是什么样的原因才会让监管部门熟视无睹？

“毒胶囊事件”又一次引发了公民对中国食品安全问题的担忧以及对政府部门的质疑和不满。有网民在微博上调侃道：“【真相是：在自相残杀】你卖地沟油，我卖胶面条；你卖皮革奶，我卖镉大米；你卖毛酱油，我卖陈化粮；你卖碘雀巢，我卖红心蛋；你卖农药菜，我卖三鹿粉；你卖箱子馅，我卖甲醇酒；你卖罂粟汤，我卖硫磺椒；你卖毒米线，我卖避孕鳝……最后一起吃毒胶囊。如果你不吃特供，也许下一个受害者就是你。”极尽讽刺意味地道出了中国食品安全问题现状的严峻性和公众在这种“企业无良心、政府无作为”环境下的无奈。

笔者对发生在2012年年初的重大公共卫生安全事件“毒胶囊事件”的全过程进行梳理，还原“毒胶囊事件”发展过程和媒介化呈现的方式，解析媒体在此事件中所扮演的角色和作用，探讨政府在此次公共卫生安全危机事件中采取的应急措施（见表1）。

表1 “毒胶囊事件”发展过程

阶段	时间	人物	事件	首发渠道
曝光	2012年4月9日	央视主持人赵普	发微博称“不要再吃老酸奶和果冻”，使得舆论首次将“工业明胶”与食品药品安全联系起来	微博
	2012年4月15日	央视	《每周质量报告》播出《胶囊里的秘密》，曝光企业大量工业明胶用于制作药品的胶囊	中央电视台
	2012年4月15日18时	公安机关	紧急查封涉嫌使用工业明胶制作空心胶囊的企业，对4名企业负责人实行控制	中新网记者
	2012年4月15日	辉南天宇药业股份有限公司	在其官网上就“毒胶囊”一事作出说明，拒不承认使用以明胶为原料的胶囊	企业网站
高潮	2012年4月16日	修正药业	发布声明称集团在第一时间停止了问题产品的销售，并组建了调查小组，拒不承认使用问题胶囊	企业网站
	2012年4月16日	国家食品药品监督管理局	要求对13个药用空心胶囊产品暂停销售和使用，并对药用空心胶囊铬超标情况开展调查	药监局
	2012年4月17日上午8时	新昌县	新昌县已决定该县食品药品监督管理局局长罗某停职接受调查	新昌县

（续上表）

阶段	时间	人物	事件	首发渠道
	2012年4月17日下午	辉南天宇	发表声明称将召回媒体报道的该批次的抗病毒产品。对广大客户深表歉意	企业网站
	2012年4月19日	国家食品药品监管局	公布第一批抽检结果，证实存在问题胶囊，责令企业召回检验不合格批次药品	人民日报
小高潮	2012年4月23日下午	腾讯微博博主	发文“毒胶囊”专利早在1991年就申请了。并链接了国家知识产权局专利查询结果的链接和截图	微博
结束	2012年4月25日	企业	9家毒胶囊药企被拒参加第67届药交会	39健康网
	2012年4月26日下午	国家知识产权局相关负责人	2件相关专利曾获得批准，但均已失效，目前没有处于有效状态的相关专利	新华网
	2012年5月2日	国家知识产权审查员卢学红	撰文称高铬明胶本身并没有违反法律规定。强调国家知识产权局不具有市场监督职能	人民网

表1是笔者对“毒胶囊事件”从4月9日微博首次曝光到5月2日国家专利局撰文反驳公众质疑为止事件发展始末的梳理，以对“毒胶囊事件”有重大影响的事件为时间节点，将“毒胶囊”整个事件分为曝光、高潮、小高潮、结束四个阶段，并对事件信息发布渠道进行整理，以求更清晰、更直观地总结出媒体在“毒胶囊事件”中的参与程度和政府部门在此次危机事件中的应急管理。

二、“毒胶囊事件”的媒介化呈现

回顾“毒胶囊事件”的整个过程，笔者发现该事件是由新浪微博首次曝光，但由于缺乏真凭实据，只在网上引发了网友的揣测和小范围的转发，并没有对社会生活造成影响，因此也没有引起社会关注和媒体的报道。“毒胶囊事件”真正发酵是由于央视的《每周质量报告》栏目对工业明胶用于药用胶囊的报道。央视作为国家电视台，不仅具有传统媒体的公信力和权威性，而且在全国范围内都具有强大的影响力，如此重大的事件再加上由高知名度的媒体曝光，“毒胶囊事件”一石激起千层浪，随后全国各大媒体纷纷转载和跟踪报道，极短时间内在中国大地上广泛传播。

在互联网上，“毒胶囊事件”更是吸引了“全民围观”，网民集体声讨无良商家，并将矛头指向了事前“无作为”的相关部门。在4月15日至5月14日期间，关于“毒胶囊事件”的新闻报道及各类评论文章总计107 790篇（含转载及相似新闻），电视新闻591条，报刊新闻6 720条，网络新闻99 585条，论坛文章894篇。① 由此可见，公众对“毒胶囊事件”的关注度之高，这种高关注并不是稍纵即逝的，而是持续了一个月之久，如此长时间的关注是较为罕见的。极高的关注度吸引了媒介的高度参与，从而使毒胶囊事件整个过程都以媒介化的形态呈现。

（一）网民矛头直指无作为部门

“毒胶囊事件”最早曝光于新浪微博，因此微博也成为了舆论的主战场，微博用户则成了推动事件走向高潮的主力军。根据对“毒胶囊事件”4月15日至5月30日的数据的收集，网络主题媒体分布统计结果如图1所示。

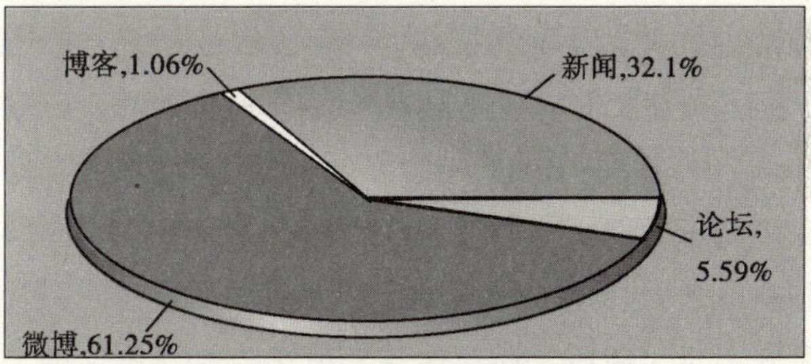

图1　网络主题媒体分布图

由图1可以看出，微博成为此次事件舆论的主战场，在网络舆论主题中占了相当大的比重，主题数量占到61.25%。② 这说明微博作为新媒体，代表的是中国式的“公共空间”，俨然成为网民发表意见的主要场所。在以往的公共卫生安全事件中，网友大多指责的是无良商家和黑心企业，谴

① 李志坚. 毒胶囊事件舆情分析与启示. 企业界，2012（11）.

② 博约科技. 毒胶囊事件专题舆情分析. http://www.boryou.com/? p=764，2012-07-17.

责的对象还没有涉及监管部门。但是一次又一次的食品安全问题终于越过了公民的底线，公民将矛头指向了监管不力的相关部门。

2012 年 4 月 1 日至 4 月 30 日，网民关于“药用毒胶囊”的言论有 2 090 725 条，通过对这些信息进行关键词提取、主题聚类分析，[①] 得出图 2。

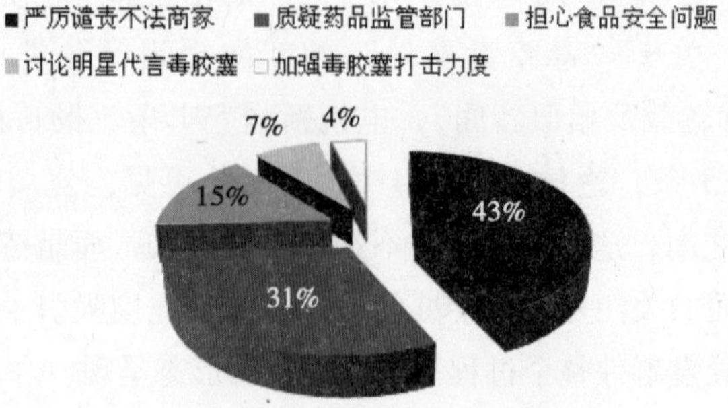

图 2　药用毒胶囊事件网民倾向性分析

如图 2 所示，严厉谴责不法商家占了网民倾向的 43%，而紧随其后的就是质疑药品监管部门，占了网民倾向的 31%。显然，网民对药品监管部门的不满已经达到了顶点，中国食品安全监管部门最终打破了公民的容忍度。

在新浪微博具有 832 万粉丝数的加“V”认证用户任志强在微博中写道：“社会普遍认为毒胶囊对生命和尊严的危害巨大时，砖家却认为关系不大，部长却认为大多数是好的，监管者并不认为应对此负责，顶层则视而不见，只有微博在发怒。”该微博被转发 4 443 次，评论达 1 923 条。作为意见领袖和微博名人，任志强说出了广大网民的心声。网民谴责政府监管不力的声音并不止于微博，还充斥各大论坛，天涯论坛的“毒胶囊何以透过层层监管”被点击 2 063 次，回复 64 次；搜狐社区的“良心药变毒胶囊，根在监管不力”被点击 2 254 次；新浪论坛的“毒胶囊谁在渎职”被点击 19 582 次。

行业人士几乎都知晓的“毒胶囊”，专门进行药品审查的监管部门却置若罔闻，在政府部门睁一只眼闭一只眼的情况下，在暴利的诱惑下，

① 蚁坊软件. 2012 年社会热点舆情分析. http://www.antvision.cn/browse/article/12/183.html,2012-08-13.

"毒胶囊"能不越做越大吗？然而，在事件爆发后，监管部门却试图推卸责任，这种"事先无作为、事后推责任"的行为能不让网民愤慨吗？

在这次公共卫生安全事件中，政府在应急管理上又一次印证了建立危机管理制度的重要性。关键点传媒董事长游昌乔曾提出过著名的"危机公关5S原则"，他认为："危机发生后，公众会关心两方面的问题：一方面是利益的问题，利益是公众关注的焦点，因此无论谁是谁非，企业应该承担责任。即使受害者在事故发生中有一定责任，企业也不应首先追究其责任，否则会各执己见，加深矛盾，引起公众的反感，不利于问题的解决。另一方面是感情问题，公众很在意企业是否在意自己的感受，因此企业应该站在受害者的立场上表示同情和安慰，并通过新闻媒介向公众致歉，解决深层次的心理、情感关系问题，从而赢得公众的理解和信任。"①

"危机公关5S原则"对政府同样适用，尤其是承担责任原则。政府是为人民服务的，政府官员是人民的公仆，所以公众对政府的期望比对企业更高。公众心中有一杆秤，他们心如明镜，清楚地知道政府在"毒胶囊事件"中应该承担什么样的责任。但是在此次"毒胶囊事件"中，监管部门在面对公众的愤怒和质疑时，虽然反应迅速、积极展开调查，但一再推卸责任，摆出各种各样的理由来显示自己的无辜。这种既不承担责任又忽略公众感情的态度无疑加深了公众与政府部门之间的矛盾，同时也破碎了公众对政府部门的期待。

（二）大众媒体舆论监督的缺失

报道新闻和反映监督舆论是大众媒体的基本功能，但是由于中国独特的传媒体制，这两种基本功能在中国有一个潜规则——报道尽量不涉及政府的负面消息。一旦是涉及政府的负面信息，大众媒体在报道新闻时常出现不以新闻价值为新闻选择的标准的情况，并且在反映舆论时也只是片面地报道，更遑论监督舆论。这就形成了两个舆论场，一个是被媒体虚拟了的舆论场，一个是公众真实的舆论场，而媒体造就的虚拟的和真实的舆论场在此次"毒胶囊事件"的报道上再次同时出现。

在"毒胶囊事件"曝光后，各大媒体都给予了极高的关注并都在第一时间进行了报道。4月16日，包括《北京日报》、《湖北日报》、《大河报》

① 朱锋．从丰田召回门看危机公关的5S原则．经营管理者，2010（3）．

在内的多家地方平面媒体均对《每周质量报告》的节目做了整理报道，不同省份的媒体在报道时，亦特别关注该省、市有关“毒胶囊”的自查情况，如《羊城晚报》标题为“废料制胶囊药企卖毒药　三种毒胶囊或流入广东”的报道。而一些市县级媒体则将本地的自查情况作为关注重点，如浙江嘉兴在线的报道标题即为“我市紧急排查毒胶囊药品生产企业无问题”。《证券时报》则刊发报道《河北学洋明胶蛋白厂涉“毒胶囊”人员被警方控制》，提到了学洋明胶蛋白厂综合楼发生火灾的情况，但并未交代具体原因，该报道当日共被转载12次。①

在事件进入高潮阶段时，媒体也多是对“毒胶囊事件”的进展进行报道，并且更侧重于报道监管部门对此次事件的高度重视以及对不合格产品的调查，媒体的舆论场似乎更倾向于对相关部门歌功颂德。这种声音一直持续到2012年4月25日，《检察日报》刊发报道《最高检派员督办问题胶囊事件背后职务犯罪》，新华网、法制网亦报道此事。27日开始，问责“毒胶囊事件”监管部门的深度报道才开始出现，如《三联生活周刊》刊发报道《中国胶囊之乡的迷茫：药品稽查大队成空壳》，《经济观察报》刊发报道《毒胶囊损毁新昌声誉　官员直言“关就关吧”》。②但是这种声音也是极其微弱的，零星的几篇报道与如此重大的公共卫生安全事件并不成正比，并且与实际舆情不相符。在重大公共卫生安全事件中，大众媒体不仅不切实履行其反映舆论的功能，反而用公民赋予其的职责帮助政府部门掩饰，在报道中只提“重视毒胶囊”，绝口不提政府部门应该为此事承担的责任，显然有违媒体的道德。

2012年4月1日至4月30日，媒体关于“药用毒胶囊”的新闻报道有7 655篇，通过对这些信息进行关键词提取、主题聚类分析，得出图3。

由图3可见，在媒体关于“毒胶囊事件”的报道中，37%的新闻是对毒胶囊被央视曝光的消息进行报道，26%的新闻是对重视食品安全的建议，而对各地查处毒胶囊的新闻占了24%，这种明显倾向于呈现政府查处得力的报道与网民的关注点显然相去甚远。而占了11%的关于对毒胶囊事件的反思报道也多是认为企业应反思并承担责任，鲜有问责政府监管部门

①② 毒胶囊事件舆情报道．正义网，http://yq.jcrb.com/yjjj/201205/t20120504_854320.html，2012-05-04．

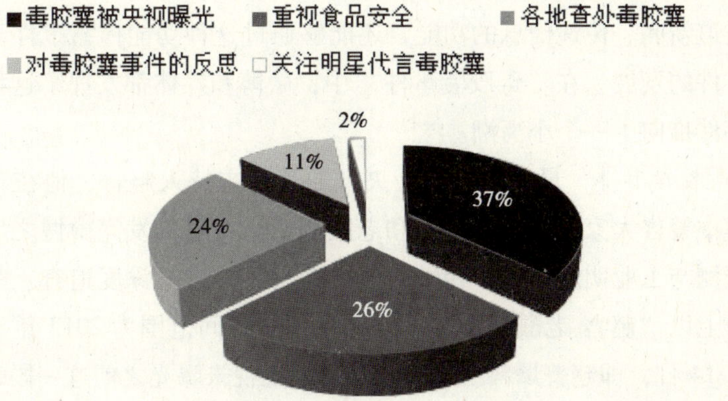

图3 药用毒胶囊事件媒体倾向性分析

的，如《海南日报》的评论《“毒胶囊”源于企业集体道德失守》、39健康网评论《经济至上 思想造就毒胶囊》、《青年时报》的评论《是否每个人心底都藏着一颗毒胶囊?》等。

甚至有媒体连“躺着中枪”的明星都报道了，却不去问责政府监管部门，这种行为难道不是让公民更加寒心吗？作为“第四权力”和“无冕之王”的媒体，在公民最需要媒体反映舆论时却又在干些什么呢？当然，问责政府监管部门并不是完全没有，如财讯网的评论《皮革下脚料变身毒胶囊：谁给造假者开了“绿灯”?》、《中国经济时报》的评论《胶囊“毒”于体制》、《襄阳日报》的评论《“有毒胶囊”是怎样炼成的》等。

通过对图2和图3的对比分析，可以很明显地看出媒体虽然履行了报道新闻的职责，却在反映舆论监督上失守。31%的网民质疑药品监管部门，但媒体仅在“毒胶囊事件”的反思上给予11%的报道比例，而这11%的反思又有多少是集中在质疑药监部门上面呢？媒体的舆论场和网民的舆论场并不可能达到高度一致，毕竟公民有时会存在集合行为和不理智的言论。但是若两个舆论场差异太大，则会引起公众更加激烈的反抗情绪，一方面不利于安抚民意；另一方面媒体的监督职能被长期压制也不利于政府危机应急管理的改革和能力提升。

（三）微博爆料、媒体报道推动事件发展

美国第三任总统曾这样形容政府和媒体的关系：“如果由我来决定，我们是要一个有政府、没报纸的社会，还是一个有报纸、没政府的社会，我将毫不犹豫地选择后者。"[①] 他高度肯定了报纸的功能和作用。媒体不仅具有报道新闻、传递信息的功能，还能够通过这种功能揭露事件真相从而促进事件的发展。在"毒胶囊事件"中，微博和媒体都发挥了这种功能并且将事件推向了一个小高潮。

"毒胶囊事件"最先爆料者是央视的著名主持人赵普，他在自己的新浪微博中警告大家不要再吃果冻和老酸奶了。在赵普发完微博之后，网友纷纷猜测与工业明胶有关，相继转载此微博，并进行深度追查。笔者在新浪微博上以"赵普 老酸奶"为关键词，搜索时间范围为 2012 年 4 月 9 日至 4 月 14 日，即赵普爆料工业明胶之后、央视未曝光之前这一段时间里的相关微博，结果搜到 311 472 条，也就意味着通过网络爆料至少有 30 万网民关注到了"毒胶囊事件"的雏形。"毒胶囊事件"通过网络爆料拉开了该事件的帷幕，但是由于缺乏可靠证据，因此无法引起大众媒体的报道。不过鉴于赵普的央视主持人身份，部分网友还是选择相信赵普的警告，但也只是在微博、论坛、QQ 和手机短信等新媒体上传播。由于此时没有大众媒体的介入而且没有证据，"毒胶囊事件"仅在互联网媒介一定范围内传播。但是无可置疑，赵普的微博爆料打响了"毒胶囊事件"的第一枪，使得央视《每周质量报告》在揭露"毒胶囊事件"之前就已经积累了一定的群众基础，从而能在揭露之后迅速得到网民的响应。

微博推动事件的发展并没有局限于揭露"毒胶囊事件"上，在之后更是推动事件进入了另一个小高潮，延长了事件的生命周期以及坚定了公众对政府监管部门问责的决心。

在对 2012 年 4 月 15 日到 5 月 14 日期间，网络媒体和报刊媒体关于"毒胶囊事件"报道的新闻进行分析之后，得出图 4。

由图可见，报刊对"毒胶囊事件"的报道主要集中在事件曝光的前期，报道的数量出现了两次小高潮，时间分别为 2012 年 4 月 17 日和 4 月 23 日。而网络媒体对"毒胶囊事件"的报道虽然在 17 日之后开始有所下滑，但呈现出跌宕起伏的态势。而 2012 年 4 月 23 日，报道数量猛增，再次将"毒胶囊事件"推向另一个高潮（见图 4）。那么是什么原因导致已经逐渐淡出人们视线的"毒胶囊事件"再次拉回了公众的眼球，得到公众

---

① 徐子沛. 大数据. 桂林：广西师范大学出版社，2011. 17.

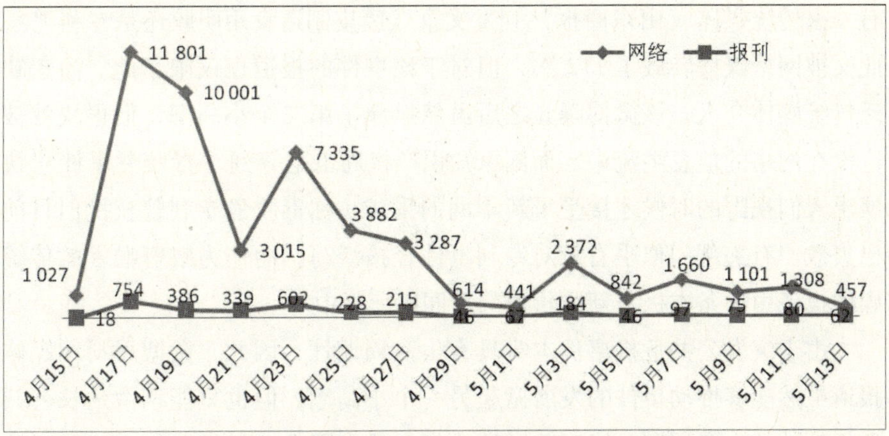

图4　网络媒体和报刊“毒胶囊事件”报道曲线图

关注的呢？

促使事件发展到另一个小高潮的原因有二：第一，要归功于传统媒体《大河报》。《大河报》在4月23日刊登了《空壳胶囊“投渠自尽” 郑州郑上路一渠沟成彩虹河》，该报道在短时间内被各大网络媒体广泛转载，并在各大论坛和微博上广泛转发，迅速吸引了公众的注意力。网络上关于“毒胶囊事件”的报道量出现了逆转性反弹，并引发了网民的广泛讨论。《大河报》的报道再次将“毒胶囊事件”推到了风口浪尖。

第二则要归功于微博，2012年4月23日下午，腾讯微博有博主发文称铬鞣皮废料酶法制备食用明胶的工艺方法早在1991年就申请了专利，甚至连专利号——91108955都一并公布！专利显示明胶收益率高于50%，到现在已经整整21年。该博主并链接了国家知识产权局专利查询结果的链接和截图，经过24日“赵勇”在腾讯微博中向网友推荐“求推广”并且@新闻哥 等微博名人，之后引起了更多的关注。这条微博再一次刺激了公民本就脆弱的神经，如果说之前政府监管部门还可以否认事前对“毒胶囊事件”毫不知情的话，那么在该微博曝光之后可就真正难以推卸责任了。一项对身体健康有害的技术竟然在国家知识产权局取得了专利，得到了官方的认可，这让公民何以自处！至此，网民问责的对象又多了一个——国家知识产权局。愤慨难以平息的网民再次在网络上掀起了对“毒胶囊事件”反思和问责的小高潮。

然而关于毒胶囊获得专利的消息并没有得到传统媒体的广泛报道，仅有一家传统媒体《山东商报》刊发文章《废皮制造食用明胶还是专利呢》，此文被网络媒体转载了112次，但对于该事件的报道也仅限于此。由于缺乏传统媒体介入，该微博曝光之后虽然掀起了第二个小高潮，但很快就被淹没在网络的信息洪流中。而国家知识产权局也是等到“毒胶囊事件”快淡出人们视野的时候才接受了新华网的采访，称毒胶囊专利曾获批但目前已失效。有关部门似乎有意对专利事件轻描淡写，而作为政府喉舌的传统媒体也任由这条本极具新闻价值的新闻胎死腹中。

由于突发公共危机事件本身具有生命周期性，因此，微博爆料和媒体报道虽然能够推动事件的发展掀起另一个小高潮，但也只能稍微延长公共危机事件的生命周期，毕竟公民的注意力是有限的。但是我们也不能否认微博爆料和媒体报道在推动事件发展中所做的巨大贡献。

（四）网络取代传统媒体成为企业发布信息的平台

在网络时代，企业纷纷建立官方网站，通过官网发布最新信息并且和网民进行交流。而企业的官方网站也成了在公共危机事件爆发之后媒体和网民关注的焦点，以求从此获得企业最新消息。在此次的公共卫生安全事件中，企业官方网站同样也承担着传递企业最新消息、与网民交流的职能。而不得不提的是，“毒胶囊事件”中涉事企业的官方网站所承担的与网民交流的职能存在小小的变异，网站成为被黑客攻击以泄私愤的对象。

2012年4月15日“毒胶囊事件”曝光后，青海格拉丹东官网遭黑客袭击，公司及产品介绍踪迹全无，取而代之的是一个写满警示性语言的界面。该黑客留言：“要做良心药呀!!! 坑谁别坑自己国家的人……”落款是“中国黑客”，并自称“不为追求黑客巅峰　只求攻败心中寂寞”。修正药业集团股份有限公司的官网首页则被一卡通图案取代，所有的链接陷入瘫痪。

图5和图6分别是青海格拉丹东官网和修正药业的官网被黑客攻击之后的界面。官网成网民发泄气愤之情的替罪羔羊，这种黑客因为公共卫生安全问题而攻击企业网站的事件在此前的突发公共事件中是很少见的。显然，企业这种昧着良心毫无社会责任的行为已经触及人们的底线了。

企业官网是企业与公众交流的平台，是企业展示形象的窗口，但是在“毒胶囊事件”中这种交流功能发生了变异，展示形象的窗口也变成了网

图5　青海格拉丹东被黑客袭击后的网页

图6　修正药业被黑客袭击后的网页

民将企业不耻行为昭告天下的渠道。可见，若不充分利用好企业官网积极与公众交流，在第一时间承担责任并向公众道歉，官网也是可以变“黑”的。事件曝光后，央视报道中提到的企业都纷纷通过官方网站发表声明，表明企业的态度并且极力为自己辩护。下面以家喻户晓的修正药业的行动为例。

2012年4月16日，修正药业发布声明称，集团在第一时间停止了问题产品的销售，并组建了调查小组。声明强调该公司产品羚羊感冒胶囊所选择的空心胶囊生产企业是资质齐全、符合国家标准的正规企业，并将对复检结果保留依法追究相关供应商责任的权利。在强大的舆论压力下，2012 年 4 月 19 日修正药业在官网发布道歉声明，宣布召回 100901 批次羚羊感冒胶囊。此声明被媒体多次转载。

同修正药业一样，除了丹东市通远药业和通化颐生药业宣布召回被曝光批次的药品外，其他涉事企业也在官网上发表声明，并在声明中存在侥幸心理，极力为自己辩护和维护旗下产品。

三、政府应急管理分析

政府、公众和媒体是公关危机事件中的三个主体，而政府又是这三个主体中最重要的一个。因此，在危机应急管理中，政府要妥善处理好与公众、媒体的关系，在三者之间找到平衡点，建立与公众的有效互动关系，发挥媒体传播信息和舆论监督的职能。

（一）树立“有限政府”理念

公众是公共危机事件的重要参与者，能够对事件的发展起到重要推动作用，在公共危机事件中扮演政府监督者、事件参与者和信息发布者等角色，可以弥补政府的有限性。因此，在政府公共危机事件应急管理中，必须把公众的利益和情绪放在首位，尊重公众的知情权和传播权，鼓励公众参与公共危机事件的解决，与公众建立有效的互动关系，从而转危为机，赢得公众对政府的信任，塑造良好的政府形象。

首先，政府要明确权责关系，主动承担责任，要树立“‘公众利益至上’是政府危机公关的最基本原则”的理念。在危机爆发“黄金四小时”内，政府部门一定要有所行动，明确各个部门的权责关系，并主动承担责任，对公众关注的焦点问题予以快速反应、迅速彻查和详细告知，切忌互相推卸责任和“打太极”，公众本来就对那关键时刻找不到的“有关部门”深恶痛绝，推卸责任只会使事态恶化。

其次，尊重公众的知情权，及时公布危机事件的相关进展。在公共危机事件中，若正常的传播渠道被堵塞，将会导致谣言和流言的泛滥，从而引发集合行为，造成社会恐慌，使公众产生不理性情绪和对政府的不信任感。因此，在公共危机事件中，保持传播渠道的畅通，尊重公众的知情权，及时公布危机事件的相关情况，有利于公众了解事件进展，从而有效地参与到公共危机事件的处理中，发挥公众的监督作用，弥补政府的有限性。

（二）发挥主流媒体的舆论领军人作用

“胡锦涛总书记2008年6月20日在人民网讲话，把互联网新闻网站定义为新兴媒体，明确了互联网新闻网站的媒体地位，描述了新兴媒体与主流媒体共同构成了舆论引导的新格局，肯定了互联网已成为思想文化信息的集散地和社会舆论的放大器的作用。提出了我们要充分认识新兴媒体的社会影响力，高度重视互联网的建设、运用、管理。”① 因此，政府在危机管理中，要善用网络媒体并充分发挥主流媒体的舆论领军人的作用。

首先，在网络舆论日渐强势的环境下，网络媒体的力量不容小觑，政府要充分利用网络媒体，通过网络媒体掌握网络舆情，分析舆情。如此，政府才能把握公共危机事件处理的总体方向，从宏观上掌控全局，从而制定出更符合民意，更能体现政府以人为本理念的危机应急管理对策。

其次，主流媒体是舆论的领军者，具有广泛的影响力和良好的公信力。政府应积极与主流媒体沟通以掌握舆情，分析舆情后对症下药，对舆论加以疏导而不是试图与主流媒体联手控制舆论。控制舆论治标不治本，只有在分析舆论的基础上，制定出正确的应急管理对策，再通过主流媒体将政府信息传达给公众，发挥主流媒体上传下达的作用，从而对舆情加以疏导才能挽救政府形象。古代即有“防民之口甚于防川”之说，更何况是在当今信息发达的互联网时代，因此与其去控制那张永远堵不住的口还不如积极应对，在应对中重新赢得公众的信任。

因此，政府在危机应急管理中，必须从两方面着手，两手都要抓两手都要硬。一方面政府必须找准自身的定位——“有限政府”，明确政府与公众的职能关系，主动承担责任并尊重公众的知情权，鼓励公众参与危机事件的解决；另一方面是恰当处理与媒体的关系，找到与公众、媒体之间的平衡点，发挥媒体传播信息和舆论监督的职能，利用媒体重塑政府形象，挽救在危机事件中丧失的公民信任。

---

① 刘倩．网络舆论环境下的政府危机管理与公关．新闻传播，2012（7）．

参考文献：

［1］廖为建. 公共危机传播管理. 广州：中山大学出版社，2011.

［2］刘倩. 网络舆论环境下的政府危机管理与公关. 新闻传播，2012（7）.

自媒体环境下陕西孕妇强制引产事件舆情解读

冯　琼

自媒体环境下网络舆论的生成、发酵机制基本遵循以下规律：媒体曝光（传统媒体、新媒体）—网友围观（“意见领袖”引导舆论）—舆论压力生成—媒体间互动—政府（企业）应对—舆论高潮—网友、媒体互动—舆论弱化。在虚拟网络与现实呼应的情况下，自媒体往往能运用自身的传播效力，促使舆论发展。本文以陕西孕妇遭强制引产事件为例，阐释自媒体环境下公共危机事件的媒介化过程以及政府的舆情应对。

一、事件回顾

陕西孕妇引产事件曝光于2012年6月11日网友“我不是飞贼”在华商论坛中的发帖《惨绝人寰7个月的胎儿被强制引产　孩子尸体就放在妈妈身边》。帖中称，“陕西省安康市镇平县曾家镇政府非法拘禁，对7个多月的孕妇进行强制引产”，随即该帖在网络上疯传，6月11日9时51分发表的这则帖文，截至19日17时就被转载720余次，遍布各大主流论坛、微博、贴吧。①

关于当事人遭强制引产的说法相关者各执一词。镇政府回应媒体说冯建梅是在思想情绪稳定的情况下，经过各类常规例行检验后自愿接受引产术，院方负责人甚至强调，所有的医疗操作都是按程序走的，并未强迫冯建梅。但是这种说法被当事人冯建梅坚决否认，称“自己是被强制引产，孕检B超时肚子里的孩子是正常的，但是在打过引产针之后，肚子里就没有动静了”。当事人丈夫邓吉元则向媒体展示了自己曾收到的来自镇政府

---

① 朱明刚. 陕西镇平县大月份孕妇引产事件分析. 人民网，http://www.peoplegx.com.cn/gx/wlyq/Article_Show.asp? ArticleID = 24755，2012 - 06 - 27.

工作人员的短信："四万一分不能少，我都给你爸说了，他说没钱还能怎样。还是你们自己大意了，没当回事。"

在是非纠纷中，以微博为代表的社会化媒体不断将事件推向高潮，其媒介化的过程值得剖析。

二、媒介化过程解读

（一）微博舆论场：话语权倾向意见领袖

自媒体时代下微博成为最重要的舆论场，信息云集、舆论激荡，扮演着公共话语空间的重要角色，政府、媒体、公众成为平台上对话的三方。尤其是意见领袖的涌现，引导主流舆论、影响议题走向，俨然成为微博生态圈中话语权的主导者。在陕西孕妇遭强制引产事件中，当事人冯建梅的丈夫邓吉元开通实名认证微博，发表言论、扩散信息，在以人际传播为基础的社交媒体上发挥着意见领袖的作用。

从开通实名认证新浪微博到2012年6月19日17时，邓吉元共发布15条微博，其粉丝数达到23万，粉丝的回复平均在500条以上。以下这条微博发布的当天评论达到4 000余条，转发达到6 000余次：

5月30日，陕西安康镇平县曾家镇政府30余人强制非法拘禁我妻子（孕妇冯建梅）72小时之后，因为我没有及时凑到四万社会抚养费，在我还在赶往医院途中，强行致使妻子签字按手印，暴力按压妻子打毒针使7个半月胎儿流产。事件发生至今，政府没有任何人出来给予我们一个说法。痛心！

其粉丝的回复与转发，促使事件的关注程度大大提升。表1是邓吉元2012年6月11日至6月13日事件曝光起三日内的新浪微博发帖情况。

由于网络信息的多元化，网友在参与互动的过程中，往往按照个人的经验"选择性理解"，特别是在公共危机事件中，由于相关信息及情绪的瞬间引爆，网络"把关人"的缺位造成网友在舆论漩涡中各持己见，态度褒贬不一，但是此事件的话语权还是向当事人邓吉元偏移。

在"围观改变中国"的微博使用模式之下，网友围观往往能把事件推向舆论高潮。2012年6月24日网友围观继而爆料"陕西省镇坪县政府组织大批‘水军’，在被强制引产孕妇家门口挂横幅‘痛打卖国贼，驱出曾家镇’标语，把邓家接受德国媒体采访形容成是‘卖国贼’的行为”，把此事推向了舆论巅峰。当事人家属微博上的发帖把此事卷入一个是非争执的漩涡当中，政府在公众的谩骂与批评声中显现疲软状态，对于掀起的又一轮质疑显得手足无措（见表1）。

表1 2012年6月11日至6月12日邓吉元新浪微博发帖与网友评论

发布时间	微博文本	网友评论
2012年 6月11日22：43	我是镇坪县曾家镇鱼坪村二组村民，因家里发生的“曾家镇政府非法拘禁，强行打掉7个半月胎儿”一事，成为当地老百姓茶余饭后的热门话题，也使我们家陷入极度伤痛之中，让我们不得不把曾家镇政府的行为与“土匪”行为联系在一起	小黑不热了：看不得你的照片，心里发颤……可怜的孩子！已经是可以成活的孩子了啊
2012年 6月12日16：44	利用权杖非法拘禁，强行打掉7个半月胎儿！5月30日，陕西安康镇平县曾家镇政府30余人强制非法拘禁受害人（孕妇冯建梅）72小时之后，索要四万元押金未果，在没有直接监护人的情况下，强行致使孕妇签字按手印，暴力按压孕妇打毒针使7个半月胎儿流产。导致受害人精神严重受损，也让家人陷入极度悲痛中	龙纹玉座：暴力执法违背人性，但违反计划生育的行为也危害着他人的生存，故而不能因为受到伤害而致使他的超生行为合法化，从而博取同情
2012年 6月12日16：46	月有阴晴圆缺，花有花开花谢。小儿胎死腹中，你叫我怎么能安心活下去？自古钱权不分家，我无权无势，就应该挨毒打，打毒针？让我腹中7月小儿还未见到清晨第一缕阳光就毒死缱绻在我身旁?！陕西安康镇坪县曾家镇人民政府，你是党国的渣滓洞吗？计划生育工作就是杀人的制度吗	南川水：不管如何，孩子有什么错!![抓狂]

2012年6月24日，邓吉彩在网易微博上表达呼声：

欲哭无泪，天理何在，生我养我的曾家镇，我还要怎么说爱你！我一直不明白我怎么就卖国了！我不明白你们喊我们是“卖国贼”是什么意思？苍天我怎么就卖掉中华人民共和国了？没求你们怜悯我可怜的嫂子，没求你们给我们哪怕一丁点同情。让开路！让我们回家!!!

次日，“@三儿的空间”继续在网易微博中更新状态，当天就有500余条网友评论，被转发了900次：

你可以冷漠，但你不可以无情；你可以无情，但你不可以残忍——你，是一个人！没要你施舍怜悯给她，因为你的善良早已成恶！没要你捻珠成佛，因为你早已是魔！只请你让开路，我想回家，我要回家！

出于对弱者的悲悯情结，网友言论大多数都倾向于意见领袖，造成舆论一边倒。而且大部分传统媒体的报道都偏向于受害者，批评当地政府，逐渐消解了网友对“卖国贼”事件的猜疑。台湾《旺报》以“地方政府该换脑袋”为题，鲜明阐释了对此事的见解，提出地方官员的治理方法和思维应该要合时宜，“强迫堕胎事件被揭露后，大陆官媒曾批‘陕西孕妇被引产，给中国形象造成负面注脚’，大陆地方政府的治理思维应当与时俱进”。

据雅虎新闻“给人贴‘卖国贼’标签太歹毒”的专题中发起的新闻调查“你认为邓家人是卖国贼吗?”有近约5 474位的网友认为这种说法“十分搞笑，十分让人愤怒”，897位网友认为“不是”（见图1），可见意见领袖的舆论引导和媒体的议程设置有效影响了公众的认知。

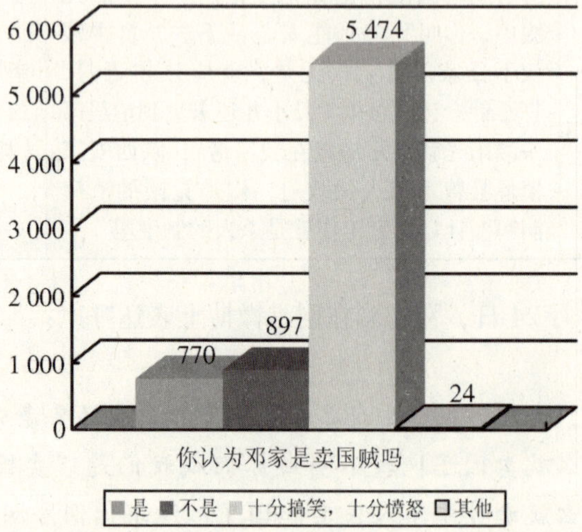

图1　雅虎新闻“你认为邓家是卖国贼吗”新闻调查结果

（二）媒体议程设置：引导舆论走向

大众传媒通过议程设置有选择地报道新闻，把社会注意力和公众的关心按特定方向引导，即进行舆论导向的牵引。媒体从报道数量、议题选择都能进行议程设置，如2012年6月12日华商网刊发了题为“网曝安康怀孕7月孕妇遭强制引产　官方：依法执行”的报道，人民网、凤凰网、腾讯网、搜狐、网易等80多家网络媒体进行转载，单篇稿件的转载量就高达270次，[①] 在短时间内形成媒体报道高潮，瞬间引爆公众关注度（见图2）。

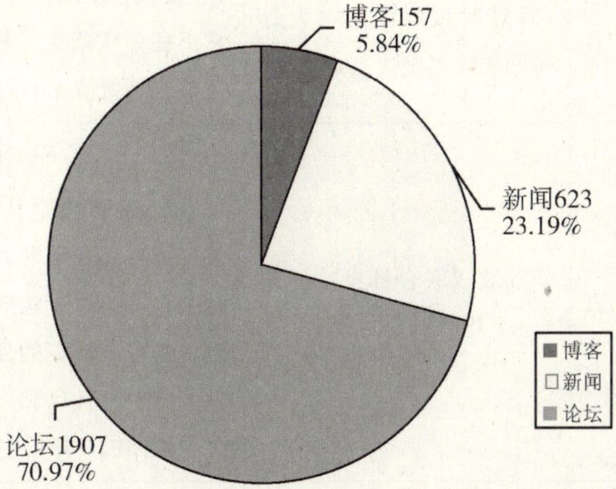

图2　陕西安康怀孕7月孕妇遭强制引产事件专题舆情统计图
（数据来源：锐安科技舆情监测分析系统）

如图2，据锐安科技舆情监测分析系统统计，在系统监测的176 357个网站、版块中发现有关“陕西安康怀孕7月孕妇遭强制引产”事件的境内外文章共2 690篇，其中新闻报道623篇，论坛贴文1 907篇，博客博文157篇，其他3篇。[②] 此事由论坛曝光，因此论坛成为最大的信息平台，成为网友围观的信息场所。

舆论的形成是一个“社会合意”的理性过程，从问题出现—社会讨论—合意达成，媒体都发挥着议程设置的作用。正如前文所说，在孕妇遭强制引产事件中，报纸、电视等媒体的报道大多将矛头指向政府，对受害

① 观点中国．基层形象与政府行为．中国网，http://www.china.com.cn/opinion/node_7157850.htm，2012-06-21.

② 锐安舆情播报（第五期）．大月份引产无关政策　理应杜绝．百度文库，http://wenku.baidu.com/view/40630f8383d049649b66587c.html，2012-06-02.

家属流露出同情，如《郑州晚报》题为“陕西计生官员给孕妇短信曝光：一分不能少”、《山西晚报》题为“被引产的7个月胎儿从天堂的来信”的报道，以及新加坡《联合日报》的评论《一个死胎引发的震撼》都对受害者诉诸同情，引导着公众舆论（见表2）。

表2　2012年6月13日至6月29日部分报纸新闻报道及评论

报道时间	报道标题	报道文本
2012年6月13日	《环球时报》评论《大月份堕胎应当坚决制止》	计生使今天的中国少了4亿多人口，它正在有序调整，并面临中国人口老龄化等新情况的考验
2012年6月15日	新加坡《联合日报》评论《一个死胎引发的震撼》	中国因应本身“特殊国情”而制定一些外界不完全认同的“特殊政策”或许无可厚非，但关键是地方基层人员在执行法规时必须依法守法，要有最基本的良心，若手法粗暴、滥权又有自肥之嫌，那只会伤了中国国民、坏了中国形象
2012年6月22日	《人民日报》评论《陕西孕妇被引产　给中国形象造成负面注脚》	在日渐响亮的“中国声音”大合唱中，如何成为和谐旋律的参与者，避免成为噪音杂音的制造者，考验着各级基层干部
2012年6月29日	《北方周末报》评论《陕西孕妇被强制引产事件：“卖国贼”的论调是拉大旗作虎皮的傲慢表述》	“邓家接受德国媒体的采访是卖国贼行为”这种论调，是既无知又“无法”

“怀孕七月被强制引产”事件从6月13日起连续四天登上百度热搜词榜。陕西、安康、强制引产、4万、副市长道歉纷纷成为搜索关键词，可见公众对此事保持着长期较高的关注，体现出公众舆论的人性化。[1] 在事

① 观点中国. 基层形象与政府行为. 中国网，http://www.china.com.cn/opinion/node_7157850.htm，2012-06-21.

件的发展过程中，网友对于引产事件的态度存在差异性，根据人民网舆情监测中心抽样的225条观点中，可得出大部分网友认为要“严惩事件的相关责任人”，29%的网友声称要杜绝大月份引产的现象，14%的网友“吐槽计生办工作人员的非法行为”，也有14%的网友认为“当事夫妇负有一定的责任”。[①]（见图3）

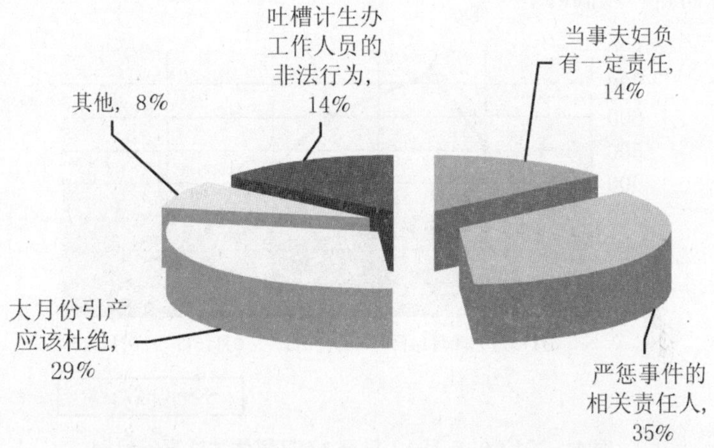

图3 陕西镇平县大月份孕妇引产事件网友观点倾向性分析

（抽样：225条）

三、政府舆情应对

微博有着强大的聚合能力和传播效应，面对微博质疑和网友声讨，政府很容易遭到舆论审判。因此，政府唯有积极应对、主动澄清，才能缓解危机。

在事件传播呈加速度扩散之际，镇政府做出了第一次回应：“该孕妇属于政策外怀孕，此举是征得孕妇冯建梅同意后，6月4日依法实施的终止政策外二胎妊娠术。”镇政府“本人同意”的说法很快被当事人及其家人否认，孕妇冯建梅称是被强迫按的手印，引产的原因就在于没有交4万元的押金。家属的坚决否认使得政府在舆情应对中陷入被动，网友义愤填

① 朱明刚．陕西镇平县大月份孕妇引产事件分析．人民网，http://www.peoplegx.com.cn/gx/wlyq/Article_Show.asp? ArticleID =24755，2012 -06 -27.

膺地向政府问责，企图寻求真相，促使事件危机程度进一步加深。

2012 年 6 月 13 日，经调查后证实孕妇遭强制引产情况基本属实，并在陕西省人民政府官网上发稿《陕西省人口计生委派工作组调查安康孕妇遭强制引产一事》，声明将严格依法执政。自 6 月 13 日起，网络上各类媒体对此事的关注度大幅度增长，如图 4 显示，媒体的关注量于 6 月 14 日至 15 日达到新一轮高峰。

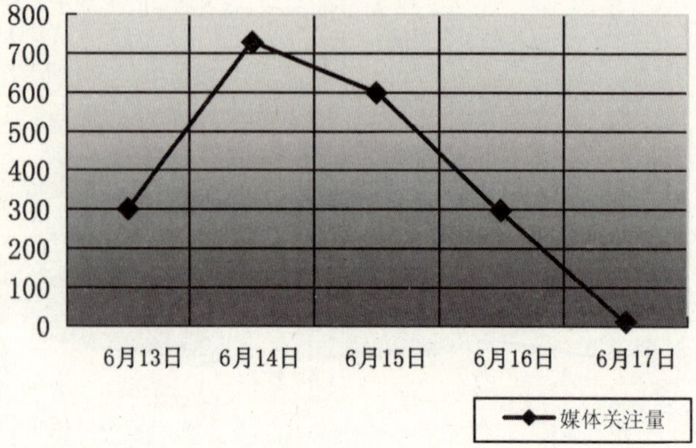

图 4　2012 年 6 月 13 日至 17 日媒体关注量折线图

经第一次回应后，由镇平县、安康市、陕西省三级政府的联动回应，谦虚道歉有效缓解了公众愤怒的情绪。

政府第一次回应——镇平县政府：该孕妇属于政策外怀孕，孕妇同意落实终止妊娠术。

政府第二次回应——安康市政府：副市长亲自到医院慰问冯建梅夫妇并诚恳道歉。

政府第三次回应——安康市政府：对镇平县七名工作人员批评并处分。

政府第四次回应——镇平县政府：给予强制引产者七万元补助并澄清邓家“非卖国贼”。

政府第五次回应——陕西省政府：声明杜绝大月份引产事件，指出人的生命权高于一切。

2012 年 7 月 10 日，陕西镇坪强制引产事件以当事人获 7.06 万元补偿落幕，当地政府承诺就诬陷邓家人为“卖国贼”之事做出澄清，并认定这是一起强行实施大月份引产的违规责任事件。在舆情压力下，政府做出及时回应，把危机程度降低，但是政府在微博平台上处于“空缺”的状态，没有有效利用民间舆论场与公众进行公开、透明的交流，化解网友的负面情绪，导致在公众舆论中处于被动。

四、媒体、公众与政府三方互动

陕西孕妇引产事件作为被高度关注的新闻，公众和媒体在网络社交论坛、报纸、电视上的不同言论、评判形成了一个舆论周期。政府处理危机时的所作所为是建构自身形象的重要过程，在媒体集中曝光下政府的应对、处理过程都受到公众的监督，如何通过媒体发声、利用媒体建构自身形象，成熟、有效地应对公众舆论，这是政府理应重视的问题。从传播学的角度看，公众、媒体、政府三方的互动贯穿事件始终。

（一）媒体：原生态传播形态促成舆情扩散

微博作为社交网络的载体，随时随地传播的媒介形态使其形成井喷式的发展态势，已成为目前最热门的互联网传播媒介。微博原生态的传播形式促使舆论场变得多元与复杂，话语碎片化、立场与态度各持一方，在多元与复杂的信息域中引起公众的围观，继而引起一个舆论周期，由此反复不断在围观与被围观中把事件的发展节奏推向高潮，形成一个完整的舆情事件传播流程。

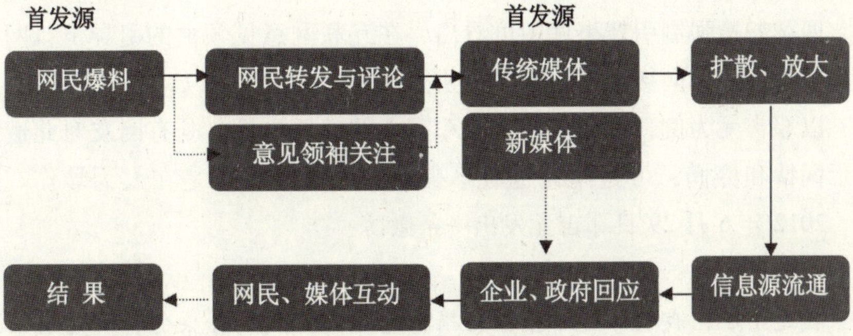

图5 舆情事件传播流程

此事件中邓吉元作为当事人，也是信息的发布者，他在与网友互动交流的过程中表达意见、看法，引导网友批评地方政府执行国家政策时的偏差与过激行为，从而造成官民冲突的危机事件。“如今，意见领袖所具有的对于信息的加工与解释、扩散与传播、支配与引导以及协调或干扰的功能，在微博这种以人际传播为基础的社交媒体上得到进一步扩大和强化。”① 包括邓吉元在内的邓家受害者，他们在新浪、网易微博上的呼声引导着网络舆论的倾向，也施予政府压力促使其正面回应公众。

“政府、传媒和公众是大众传播系统的三个角色，传媒在公众与政府之间架起信息畅通的桥梁。新闻媒体可以通过设置舆论焦点塑造政府突发事件应急处置的良好形象，并在满足公众信息需求的过程中保持社会正常运转。新闻媒体在不知不觉中传达政府的声誉，在潜移默化中树立政府的形象，在正确引导中实现维护社会稳定的功能。”② 在孕妇遭强制引产事件中，媒介的传播议程引发了公众对政府形象的深思，尤其是在微博意见领袖的引导下，事件曝光初期政府形象一落千丈，公众的舆论焦点集中在对政府作为的谩骂与唾弃，直到媒体报道政府出面向受害当事人赔礼道歉，网络上的骂声才渐渐平息。在大众传播路径中，媒体对公众的舆论引导总能潜在地影响政府的声誉与形象，因此也就要求政府及时塑造正面形象，形成健全的舆情应对与突发事件新闻处置机制，在社会化媒体平台上善用媒体进行良好的舆情引导，用实情来解决矛盾纠纷。

（二）公众：活跃的言论评判体现媒介素养

互联网时代的信息传播充斥着整个社会，每一方、每一寸空气里都弥漫着真假与是非难辨的媒介信息。在混杂的信息交互中，很容易对公众的行为模式和价值观念产生影响，甚至会影响公众对事件的评判能力。但是从陕西孕妇遭强制引产事件中可看出，在互联网意见领袖的引导下，网民并不是被动地单向接受，而是具有独立思考、评判的意识。

以邓吉元为例，在他发帖苦诉邓家人的遭遇之后，既有网友对此遭遇表示同情和怜悯，可是同时也有不少网友质疑当事人是在人为炒作。因此，2012 年 6 月 29 日邓吉元发出一条微博：

我迷茫了，我们只是希望拒绝捐款免遭人戳我们脊梁骨，以为我们图的是钱！我们虽然身份卑微，但我们还是希望能够有自尊地活着！网友们你们的心意我们领了，并由衷地感谢你们的支持！希望你们能够理解，别

---

① 涂光晋，陈敏．突发事件中的微博舆论场分析．当代传播，2012（6）：10～11．

② 李本义，袁自贤．公共危机事件中政府与媒体良性互动关系的构建．湖北大学成人教育学院学报，2008（2）．

再对我们人身攻击了好吗?

此条微博又遭到网友的回击，如网友“超级无敌大戳歪”回复:

什么都怪罪于政府，呵，我笑了。一个巴掌拍不响，哥哥姐姐们，政府的行为确实令人难以接受，但这同时，你们自己的呢!

网友的评论呈现出两个倾向：一是对正义的呼唤，期盼政府对受害人作出合理、公道的补偿，查出真相，惩治相关人员；二是质疑当事人邓吉元的媒体炒作。笔者认为，当地政府的非法野蛮行为的确是造成恶果的首要原因，采取侵害群众人身与财产权利的非法手段不容原谅，但是网友在微博中察觉到的人为炒作也有其道理。公众对孕妇遭强制引产事件的态度是客观和理性的，并不是单方面偏向于政府的行径或是对当事人炒作的怀疑，这也反映出公众越来越成熟和理性。

（三）政府：政策背后的“冷思考”

在陕西孕妇遭强制引产事件之后，许多学者以及媒体评论员纷纷对此事发表了见解，并且由此引发了对中国计划生育政策的思考。由小见大、由表及里的言论态度将大月份引产事件上升到一个国家政策的高度，再次引发公众对计划生育政策的“冷思考”。

《环球时报》评论《大月份引产的理性思考——既保护家庭，也不伤计生国策》中提到了既要禁止大月份的引产，又要禁止强行超生，做到既保护家庭，也不伤国家计生政策。“大月份引产必须禁止，这是道德底线，违反者应被追究。另一方面，强行超生也是错误的，超生多个孩子的家庭应当依法受到责罚。社会舆论只有维持这样的平衡，才是这个国家之幸，才能既保护具体家庭，也不伤及计生国策。”在网易女人时评专题“安康孕妇遭引产　令人发指的暴力”中，特邀女作者李思磐提出的观点“消灭贫穷、赋权妇女”，也是控制人口的有效手段，同时她还说到“暴力计生的症结，在强制计划生育”，造成陕西孕妇遭强制引产的本质在于工作人员在强制执行暴力政策，漠视女性人权，李思磐为此提出建议，“可适当放宽二胎政策，还可更人性化地‘控制’人口”，目的在于平衡性别比例失衡和人口老龄化的状况。的确，从公众对政策的思考中可总结出，一个有效合理的政策对于广大人民来说的确是良药，人民也正需要和期待这剂良药。

媒体、公众、政府三方是自媒体环境下公共话语空间中的三种角色，三者在公共危机事件当中的互动促使舆情演进。政府应善用媒体有效引导公众舆情，善于因势利导，坚持主动沟通、尽快沟通、充分沟通等原则，淡化危机程度，正向引导舆论。

参考文献：

[1] 朱明刚．陕西镇平县大月份孕妇引产事件分析．人民网，http://www.peoplegx.com.cn/gx/wlyq/Article_Show.asp?ArticleID=24755，2012-06-27.

[2] 观点中国．基层形象与政府行为．中国网，http://www.china.com.cn/opinion/node_7157850.htm，2012-06-21.

[3] 锐安舆情播报（第五期）．大月份引产无关政策　理应杜绝．百度文库，http://wenku.baidu.com/view/40630f8383d049649b66587c.html，2012-06-02.

蒙牛黄曲霉毒素“致癌门”舆情动态分析

王娜君

发生于2011年12月的蒙牛黄曲霉毒素“致癌门”事件，是一起重大的食品安全事件，被选为2011年“最受网友关注的十大公共卫生事件”，又一次唤起了社会对食品安全的重视，并引发了乳制品行业的动荡，引起了各媒体的高度关注，其媒介化过程呈现出传统媒体和新媒体齐头并进的局面。

一、事件背景

2011年12月24日，质检总局对外公布了《关于公布2011年17类产品质量国家监督抽查结果的公告》，称蒙牛乳业（眉山）有限公司生产的一批次产品被检出黄曲霉毒素M1超标140%。该消息一经曝光便引发关注和热议，中央及各地市级的报纸、电视台等传统媒体均发布了即时的新闻报道并持续跟进。网络媒体相关话题也迅速升温并登上热门话题榜。事件的持续发酵，引发了乳业市场的动荡和蒙牛股票的下跌，媒体的报道从关注黄曲霉毒素和食品安全以及法律问题逐渐扩展到对股票市场和整个产业的关注，财经类媒体的报道显著增加。总体而言，在该事件的媒体报道中，传统媒体本着“求稳”的原则，保持中立态度跟进报道。而新媒体由于其特有的性质，则形成了一边倒的、稍显负面的舆论场。

为了保证研究的准确度，笔者在百度指数分别就关键词“蒙牛致癌”和“黄曲霉毒素”进行搜索，得出图1、图2中的数据。

由图可知，该事件的媒介化过程呈现出由高至低的曲线发展的态势。首先，从用户关注度的曲线来讲，无论是以“蒙牛致癌”还是以“黄曲霉毒素”作为关键词均可得到相似结果，二者均有一个非常明显的峰值——12月26日，蒙牛黄曲霉毒素事件在当日百度的搜索量达到了顶峰。而从媒体的关注度看，笔者更认同关键词“黄曲霉毒素”的搜索结果，因为该

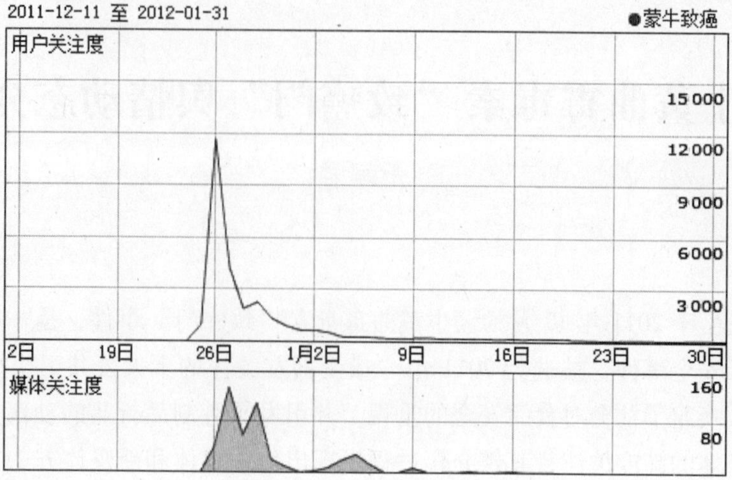

图1 “蒙牛致癌”关键词关注指数走势图

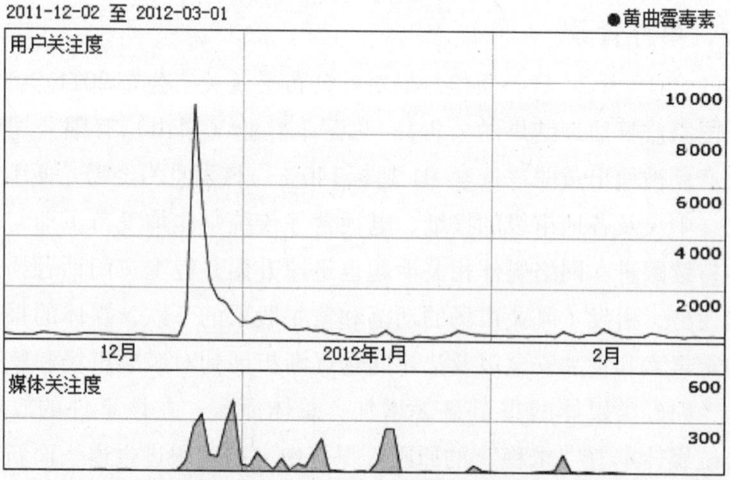

图2 “黄曲霉毒素”关键词关注指数走势图

关键词更加直观详细，更加贴近事件本身。根据图2，媒体对于黄曲霉毒素的关注度呈平衡波动状态且持续时间较长，有多个小峰值，分别指向2011年12月27日、31日以及2012年1月3日、11日。

笔者又在新浪微博上以“蒙牛”为关键词搜索了2011年12月24日至2012年1月15日这一时间段内每日相关微博的数量，统计结果如图3所示：

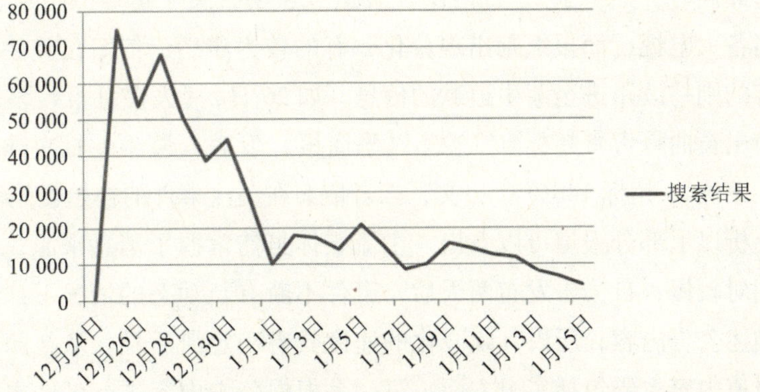

图3 新浪微博关键词“蒙牛”搜索结果统计图

2011 年 12 月 24 日至 2012 年 1 月 15 日

总体来看，2011 年 12 月 24 日事件的最初曝光后，立即引发了各方媒介的高频度报道和网民的激烈讨论，舆论关注度在短时间内迅速达到峰值。之后蒙牛官方公开发布道歉并作出含糊解释，道歉和含糊的解释反而进一步引发民众不满，并对官方产生怀疑，从事件曝光到蒙牛官方发布道歉公告，舆论都处于高位峰值，之后随着时间的推移渐渐走低。需要说明的是，本文将研究的时间区间设置为 2011 年 12 月 24 日至 2012 年 1 月 7 日。2011 年 12 月 4 日，质监局的公告使事件曝光，2012 年 1 月 7 日之后，事件逐渐平息。

二、事件的曝光、发酵

（一）闻风而动的主流媒体

2011 年 12 月 24 日，质检总局公布了《关于公布 2011 年 17 类产品质量国家监督抽查结果的公告》，称蒙牛乳业（眉山）有限公司生产的一批次产品被检出黄曲霉毒素 M1 超标 140%。由于事件是由质监局官方曝光，所以报纸、电视台等传统媒体均拿到了第一手信息，并成为最先曝光该事件的媒介。然而，由于传统媒体在时间上具有一定的滞后性，24 日并未见相关报道，25 日起相关报道才见诸大众。在电视台中，中央电视台以及各地方卫视均有报道。各大权威主流报纸，各地的日报、都市报等也均在相关版面的显眼位置发布了报道，如 2011 年 12 月 25 日《财经》杂志发表《蒙牛一批次纯牛奶被检出致癌物黄曲霉毒素 M1 超标 140%》一文。

与此同时，蒙牛于25日两次发表道歉声明，关于道歉的报道也于26日见诸各大电视，而报纸则出现分化，有的较为滞后，依旧在关注公告内容，有的则持续跟进至蒙牛道歉的信息。如26日，《人民日报》发表《蒙牛被检出黄曲霉毒素超标》一文，《华商报》发表《蒙牛一批次纯牛奶被检出强致癌物 超标140%》一文，二者依旧在关注事件的初始曝光情况。

分析以上部分报道可以看出，主流媒体虽然掌握了消息来源，但报道速度相对较慢，自公告发布两天后，事件不断有新动态的情况下，有的依旧在描述公告内容，所以其媒介化的速度具有一定滞后性。从新闻文本分析，报道内容主要包括三个方面：第一是根据公告内容进行事件本身的描述；第二是探究黄曲霉毒素为何物；第三是强调产品并未流入当地市场，公众不要恐慌，维稳的目的较明显。

2011年12月25日，蒙牛官方一天内两次发布道歉声明，12月26日，蒙牛官方将该事件的原因解释为饲料问题引发质疑，股票开始震荡，尤其12月29日股票大跌。这一阶段，传统媒体对于该事件的关注焦点主要集中在三个方面：第一，对于蒙牛道歉及公开原因的报道和评论；第二，对于蒙牛股值跌涨的报道；第三，对于乳制品市场价格涨跌的报道和预期。除去各大主流综合性媒体外，专业类的财经媒体相关报道也显著增多。

而具体到新闻的类型，新闻评论明显多于关注事件本身的消息类报道。

关于事件本身的消息类报道多为转载蒙牛公司官网的公告，例如《华西都市报》刊登的《蒙牛被查出致癌物质　连夜道歉》、《法制晚报》刊登的《蒙牛“致癌门”殃及股价　或因问题饲料导致》、《中国证券报》刊登的《暴露质控缺陷　蒙牛称黄曲霉素超标系饲料原因》、《第一财经日报》刊登的《蒙牛事件眉山探源：霉变饲料怎致乳品毒素超标》等文章。在各主流媒体的新闻报道中，较引人注意的是12月27日《东方卫报》的一篇报道，在当日报纸相关版面的最显目的位置写着一个非常引人注目的标题——“草，这次是你的错！”（见附图一），题目构思巧妙，戏谑中带着愤怒，该报道以其创意性得到广泛传播，迅速被转帖至各大社区。《东方早报》也于29日发布《蒙牛问题奶产地仍照常生产经营》及时报道现状。

而评论性的报道则更频繁地出现在各大报纸上，例如，《证券日报》12 月 27 日的《蒙牛致癌物危机公关：希望你没蒙人》一文即提出三个疑点：第一，有没有一套完善的制度保证在没有抽检的时候，产品是合格的呢？第二，既然 10 月 18 日的牛奶不合格，那 10 月 17 日的、10 月 19 日的呢？第三，抽检结果为什么两个多月后才知道呢？

《新民晚报》12 月 27 日《食品致癌物超标不能道歉了事》一文则认为企业要对相关责任人进行公开处罚，反省内部质量控制体系存在的漏洞，采取措施确保其他产品的安全和质量。

《西安晚报》12 月 27 日的《牛奶致癌物超标“道歉”管用吗》一文认为，虽然蒙牛的致歉声明使用了“郑重”、“诚挚”等词语，但其中的具体内容，实际上看不到多少真正的“郑重”、“诚挚”之意。产品信誉和消费信心，都是一种必须极其用心去呵护的易碎品，要想毁坏非常容易，而要重建则非常困难。

《时代周报》的《蒙牛“失蹄”致癌门》一文对该事件进行了深度报道，对蒙牛行为中一系列不合理的地方提出质疑，进而反思整个中国的乳制品行业存在的缺陷和问题，认为中国乳业“标准缺失”是一个亟需解决的问题。

此外，还有《京华时报》的《蒙牛检出致癌物道歉还需除危害》、《钱江晚报》的《蒙牛，要道歉更要让人放心》、《济南日报》的《蒙牛“致癌门”不能又以道歉了事》、《大众日报》的《蒙牛“黄曲霉毒素”超标不可原谅》、《南方都市报》的《蒙牛牛奶含黄曲霉毒素 消费者两月后才被告知》、《京华时报》的《蒙牛欲获信任需证自我监测有效》、《21 世纪经济报道》的《死性不改 蒙牛道歉“上瘾”》等文。这些评论基本都站在了群众的角度，对蒙牛进行了追问和谴责，且态度较为客观，未出现情绪化的偏向。新闻评论数量的增多和内容的中立客观表明我国媒体具备了应有的理性和深度，凸显了国内主流媒体的责任感。

而蒙牛官方解释中的“小概率事件”一词，也引发了各大媒体的讨论。《华商晨报》12 月 27 日的评论《食品安全压根不该有小概率事件》认为不管是多么小的概率，一旦进入市场，对于受害者而言就是最大的概率。食品安全这个让公众分外紧张的领域，已经不能再有任何闪失，是连“小概率”也不能容忍。12 月 30 日，《南方周末》发表《2011 食

品安全报告 “原罪”者说——我是“小概率”》一文，以蒙牛事件中迅速蹿红的关键词“小概率”作为引子，总结了2011年我国的食品安全问题。

而在各大主流的权威门户网站或财经网站，除去转载传统媒体的报道外，也有一些网站的独家报道，并被广泛转载，如凤凰网财经频道12月27日的独家稿件《三聚氰胺到黄曲霉素 蒙牛道歉能否挽回企业形象?》、来自资深专栏作家韩浩月的博文《拒绝消费是给蒙牛最好的食品安全课》等，均被广泛转载。韩浩月的博文中称“对问题企业进行严厉的批评，甚至拒绝消费其产品，是给这些企业上最好的质量安全课”。而在一些专业的食品行业网站，也有大量的相关报道。例如慧聪食品工业网12月27、29日分别发布《蒙牛致癌奶未流向市场 是真相还是推脱?》《蒙牛产出致癌牛奶 安全质控现隐忧》，具体分析了液态奶的常规检测工序，试图在生产环节上寻找漏洞。

12月26日，蒙牛股票开始震荡，关于蒙牛股值的报道也不断出现在各大媒体特别是财经类专业媒体上。《第一财经日报》在26日即刊登《蒙牛黄曲霉毒素M1超标 乳业股再受考验》一文，报道了包括伊利、光明、三元等在内的整个乳业市场的股市行情。29日，《上海证券报》发表《蒙牛再遭重击股价大跌24% 单日蒸发111亿港元》。腾讯财经29日发布《蒙牛毒奶打击全行业 内地乳业港上市或遇阻》一文，认为蒙牛的黄曲霉毒素事件可能会影响其在香港的销售计划。

而关于奶粉涨价的消息也不断流出，如12月28日，《法制晚报》刊登《蒙牛再陷食品安全危机 洋奶粉或再掀涨价潮》，描述了国际媒体对该事件的态度。29日，《证券时报》刊登《蒙牛伊利三元乳制品集体涨价》，报道了国内乳业市场的涨价行情。同日，食品行业较有代表性的门户网站糖酒快讯则报道了蒙牛市场的销量情况，发表《蒙牛“致癌”奶生产批号披露 市场销量暴跌》一文。《第一财经日报》12月30日的《蒙牛黄曲霉素超标 伊利或迎介入良机?》则分析了该事件对于蒙牛竞争对手的影响。1月2日《中国产经新闻报》刊登《蒙牛“致癌门”尚未平息 同行“兄弟”诡异涨价》。

（二）自媒体的互动舆情形成过程

从网络自媒体的舆论场来看，由于网民并未掌握第一手资料，所以相关信息的扩散也较迟缓。2011 年 12 月 24 日，在新浪微博搜索关键词“蒙牛　黄曲霉毒素”，仅能搜到 2 条结果，最早的一条微博是由@陆小飞VV发布的“蒙牛黄曲霉毒素超标曝光，果然是不能喝了”微博，但由于该网友的微博影响力十分有限，该微博仅被转发 1 次。但是当事件开始在网络传播后，发酵速度就明显快于传统主流媒体，当主流媒体发布相关信息后，事件立即在网络上引发广泛而激烈的讨论。

同样以“蒙牛　黄曲霉毒素”为关键词，2011 年 12 月 25 日可以在新浪微博搜到 250 496 条结果，相比于前一天的 2 条结果增长了近 13 万倍，事件的关注度在一天之内飙升，可以看出新媒体的发酵速度十分迅速，媒介化作用不可小觑。在这 250 496 条微博中，转发评论率较高的主要是权威媒体的官方微博和一些粉丝数量较多的加 V 微博舆论领袖，其中，转发评论较多的微博见下表（2013 年 2 月）。

民间与官方微博有关“蒙牛黄曲霉素”的比较表

类型	微博名	内容	链接	转发量	评论量
官方微博	@第一财经日报	蒙牛纯牛奶产品被检出强致癌物	被删	100 592	17 840
	@财经网	蒙牛今日因利乐包纯牛奶产品黄曲霉素 M1 检测结果超标致歉	http://e.weibo.com/1642088277/xDFyb4BAW?	15 166	2 306
	@新闻晨报	蒙牛纯牛奶产品被检出强致癌物	http://weibo.com/1314608344/xDFwFduBh	12 167	2 084
	@环球企业家杂志	黄曲霉素严重超标，蒙牛纯牛奶入“黑名单”	http://e.weibo.com/1657236125/xDFJkcmFl	5 407	934
	@东方早报	纯牛奶黄曲霉毒素 M1 抽查不合格　蒙牛道歉销毁产品	http://weibo.com/1698823241/xDGx3mHyB	513	156
	@人民网	蒙牛纯牛奶黄曲霉毒素 M1 抽查不合格	http://weibo.com/2286908003/xDGt2vA51	559	103

（续上表）

类型	微博名	内容	链接	转发量	评论量
民间微博	@张桓	蒙牛纯牛奶产品被检出强致癌物	http://weibo.com/1577836394/xDFLYDEkH	3 047	249
	@韩志国	蒙牛纯牛奶具有强致癌物	http://weibo.com/1291592332/xDGnl0WFh	7 697	1 044
	@田科武	蒙牛纯牛奶查出强致癌物	http://weibo.com/1400935015/xDHhcitSl	549	112

从整体来看，该事件在微博上的关注度是非常高的，转发的评论数量非常可观。而从网民的评论内容来看，情感色彩基本都为负面，多表达了对蒙牛的失望和对食品安全的担忧，不少网民表示以后不会再购买蒙牛相关产品。笔者对财经网的微博网友评论的情感倾向进行了抽样分析，发现几乎全部为负面评论，情感特征多为愤怒、失望或是谴责。由此可见，新浪微博上的舆情明显开始呈现负面倾向，这使得蒙牛迎来一场万分艰难的公关危机。

蒙牛此次的公关危机，态度似乎是诚恳的，但中国上市公司舆情中心的监测显示，网民们并不买账，在各大草根社区上，针对蒙牛的不利舆情依然汹涌。从2011年12月27日起，各大社区的关注焦点不约而同地转向了声讨蒙牛将致癌牛奶归咎于“饲料霉变”的无诚意致歉。蒙牛的这次舆论危机公关无疑是非常严峻的。

以“蒙牛”为关键词搜索12月27日的微博，可以找到68 046条结果，其中，非官方微博的声音更为铿锵有力，转发的评论数量非常可观，微博的舆论领袖影响力可见一斑。

网民程苓峰在微博转发网友《男人好苦》的帖子：“蒙牛道歉了，在声明中称出问题的2011年10月18日生产的250毫升/盒包装牛奶未进入市场就被销毁！事实证明这是欺骗全国人民！这是蒙牛高管说的没销售的牛奶，我孩子一箱都喝得只剩下5盒了！”该微博被转发20 295次，收到评论5 353条。

@朱大可 同样在微博转发了网友“男人好苦的帖子”，转发次数为8 199次，收到评论1 598条。而微博博主@王思璟 的一篇长微博整理了近年来蒙牛的多起事故，被转发19 082次，收到评论3 790条。

还有一条微博可谓是一石激起千层浪，微博名为@鲁国平先生 发布的一条陈君石院士关于该事件的言论的微博，内容是这样的：“陈君石院士：蒙牛致癌门，公众不必恐慌。蒙牛此次的黄曲霉素超标确实是一次食品安全事件，但公众没必要惊慌，因为大家不会天天吃到含黄曲霉素的食品。超标的食品还要看超过多少量和吃多长时间，短期食用是不会对健康造成危害的。目前我们国家对食品监管的力度是全世界空前的。”该微博被转发 1 076 次，收到431 条评论，评论者多数对陈君石院士的言论极其不满，不少网友使用了“砖家”、“狼狈为奸”、“蒙人”等词汇，认为是胡言乱语，包庇蒙牛的恶劣行径，其中有不少是以粗口的方式回应。相当一部分网友还对我国食品安全深感担忧，看起来理性的声音很少。

在各大论坛，该事件也在火热讨论中。如引发微博舆论升级的网友“男人好苦”的原帖《看看眉山 10 月 18 日生产的蒙牛牛奶，怎么没销售出来?》发布在四川省较有影响力的麻辣社区，该帖上传了官方说未销售牛奶批次的牛奶实物图，该贴被查看 94 849 次，收到回复 184 条。在天涯论坛，网友 12 月 26 日发表的《蒙牛，别忙“声明”，先将良心“召回”》一帖点击量达到 122 160 次，网友回复 1 719 条，在回复中有不少网友提到了近年来我国出现的食品安全事故，字里行间透露着对我国食品安全的担忧。还有不少网友希望政府能加大监管力度，对违规者进行严惩。也有网友提出国外环境也比较恶劣，不要一味归咎国内企业，还列出了对国外近些年乳制品事故的整理。12 月 30 日，天涯论坛的一个标题为“蒙牛：一头不死‘毒牛’的传奇”① 的帖子再度引发关注，该贴对乳品的新国标表示质疑，并谴责相关部门监管不力，提出我国行业存在体制上的缺陷。该贴点击量达 109 834 次，收到回复 1 392 条。在评论中，部分网友认为此事的责任不应该归咎于政府，也有少数网友认为该贴是伊利的“枪手帖”，意在抨击蒙牛，从而达到美化伊利的效果。同样是 12 月 30 日的另个一帖子也引发大讨论，该贴标题为“蒙牛！你仍在欺骗质监局和消费者！揭穿蒙牛致癌奶没有出库的谎言！”② 作者从生产的角度分析，认为蒙牛的

① 蒙牛:一头不死“毒牛”的传奇. 天涯社区. http://bbs. tianya. cn/post - develop - 923626 - 7. shtml,2011 - 12 - 30.

② 蒙牛！你仍在欺骗质监局和消费者！揭穿蒙牛致癌奶没有出库的谎言！天涯社区. http://bbs. tianya. cn/post - free - 2350042 - 1. shtml,2011 - 12 - 29.

官方说法是站不住脚的，回帖者多表示了对蒙牛的希望和抵制蒙牛的态度。

在猫扑论坛，一条题为“蒙牛致癌门的解释实际上是自己在打自己的脸”的帖子，其浏览量也达到了 162 659 次，收到回复 190 条。

三、事件的平息

2012 年年初，事件的关注度呈下滑状态，网民的情绪也逐渐平息，和蒙牛致癌门相关的负面报道已然不再像 5 天前那样呈“刷屏”态势，相关的总结性文章较多。登录新浪微博发现，蒙牛的新浪官方微博依然在持续被转载、被评论。

这一阶段，各大主流媒体的报道集中在三个方面：首先是对黄曲霉毒素源头的调查报道，如 2012 年 1 月 5 日《时代周报》的《乳品黄曲霉素源头调查》一文，1 月 6 日《光明日报》的《揭开“黄曲霉毒素”真面目》一文；其次是对蒙牛企业一路走来的发展历程的反思和总结，如《投资者报》1 月 4 日刊登的《蒙牛的野蛮生长基因》，《时代周报》1 月 5 日刊登的《 蒙牛屡罪不惩：刑不上大夫?》，《影响力周刊》1 月 11 日刊登的《蒙牛从扩张到癌变》等文章；最后是对网友态度的调查分析的相关报道，如 2012 年 1 月 5 日，慧聪食品工业网发布了一篇网友调查的统计《数据显示：约 80% 网友不再信任蒙牛》，文中称截至 2012 年 1 月 4 日 12 时，蒙牛新浪的官方微博已被转载 5 742 次，评论 6 930 条。部分网友对当事者蒙牛作为国内值得信赖的知名乳企一再出现质量安全问题表现出失望，该文章同时对网络上的各大调查进行了数据统计，得出约 80% 网友不再信任蒙牛的结论。

在微博上，风波也渐渐平息，言论也逐渐由愤怒转向轻松调侃。与此同时，在网络上，针对网民相关意见的统计调查很多，如上述慧聪食品工业网的统计数据即来自网络上多个在线调查，锐点调查在新浪微博上发起的题为“你怎么看蒙牛纯牛奶被检出强致癌物?”、中华网论坛发起的题为“你怎么看蒙牛纯牛奶被检出强致癌物?”、全民调查网发起的题为“蒙牛牛奶含致癌物的调查”、东方财富网发起的题为“你还会选购蒙牛产品吗?”、慧聪食品工业网发起的题为“蒙牛牛奶检出强致癌物”等多个网络民意调查，且每个调查都有可观的参与人数。

四、总结

媒介如何呈现和处理蒙牛黄曲霉毒素事件，直接影响着该事件的风险程度。该事件的媒介化过程有一个很显著的特点：即自媒体和主流媒体内容的分化。传统主流媒体采取冷处理策略，引导舆论力图求“稳”；自媒体较为激进，声讨求“真”。该事件在二者的合力推动下向前发展。

在蒙牛黄曲霉毒素事件中，传统主流媒体表现出色，对风险话语的构建，对议题的语言控制、对符号解读的“度”都把握得较好。

首先，传统媒体的报道体现了新闻报道的及时性、真实性和贴近性，事件曝光伊始便第一时间发布消息，信息透明度高，且投入了大量的人力物力，跟踪报道了整个事件的调查和处理情况，并对事件的线索进行整理、重新编排后再呈现给受众。报道表现得理性而负责，做到了想百姓之所想，忧百姓之所忧。

其次，该事件属于重大公共食品安全事件，与百姓生活健康息息相关，加剧了民众对信息的渴望与焦虑，所以，传统媒体以及各官方主流媒体在“对抗风险”、“揭露风险”、“具象化风险”等方面被赋予重要责任。传统主流媒体在该事件的报道中，本着“求稳”的原则和高度负责的原则，持谨慎态度，表现较为理性，除去就“黄曲霉毒素”本身的性质而采用的“致癌”字眼外，未使用其他类似“毒奶粉”、“杀人奶粉”等“污名化”的词汇，也未出现类似于之前的阜阳奶粉、三鹿奶粉的过度报道现象。

再者，在该事件中，主流媒体以较为中立的态度持续跟进事件进展并作出不少诚恳且客观理性的评论，保证了舆论场的缓和稳定，也安定了民心。特别是重视以观点见长的新闻评论，通过新闻评论针砭时弊的功能，在坚守新闻真实性和客观性的前提下对企业不负责的现象加以揭露和点评。新闻评论在该事件中起到两个作用：首先是舆论监督的作用，不仅呈现了主流民意，更激发了深层次的舆论，将事件深层的道德法律等问题剖开；其次，在传媒与司法中找到了平衡，并引发对食品安全体制的思考，以及如何将更合理、更能保障民众权利的体制纳入相关的渠道，这使传媒的力量发挥到最大。如在此次事件中，新闻评论可以促使行业及政府反思，将质检体系进一步完善。总体而言，主流媒体在该事件的媒介化过程中做到了及时报道，客观报道，正确引导舆论、将负面影响降到最低。

从自媒体角度讲，由于其言论自由度高，信息传播速度快，舆论的连锁效应十分明显，加之网民受到群体效应的影响，言论中的情感色彩较浓，逐渐形成一边倒、较为情绪化的舆论场，言论略显偏激，甚至出现攻击蒙牛的现象，类似“蒙牛奶 = 蒙人的牛奶”、“让蒙牛破产”的攻击性、煽动性非常强的言论随处可见。网民还以各种不同的形式在网络上发泄着自己的不满，如2011年12月28日晚，蒙牛官网被黑，页面有十四行字，其中十三行字颜色为白色，内容为谴责蒙牛乳业不负责任，最后一行为红色，内容是“来自愤怒的SIT小组（Simple International Infosec Team）原SST小组（Simple Safety Team）”（见附图2）。自媒体特有的性质使其成为事件的“风险放大站”，一方面这种新型的媒介方式因其强大的舆论压力和网民的求真欲望促进了真相的还原，而信息的实时滚动和转发评论功能迅速形成了一个高度聚合的舆论场，将网民的意见迅速整合，显现出强大的议程设置功能，引发企业、政府的高度重视，推动了事件的解决；另一方面也导致了网络非理性化的倾向，网友多集中于声讨蒙牛或者发出抵制蒙牛的声音，鲜有网友理智分析事件背后的根源。网络自媒体这个“风险放大站”也对新媒介环境下的企业危机公关提出了新的要求。互联网在为企业处理公共关系提供更为便捷和更强互动性平台的同时，也给企业处理公共关系带来新的挑战和压力。

参考文献：

［1］张越.“蒙牛致癌门”事件中新媒体舆论的作用. 新闻世界，2012（5）.
［2］杨春荣. 网络危机事件的传播学分析. 新闻与传播研究，2010（5）.
［3］张乐，童星. 加强与衰减：风险的社会放大机制探析——以安徽阜阳劣质奶粉事件为例. 人文杂志，2008（5）.

附：

东方卫报 2011.12.27 星期二

今日关注 | A05

蒙牛称致癌牛奶问题出在饲料上——

草，这次是你的错！

福建长富确认 致癌乳品已流通

图1 《东方卫报》的报道："草，这次是你的错！"（2011 年 12 月 27 日）

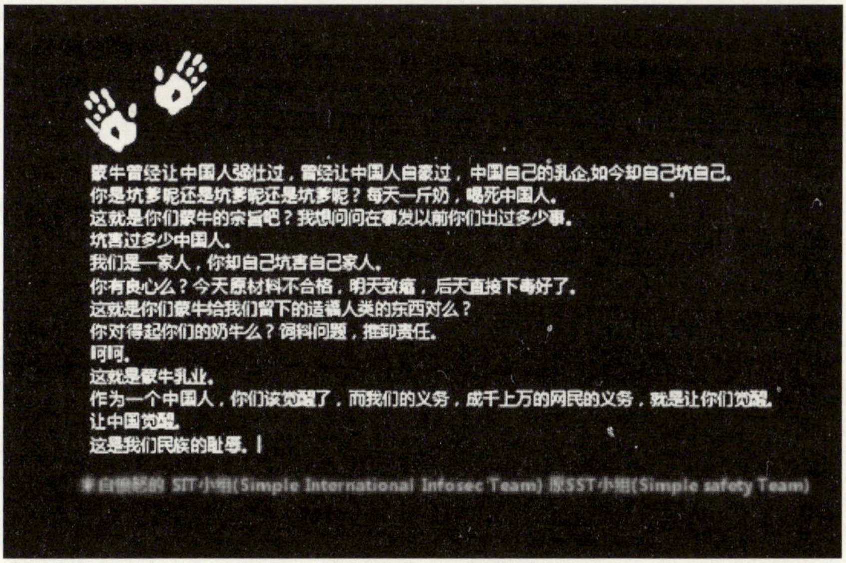

图2 蒙牛官网被黑客袭击后的网页

塑化剂风波媒介化解读

冯　琼

风险社会危机的常态化导致了近年来公共危机事件频发，尤其是公共食品安事件已然成为舆论焦点。根据《小康》杂志社中国全面小康研究中心发布的“2012 中国综合小康指数”调查结果，食品安全成公众关注的十大问题之一。[①] 本文以塑化剂风波为个案，分析公共危机事件媒介化的过程，并借此反思舆情应对的策略。

一、台湾塑化剂事件追溯

台湾塑化剂事件要追溯到 2011 年 3 月。行政院卫生署技正杨明玉女士在对例行稽查的益生菌食品做检验时，赫然发现了 DEHP。[②] 卫生署循线查到源头，发现昱伸香料有限公司生产的食品添加物起云剂，违法掺入塑化剂 DEHP，台湾塑化剂风波由此爆发。

随即，台湾塑化剂风波演变成重大的食品安全危机，截至 2011 年 6 月 1 日，受塑化剂风波牵连的厂商已达 200 多家，可能受到污染的产品超过 500 项，台湾几乎所有食品大厂都被卷入其中。

就在塑化剂风波蔓延速度越来越快、波及范围越来越广之际，政府迅速就危机作出回应。2011 年 5 月 29 日，台湾行政主管部门负责人吴敦义做出回应：“对于使用塑化剂，造成民众饮用水受到伤害，不是一个轻易道歉就能解决，应该要追本溯源，追究制造者相当的责任，才能得到社会公平。”而马英九也高度重视食品安全，于 6 月 11 日主持塑化剂污染食品销毁仪式，并全面清查台湾食品。

---

① 鄂璠. 2012 年最受公众关注十大问题：食品安全排首位. 新浪网，http://news.sina.com.cn/c/sd/2012 - 12 - 13/104325802929.shtml，2012 - 12 - 13.

② DEHP，即邻苯二甲酸酯，在台湾被确认为第四类毒性化学物质，为非食用物质，不得用于食品生产加工.

台湾塑化剂事件虽以罪魁祸首赖俊杰处25年监禁的重刑暂时告一段落，但是塑化剂对中国大陆、中国香港、美国等地区的危害仍然还在持续。

二、舆论引爆：裂变式传播与情绪升级

公共危机事件媒介介入的规律是，由网络媒体首先曝光并进行即时报道，继而是权威传统媒体发声，裂变式的传播效应将事件铺展于众目睽睽之下。

（一）事件通过网络传播产生裂变效应

2011年6月台湾塑化剂事件曝光之初，台湾民视电视台、台湾“中广新闻网”、中国之声、《新京报》、中国网络电视台、中国新闻网、大洋网、财经网、《南方都市报》、《人民日报·海外版》纷纷发文，告知公众塑化剂污染范围和涉及地域。此时得知塑化剂已经从食品行业扩散到日化、玩具、药品和保健品等领域，地域覆盖范围扩散到中国大陆、香港以及美国、越南和菲律宾等（见图1）。

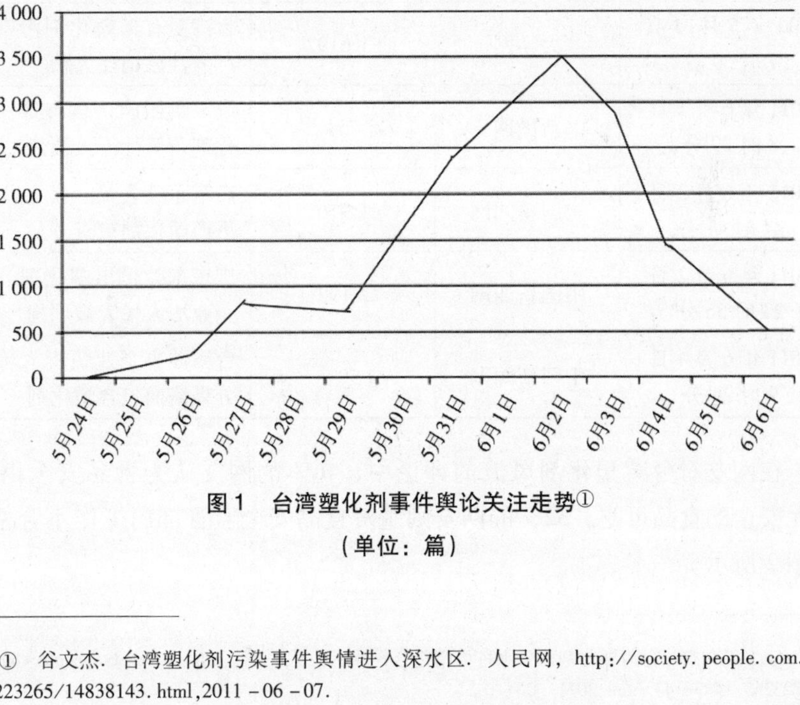

图1　台湾塑化剂事件舆论关注走势①

（单位：篇）

---

① 谷文杰．台湾塑化剂污染事件舆情进入深水区．人民网，http://society.people.com.cn/GB/223265/14838143.html,2011-06-07.

在全媒体裂变式传播效应下，传统媒体为公众设置中心议题，新媒体则以受众为中心进行传播，成为受众舆论最重要的阵地。如图1所示，在2011年5月24日至6月3日，塑化剂风波的舆论关注度呈增长趋势，其中6月2日至3日达到了一个高峰，6月3日之后舆论渐趋缓和。这正说明在5月24日至6月3日事件曝光的区间内，媒体通过传递信息，设置议题，引导舆论走向，有效地影响了公众对塑化剂事件的认知和理解。

（二）事件引发网民高度关注

网络传播打破了传统的信息分配格局，尤其是社交网站的一键转发功能极易引发情绪的宣泄与升级，导致“新意见阶层”群体性的舆论引爆。正如人民网舆情监测中心祝华新所说的，“互联网成为弱势群体展示伤痕和互相取暖的地方，也经常变成倾泻负面情绪的‘垃圾箱’”。互联网关于塑化剂事件的传播已成燎原之势，各大门户、主流财经媒体几乎悉数转载，受到了网友的高度关注，表1反映了5月31日至6月4日间网友对该新闻话题的评论数量。

表1 网络新闻发布及当天评论数①

发布时间	新闻来源	当天评论数	新闻标题
2011年5月31日7时59分	大洋网	1 619	台湾受有毒塑化剂污染芦笋汁已销往大陆
2011年6月1日8时29分	新民网	754	统一集团确认含有致癌塑化剂芦笋汁流入福建
2011年6月2日24时41分	中国新闻网	1 916	广东东莞食品企业使用台湾产塑化剂被查
2011年6月2日23时56分	中国新闻网	2 192	广东东莞检出塑化剂公司企业法人代表被刑拘
2011年6月4日9时24分	中国新闻网	508	台湾涉事企业负责人称部分果酱面包含塑化剂

在网友对台湾塑化剂风波的评论中，46%的网友认为食品安全堪忧，已无安全的食品可吃；32%的网友则谴责食品安全监管部门工作不合格。② 如图2所示。

①② 谷文杰．台湾塑化剂污染事件舆情进入深水区．人民网，http://society.people.com.cn/GB/223265/14838143.html,2011－06－07.

（1）网络发帖：食品安全堪忧，已无安全的食品可吃。

网友“小米”——最近台湾传出的塑化剂污染现在我们大陆也有了，且很多呢，我们以后该吃什么？谁知道以后又会出现什么污染？

网友“小婧茹”——面对“塑化剂”，我们还能吃什么？

（2）网络发帖：谴责食品安全监管部门工作不合格。

传统媒体传递信息、进行有明确意图的说服传播，承担着环境监视和社会协调的社会功能。如台湾《旺报》、《联合报》与大陆《南方周末》等传统媒体深入追踪塑化剂风波，“瞭望”社会环境并及时发布“预警”。如图2和表2为2011年5月30日至6月2日部分报纸和电视媒体的报道及评论。

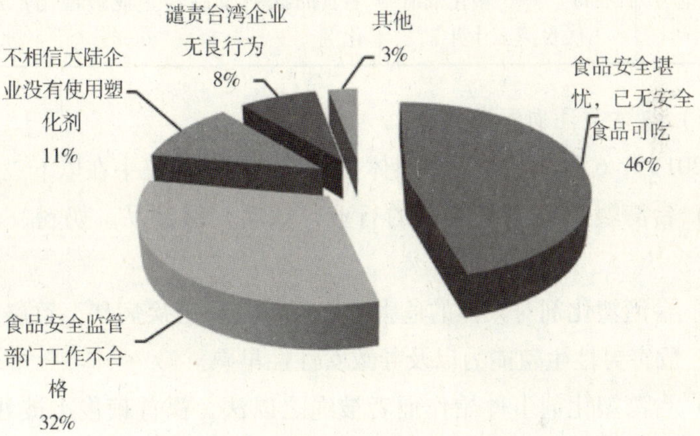

图2 台湾塑化剂污染事件网友言论倾向分析①

（抽样：200条）

表2 2011年5月30日至6月2日部分报纸和电视媒体的报道及评论

发布时间	发布媒体	报道文本
2011年5月30日	台湾《旺报》评论《从塑化剂风暴自省台湾无谓的优越感》	塑化剂毒饮风暴持续延烧，重挫台湾食品安全信心，连带影响台湾地区形象；大陆自爆发生严重的三聚氰胺事件以来，各种非法添加剂事件层出不穷，民众对食品安全信心已接近冰点

① 谷文杰．台湾塑化剂污染事件舆情进入深水区．人民网，http://society.people.com.cn/GB/223265/14838143.html,2011-06-07.

（续上表）

发布时间	发布媒体	报道文本
2011 年 6 月 1 日	CCTV－2《今日观察》报道《台湾迎战塑化剂危机》	台湾地区塑化剂风波已酿成一次重大食品安全危机，截至 29 号全台可能受污染的产品已超过 500 项，包括统一企业、长庚生物科技等知名厂商
2011 年 6 月 1 日	台湾《联合报》社论《食品安全危机四伏》	如果政府有高度的公信力，消费者就会在负责食品安全问题的权威政府机构出面后，恢复信心
2011 年 6 月 2 日	《南方周末》头条新闻《“每天都在给儿子喂毒”——塑化剂潜伏台湾三十年》	塑化剂是致癌物质，并被普遍认为会危害男性生殖能力、促使女性性早熟。多家台湾知名食品饮料及制药企业被检出产品加入塑化剂

（三）媒体关注向深度发展

在 2011 年 6 月 7 日之后，媒体报道的内容重点集中在以下三点：

（1）台湾塑化剂危害波及的行业：饮料、保健品、奶粉、药品、化妆品。

（2）台湾塑化剂对人体的危害：心血管及肝脏疾病甚至致癌、儿童性别错乱、危害男性生殖能力以及导致女性性早熟。

（3）台湾塑化剂事件始作俑者被绳之以法，祸首赖俊杰被处 25 年监禁的重刑。

表 3 为 2011 年 6 月 7 日至 21 日部分报纸的追踪报道及评论，集中报道了以上的三点内容。

表 3　2011 年 6 月 7 日至 6 月 21 日部分报纸的报道及评论

发布时间	发布媒体	报道文本
2011 年 6 月 7 日	《新世纪》周刊：《台湾食品塑化剂危机》	向来以拥有高规格食品安全标准而自豪的台湾，何以出现塑化剂污染丑闻
2011 年 6 月 10 日	《人民日报·海外版》：《“塑化剂”揭示台湾真实面》	台湾靠着种种包装所呈现的所有的美好成就，包括民主法治、文化多元、学术顶尖，不但都经不起考验，而且充满了恶毒，其中独缺的正是人性

（续上表）

发布时间	发布媒体	报道文本
2011 年 6 月 10 日	《新京报》：《大陆首次检出台湾两款食品涉塑化剂污染》	首次在大陆进口环节检出的台湾“涉塑”食品并不多，分别为竹业屋制果有限公司生产的竹叶堂芒果酥、东乡食品股份有限公司的 HAMU 牌金桔柠檬汁饮料
2011 年 6 月 20 日	台湾《旺报》：《台湾价值观软实力》	塑化剂风波在台湾闹得沸沸扬扬，然而台湾方面处理问题的态度，却恰恰体现其社会价值观
2011 年 6 月 21 日	台湾《联合报》：《台军 70 万份军粮遭塑化剂污染》	台湾塑化剂风暴蔓延，日前抽样送验发现近 70 万餐份野战口粮与加热餐盒遭塑毒污染，其中 4.6 万余份已发放到部队，但尚未食用，台军方已经下令停止拨发食用

报纸、电视、广播的滚动播报将台湾塑化剂事件推向一个报道的顶峰，让公众高度重视塑化剂，提高食品安全意识和警惕。根据台湾国泰金控调查，在媒体报道塑化剂之后，19% 的民众对餐饮业消费支出减少约 5% 至 15%，其中超过 4 成的受访民众反映，台当局须强化食品安全政策的可信度；有 25% 民众认为，店家必须提供有力证明，才愿意恢复到原有的餐饮消费支出水准。[①]

三、风险社会生态下舆论“再焦点化”

公共危机事件发展过程有一个生命周期，经历发生、发展、减缓三大阶段。尤其在当今风险社会中，危机常态化容易导致危机节点一波未平，一波又起。2012 年 11 月媒体曝光酒鬼酒塑化剂超标，再一次成为舆论关注的焦点，将这场从 2011 年持续至 2012 年的风波推向了最高潮。

酒鬼酒塑化剂超标最先曝光是在 2012 年 11 月 19 日，一篇来自 21 世纪网的报道《致命危机：酒鬼酒塑化剂超标 260%》，指出酒鬼酒被检测出三种塑化剂成分。面对公众的质疑，酒鬼酒在第一时间内对此说法予以

① 台逾 4 成民众减少外出餐饮开支．搜狐网，http://news.sohu.com/20110719/n313883697.shtml，2012－07－19．

“坚决否认”，并称媒体送检机构不具权威性。直到11月26日，初步锁定导致塑化剂超标的三大“元凶”：一是自动包装线上的小塑料管；二是塑料酒瓶塞；三是临时使用过的一段长达十米的塑料输酒管。

在酒鬼酒塑化剂超标事件中，无论是网络媒体的最先曝光还是传统媒体的权威介入，对整个事件来说都是助推力。

（一）危机指数现“M型”走势

公共危机事件受到媒体曝光和公共舆论等因素的影响，危机指数在经过潜伏期的酝酿后会经历不同程度的波动，呈现出此起彼伏的走势。“M型”的走势形态为：危机潜伏—达到高潮—小幅度回落—再度反弹，不同的时间节点呈现出不同危机程度与事件的发展起落（见图3）。

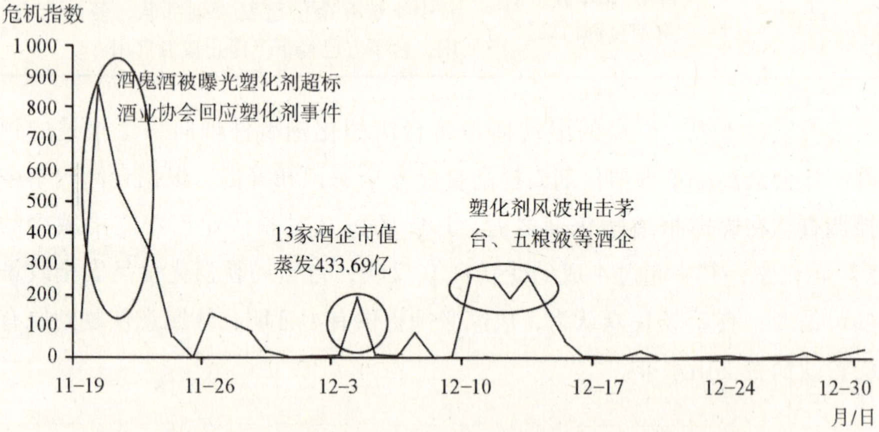

图3 2012年11月19日至12月3日 酒鬼酒塑化剂超标危机指数①

图3为酒鬼酒塑化剂超标危机指数图，11月19日酒鬼酒塑化剂超标被21世纪网曝光，此时危机指数达到了第一个高峰；12月3日媒体曝光13家酒企市值蒸发逾500亿，再一次引起白酒行业的恐慌和危机，此时出现第二个危机高峰；随后媒体曝光茅台、五粮液等白酒企业均牵涉到白酒塑化剂风波，引发了第三个危机高峰，这三个危机高峰使酒鬼酒塑化剂超标事件呈现出一个较为清晰的信息喷发周期。

（二）新闻生产方式“去中心化”

“传统化”、“仪式化”的传播形态已不能跟上信息更新的步伐，自媒

---

① 红麦舆情中心. 红麦舆情解读：酒鬼酒“塑化剂”超标 食品行业风波又起. http://news.xinhuanet.com/yuqing/2012-11/30/c_124029742.htm,2012-11-30.

体催生了全新的新闻信息生产方式——社会化信息生产，这种媒体赋权的参与方式让普通民众都能掌握新闻源，可以说内容生产呈现“去中心化”的趋势。酒鬼酒塑化剂超标作为公共危机事件，其内容既有传统的组织化生产，也有社会化信息生产。

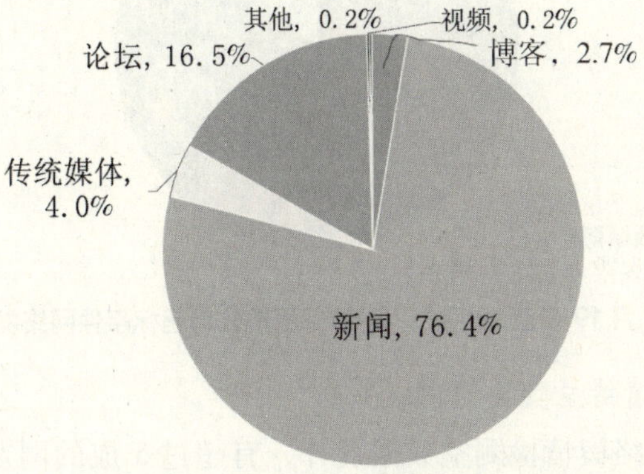

图4　2012 年 11 月 19 日至 11 月 29 日 酒鬼酒塑化剂超标各类型报道比例

（数据来源：新华网络舆情监测系统）

从图 4 中可看出在酒鬼酒塑化剂超标事件中，新闻和论坛是内容生产的主要渠道，分别占据了 76.4% 和 16.5%，而博客、传统媒体、论坛、视频等多元化新闻生产渠道也正符合了自媒体时代下“去中心化”的趋势。

（三）新浪微博成为“公共话语空间”

哈贝马斯的“公共领域”是一个对话性质的概念，即公共话语空间。公众借助信息平台掌握话语权，并与信息平台磨合形成公共话语舆论场，建构话语“狂欢”。在酒鬼酒塑化剂超标事件中，微博是网友意见性信息传递的公共话语空间，网友借助微博平台发出质疑，并把牵涉到塑化剂的白酒产品及企业一一曝光。图 5 为 2011 年 11 月 19 日至 12 月 10 日网民、媒体在不同微博网站所发微博数量比例。

截至北京时间 12 月 10 日，红麦舆情监测系统监测到相关微博信息 1 446 768 条。其中新浪微博仍作为网友、媒体发微博数的“主战场”，为 1 247 253 条，腾讯微博 187 000 条，搜狐微博 7 363 条，网易微博 5 152 条。

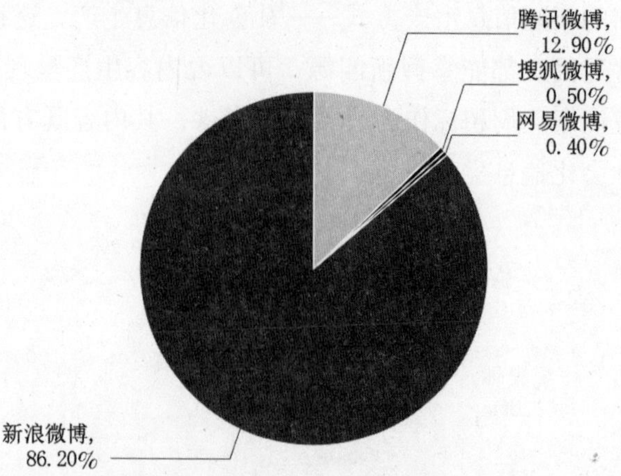

图5 2012年11月19日至12月10日 酒鬼酒塑化剂超标事件网络发微博数量比例①

（四）群体情绪呈负面倾向

依据新华网络舆情检测室数据统计，有超过5成的网友对塑化剂超标事件的情绪是愤怒的，如图6显示，负面消息占据所有信息总量的51.70%，保持中立的言论占38.50%，而正面信息则只为总发布消息的9.80%，② 可见从2011年5月台湾塑化剂风波掀起至今，网友对塑化剂仍然“谈塑色变”。

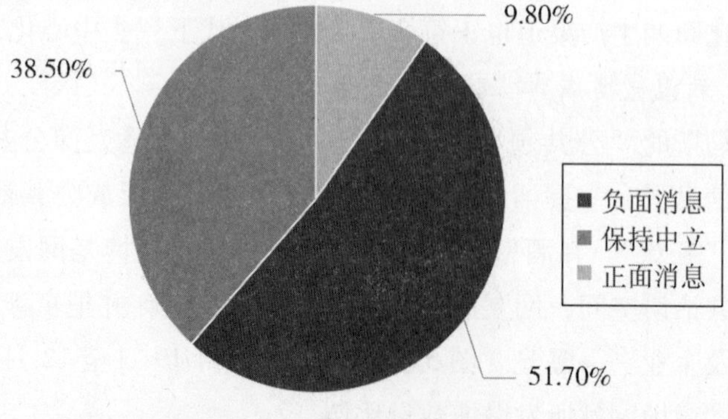

图6 酒鬼酒塑化剂超标事件网络舆论倾向性③

白酒塑化剂超标事件持续发酵，2013年1月28日凌晨4时，ID为

① 红麦舆情中心. 红麦舆情解读：酒鬼酒“塑化剂”超标 食品行业风波又起. http://news.xinhuanet.com/yuqing/2012-11/30/c_124029742.htm,2012-11-30.

②③ 王利涛，陈晓云，刘畅. 酒鬼酒塑化剂事件网络舆情分析. 新华网，http://news.xinhuanet.com/yuqing/2012-11/30/c_124029742.htm，2012-11-30.

“地面静风”的网友在《茅台塑化剂美国送检情况》一文中称：“53度飞天塑化剂DEHP含量超标近1倍。”茅台美国送检结果公布之后，其股价跌幅逼近5%，创1年来新低。

白酒塑化剂风波疑云再起，不少网友在微博发出白酒行业“精心布局”、“蓄意做空”的质疑：

“行云翰墨”——“黑天鹅”事件也不排除有业内不正当竞争、恶意做空公司股价等行为，如酒鬼酒、贵州茅台事件中的各类送检行为。

“柯里昂08”——目前价格被低估？元芳你信吗？销量上不去，市盈率会越来越高。有了做空，茅台股价继续升，空头等时机再搬出塑化剂危机就可把茅台打下去。

塑化剂事件发展至今，虽然危机程度暂缓，风波告一段落，但事件的影响仍然在持续发酵和蔓延中。

四、公共危机事件中舆情应对的反思

大众传媒在公共危机事件中的作用机制是显而易见的，正如传播学中提到的“大众传播形成的信息环境，不仅制约人的认知和行为，而且通过制约人的认知和行为来对客观的现实环境产生影响。这样一种机制，使得现代环境不仅越来越信息化，而且信息环境也越来越环境化”[①]。大众媒介通过描述客观现实向公众“镜子式再现”，引导公众的舆论，尤其是在全媒体时代，多种传播渠道的融合引导了群体传播，影响议程设置的走向，也施予政府强大的应对压力。下面从媒体的作用机制、公众的话语舆论、政府的危机应对三个方面分析这场塑化剂风波：

（一）媒体议题交互，引导“新意见阶层”舆论

传统媒体和网络媒体新闻信息的相互转载是“议程设置”相互转化的过程，即网络媒体将传统媒体的信息转载到网络上，也转载了传统媒体的“议程设置”，也就是说事件的发展、高潮实际上在相互转化的“议程设置”过程中会产生作用。“如果一个新闻事件引起了人们的关注，传统媒体和网络媒体同时介入报道，并且保持基调一致，就可以使某个新闻事件的报道目的殊途同归，共同形成比较一致的社会舆论，并扩大‘议程设

---

① 郭庆光. 传播学概论. 北京：中国人民大学出版社，1999. 127.

置’所要达到的舆论倍增效应。当网络媒体上出现新闻热点或舆论导向偏差时，可以由传统媒体适时介入报道或发表评论的方式对网络媒体施加影响，并经网络媒体放大传统媒体的声音影响网上舆论走向。总之，传统媒体和网络媒体之间互动可以产生媒体间的共鸣效果。”[①] 一直以来传统媒体凭借其权威性独占一隅，网络媒体则以一个开放的平台给予受众宽松、自由的舆论环境，二者议题的交互一般来说呈现出这样的过程：

第一阶段：网络媒体曝光，设置议题，舆论生成。

第二阶段：“沉默的螺旋”导向性——公众热议，舆论升级。

第三阶段：传统媒体转载，确认议题的真实性。

第四阶段：网络媒体、传统媒体的立体传播，产生共鸣效果。

2012 年 11 月的酒鬼酒塑化剂超标事件就是经历这四大阶段传播过程的典型案例，首先由网友在 21 世纪网上发布《致命危机：酒鬼酒塑化剂超标 260%》，引起网络舆论，一时间网络上的恐慌蔓延、质疑声四起，再由《人民日报》、中央电视台等传统媒体介入，告知目前所查明的酒鬼酒塑化剂的来源，形成立体式传播，引导公众的舆论导向，使得风波暂缓。

网络媒体对事件的曝光充分显现了“受众至上”的倾向，在多级传播渠道下，公众在任何时间、任何地点都可以自主选择、接受任何信息，甚至可以创设议题，公众从“沉默的大多数”转变成为“新意见阶层”。在酒鬼酒塑化剂风波中，信息源来自于网友的发帖，而后网友对事件的持续跟踪也热度不减，ID 为“地面静风”、“水晶皇”的网友持续曝光茅台含塑化剂的事实，可见“媒介即人的延伸”在“受众至上”的传播导向下已然转化成“人是媒介的延伸”，而且自媒体时代社交网络（论坛、微博等）的发声能瞬间引起舆论高潮，以“秒杀”的速度引起公众热议。

（二）“鸵鸟政策”是公众情绪高涨的催化剂

应对舆情危机，态度是第一位的。在面对媒体的质疑时，很多企业在关键时刻往往采用了“鸵鸟政策”，当事人避而不答，不面对事实，不配合媒体进行舆情疏导。在信息反馈不足的情况下，公众的愤怒情绪很容易高涨，导致危机程度加剧，这对企业来说百害而无一利。

塑化剂风波是一场危害程度严重的国际食品安全危机，并会牵涉到其

---

① 刘正荣．网络舆论引导的“议程设置”．人民网，http://media.people.com.cn/GB/22114/41208/89552/6020357.html，2007-07-23.

他领域，包括政治、金融等，可以说企业的任何应对举措都应该是小心翼翼的，而酒鬼酒在媒体曝光其产品塑化剂超标时，其第一反应就是坚决否认，并称媒体送检机构不具权威性，在检验确认塑化剂超标后，酒鬼酒的表态是，在国家标准里面并没有明文规定塑化剂检验这一项，因此也不存在超标的问题，坚持声明“日饮一斤无害”。酒鬼酒并没有以谦卑的态度去与公众交流、沟通，公众对酒鬼酒塑化剂超标的原因仍然一知半解，究竟是如企业声明所说的在生产过程中塑料酒瓶塞、塑料输酒管的问题还是如网民猜测的“做空”白酒的阴谋？这种模糊的信息对峙状态增添的只是公众更多的疑虑和猜测。

而2011年5月台湾塑化剂事件中企业和政府的回应与酒鬼酒截然不同。事件曝光后，台湾监管部门在第一时间回应公众，并立即组织检测食品安全，调查真相，禁售、下架被污染的产品，及时对外公布最新进度，马英九亲自主持台湾首批最大规模的塑化剂污染食品销毁仪式，并逮捕相关责任人。在政府的公关处理下，舆论质疑虽然没有完全遏制住，但已逐渐平息。台湾生产的悦氏运动饮料被查出添加起云剂，公司董事长即刻举行接待会，公开道歉，并在媒体上登道歉启事，全面回收产品，虽然波及领域很大，但危机也因为企业谦卑的态度与果断的处理而逐渐下降。

在每一位公众都可能成为传播者和舆论影响者的时代，如果企业或政府在公共危机事件中不能有效利用媒体来进行沟通，那么将很难在公众心目中重新建立起信任感。

（三）“围观效应”下政府应善用新媒体主动管理

随着互联网的飞速发展，网络围观成为一种普遍现象，公共危机事件的危机程度往往因为网民的“围观效应”而放大和持续。“围观效应”指的是网民对不确定的流传信息持续关注并表态，“在‘围观效应’情况下，公众舆论逐渐形成，并有可能演变成舆论行动。新媒体的舆论形成方式与传统纸媒不同，因其匿名性和自发性的因素存在，新媒体舆论对公众的影响在发挥积极作用的同时也存在一定消极作用。若没有正确舆论引导，这种自发性的舆论演变成舆论行动，甚至对社会产生负面影响”①。公共危机事件在网络虚拟空间中容易滋生负面舆论，所以政府应避免与强势舆论进

① 巫晓凌. “围观效应”下报纸媒体对社会公共舆论的作用. 华东政法大学硕士学位论文，2012：16～18.

行意见交锋，应改堵为疏。

“围观效应”下政府应对公众舆论的方式应多样。“有不少网站拥有许多比较好的经验，比如有意识地将优秀的网友帖子放在网页突出位置，或将突出的新闻事件放在首页，接受网民的讨论，或者根据新闻事件设置话题，引导网民通过微博等多种形式讨论，或邀请有关方面的政府官员、专家等上网站与网民进行交流。”① 就在酒鬼酒塑化剂超标沸沸扬扬、莫衷一是的过程中，政府利用传统媒体为受众“围观”提供了权威的评判，《人民日报》11 月 22 日刊载的新华社记者朱立毅的文章中谈到：“从近几年的食品安全事件来看，大量令世人震惊的问题多年之前就已经是业内‘公开的秘密’。但无论是企业，还是协会，甚至包括部分基层监管机构，对问题都是睁一只眼闭一只眼，致使躲在食品里的‘妖魔鬼怪’‘能长期潜伏’。公众还希望知道，被查出含有塑化剂的白酒有哪些品牌，其含量是否超限。公众有权知道真相的全部，因为这与消费者健康紧密相关。”并且在结尾呼吁：“要真正把食品里的‘鬼’挖出来，保障食品安全和公众健康，这需要企业、行业协会、监管部门和公众的共同努力。”传统媒体在“人人都是麦克风”的传媒生态中作为“谣言粉碎机”存在，能通过言辞理清事实，有效引导公众的“围观”舆论。

政府在面对群体盲从与冲动的“围观”下，应善用新媒体，如利用官方微博保持公开有序的信息流通，控制危机，降低危机事件影响，杜绝谣言的产生，把重塑政府形象作为最终目的。尤其在公共食品安全事件中，不能一味包庇企业，而应积极应对并及时采取有效措施，保证食品安全市场的健康有序运行。

参考文献：

[1] 谷文杰. 台湾塑化剂污染事件舆情进入深水区. 人民网，http://society.people.com.cn/GB/223265/14838143.html,2011 - 06 - 07.

[2] 王利涛，陈晓云，刘畅. 酒鬼酒塑化剂事件网络舆情分析. 新华网，http://news.xinhuanet.com/yuqing/2012 - 11/30/c_124029742.htm, 2012 - 11 - 30.

[3] 红麦舆情中心. 红麦舆情解读：酒鬼酒“塑化剂”超标　食品行业风波又起. http://news.xinhuanet.com/yuqing/2012 - 11/30/c_124029742.htm.

---

① 巫晓凌. “围观效应”下报纸媒体对社会公共舆论的作用. 华东政法大学硕士学位论文，2012：16 ~ 18.

四、突发事故灾难类事件媒介化现象解读

“表哥”事件媒介化审视

李四方

陕西省安监局局长杨达才因为在特大交通事故现场面带微笑，引起网友的不满，受到炮轰，继而遭到网友的人肉搜索。网友发现杨达才在现场戴了一只名表，舆论开始转向反腐，不断爆出其戴名表、名牌眼镜与系名牌皮带等，陕西省纪委自此开始对其进行调查。从微笑到名表，再到被调查，舆论对杨达才的持续关注，显示了网络传播的急剧性与爆炸性。

图1　“微笑局长”杨达才在交通事故现场（图片来源：百度图片）

一、“表哥”杨达才事件

（一）事件概况

2012年8月26日凌晨2时许，陕西省延安市境内包茂高速公路安塞段发生特大交通事故，一辆双层卧铺客车和一辆装有甲醇的罐车追尾，引发甲醇泄漏起火，并致两车起火，事故确认共有36人死亡，3人受伤。

表1 网友爆料“微笑局长”杨达才微博变化

发展过程	传播媒体	传播者	传播内容
2012年8月26日19时53分	新浪微博	网友“百姓大于天”	涉事官员为时任陕西省安监局局长杨达才
2012年8月26日22时29分	新浪微博	网友“卫庄”	发布了一张杨达才佩戴手表的照片，并怀疑是价值3.8万多欧元的欧米茄
2012年8月26日23时57分	新浪微博	渤海论坛	发布了杨达才在不同场合佩戴5块不同款式手表的照片，称这是“陕西省安监局局长杨达才同志的爱好”
2012年8月27日18时12分	新浪微博	第五大道奢侈品网首席运营官孙多菲	我已向表行业内专家请教。第一张：6.5万元左右的蚝式恒动系列劳力士。第二张：3.4万元至3.5万元之间的欧米茄。第三张：江诗丹顿18K玫瑰金表壳，而且是机械的，市场价估计在20万元至40万元。第四张：欧米茄，价格也在3万多元到4万元。第五张：雷达全陶瓷，市值估计3万元

笔者通过统计新浪微博关于杨达才的数量，统计结果如图2。

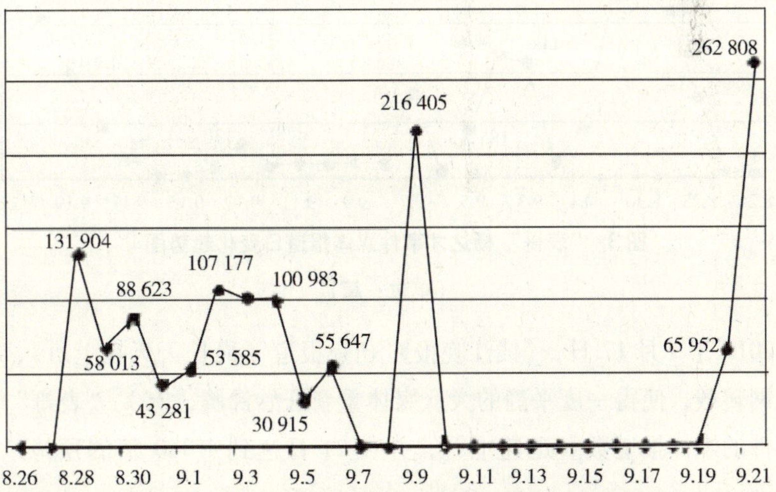

图2 “表哥”杨达才事件微博传播日变化趋势图

（单位：篇）

表1、图2准确反映了事件从8月26日开始微博用户关注度的巨大变化，随着网友“百姓大于天”微博的持续跟进，杨达才昂贵的名表、名牌眼镜、名牌皮带接连曝光，中间一度沉寂，9月27日杨达才被正式撤职并移交司法机关处理，此时微博传播达到顶峰。此后，网上发布的鉴表图片迅速成为网民热议的话题，杨达才因此被网民戏称为“表哥”。

（二）“表哥”杨达才事件中的公众和媒体

从图3可以看出，2012年8月26日开始有一家媒体注意到“微笑局长”事件，随后部分媒体开始关注该事件，4天后随着陕西省纪委公开回应该事件，以及“表哥”杨达才被曝出拥有更多名表，“微笑局长”才升级为“表哥”，媒体报道出现小高潮。之后《新快报》记者爆料“表哥”杨达才身兼陕西省纪委委员一职，媒体开始形成新一轮的舆论监督报道热潮，更有网友爆料“表哥”杨达才不仅有名表，还有多副名牌眼镜、多条名牌皮带，媒体报道紧追不舍，直击事件当事人杨达才。

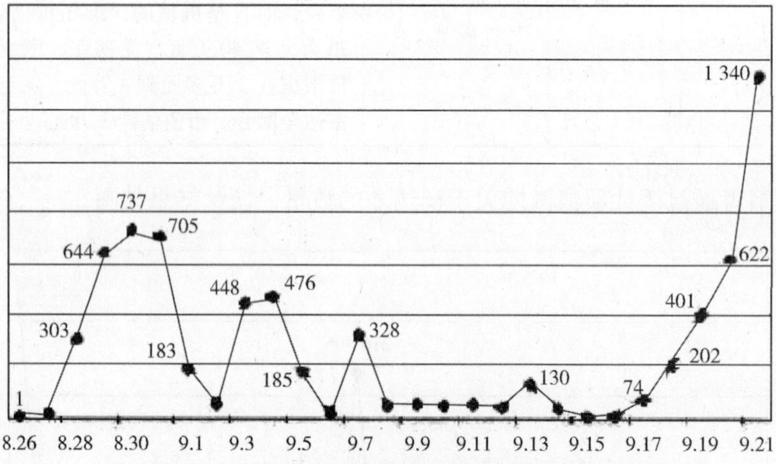

图3 “表哥”杨达才事件媒体报道日变化趋势图①

（单位：篇）

2012年9月17日，《钱江晚报》刊登报道《局长天天在上班》，并经凤凰网转载，使得一度平静的大众媒体重新开始沸腾，有关“表哥”杨达才事件的媒体报道数量迅速上升，并在21日达到1 340篇的顶峰，“表

① 侯文昌.27天“表哥”落马 专家：网友能否提高反腐公信力有待观察.检察日报，2012-09-25.

哥”杨达才事件成为大众热门话题。

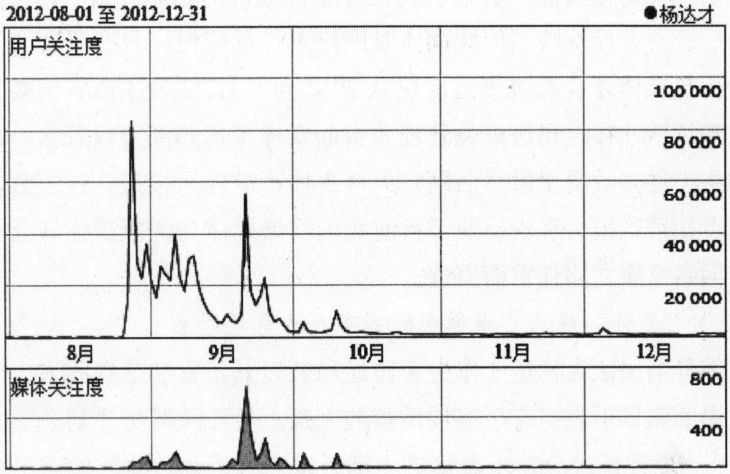

图4 “表哥”杨达才事件用户关注度和媒体关注度变化趋势图

（单位：篇；时间：2012年8月1日到2012年12月31日）

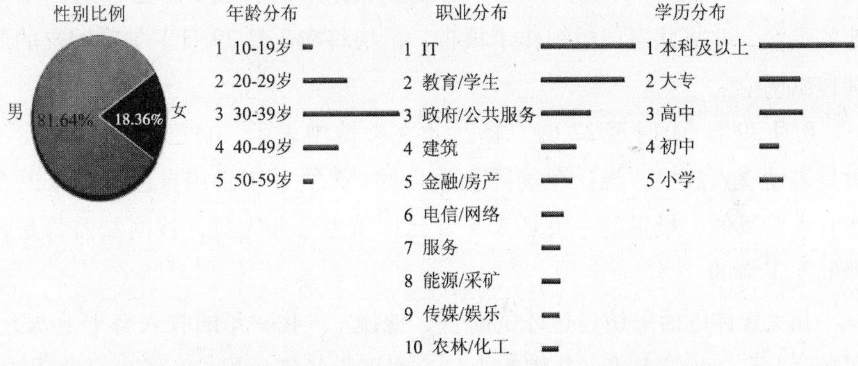

图5 关注“表哥”杨达才事件中的公众人群属性

（时间：2012年8月1日到2012年12月31日）

从百度指数的统计中发现（见图4、图5），8月26日事发当天网友共发布了8万多篇有关杨达才的文章，但媒体报道寥寥无几，直到9月17日记者爆料事件当事人杨达才仍然在上班的情况后才引起媒体竞相报道。关注“表哥”杨达才事件的网友中绝大部分属于男性，并且以中青年为主，多分布在IT、教育等行业中，有着较高的收入，学历多为本科及以上，关心社会和国家事务，这些都表明收入高、学历高的年轻男性中产阶级更关注网络事件和媒体报道。

有意思的是在关注“表哥”杨达才事件人群的职业分布中，传媒行业排名靠后，一方面反映了传统媒体对网络事件反应慢，只有当官方介入事件后，传统媒体才会跟进报道，这从2012年9月27日陕西省纪委发布声明称已将杨达才移送司法机关处理才引起媒体报道热潮可以管窥一斑。当然，网络事件多数属于敏感话题，大众媒体不敢轻易报道，让多数传统媒体工作者知情难报，客观反映了目前我国网络媒体与传统媒体缺乏互动的现象，网络反腐之路任重而道远。

（三）“表哥”杨达才事件中的当事人和意见领袖

大部分网民认为杨达才作为安监局局长以其正常的工资收入，无法购买这么多的名贵手表，有严重贪污腐败之嫌。长江网网友“刘全”发布微博称：“一个官员过分追求奢侈的生活，戴名牌手表，这样的官员自身清白让人怀疑。”

1. 杨达才披露关于手表的信息

2012年8月28日晚，杨达才在接受媒体采访时表示，已知道网络对他的关注，并将此事向组织作了报告，最快将在8月29日上午对网友的质疑作出回应。

8月29日21时至22时，杨达才在微博中表示，自己并未“微笑”，只是表情有点放松，想让现场同志放松些；5块手表是用自己十年来的合法收入购买的，最贵的一块是3.5万元；作为公务人员，被网友监督是合理的、正常的。

相关媒体电话采访杨达才的时候，他说：“我一年的收入有十七八万，我老婆上班，儿子上班，儿媳都上班，家里无经济负担，儿子也喜欢手表，有时自己的手表和儿子的手表混戴，故出现了网友后续所说的11块手表。”

访谈结束后，舆情开始转向。面临日渐升温的网络质疑，与其他无视网民指责、躲避媒体采访的官员相比，杨达才选择了迅速回应，甚至一度因此获取了部分舆论的支持。

2. 获得意见领袖支持，提升个人形象

知名学者于建嵘认为，对于表情“没有必要过分在意，不要总上线到够不着的高度”。网友“方澜静”表示：“就冲着敢直面网友这点，我就觉得此官可嘉。”公共关系专家林景新则认为：“杨达才正确运用了危机管理

'三度法则'：一是态度，多次诚恳向公众道歉，软化敌对情绪。二是速度，第一时间进行在线访谈，与网友媒体交流。三是透明度，解释现场微笑缘由，并一一解释名表来源。”陕西网友“纳兰蛟”也对杨达才的境遇表示同情：“当官不容易，该笑的时候不笑，是有官架子；不该笑的时候笑，是没良心；哭了人家说你作秀，不哭说你残忍。做百姓，很好。”部分微博网友还要求，其他网友先拿出可靠的证据，再来质疑。人民网舆情监测室在其舆情解读文章《“微笑局长”善待质疑获肯定》中谈到，杨达才在汹涌澎湃的网络舆情面前，敢于开微博直接与网民互动、回应质疑的精神和行动还是很令人称道的，因此在网络上也赢得了众多网友的支持和肯定。

（四）“表哥”杨达才事件微博舆情转向

就在有人以为“微笑局长”杨达才会平安度过这场危机的时候，网友“猪头懦夫司机”发微博称：“我上传了4张照片到专辑‘杨达才局长的第六块手表’。”

2012年8月30日凌晨起，有民间鉴表专家之称的“花总丢了金箍棒”在微博中接连发布了杨达才的其他5块手表的相关信息，并称新增的表估价超过20万元。

以上两则微博爆料让杨达才之前媒体回应中展示的“低调、诚恳”换来的正面评价顿时化为乌有，反而因他对手表的数量和价值撒谎而陷入诚信危机。随着越来越多手表的曝光，网民从称呼杨达才“微笑局长”转为“表哥”（或“表叔”）。

“表哥”杨达才对于公众的质疑作出的解释并没有消除公众的疑问，因为作为一个领工资的官员，能自己买这么多块名表，本身就让人疑惑，而之后网友又发现杨达才的名表并不止5块，种种迹象推动着民意沸腾。对于“表哥”杨达才之后又被爆出戴着价值十多万的眼镜和系着名贵的皮带。虽其称手表、眼镜和皮带都是和自己的儿子共有，但这些名贵物品的数量与价格让人觉得“表哥”杨达才的辩解牵强附会，使得公众不仅怀疑他在说谎，更有可能是在用贪污腐败得到的钱财购买奢侈品。公众关注“表哥”杨达才的名表、名眼镜、名皮带是希望政府能够调查清楚其是否存在贪污腐败行为，给公众一个合理的交代。

图6　中央电视台报道杨达才佩戴11块名牌手表（图片来源：CNTV节目截图）

二、“表哥”杨达才事件中的政府和媒体

（一）政府在“表哥”杨达才事件中的缺位

作为一起突发公共事件，公众对事件信息的需要特别迫切，这个时候如果缺乏可靠、权威的信息，人们只得转向小道消息，通过其他渠道来获取信息。不实信息是突发公共事件舆论的不安定因素，一旦谣言主宰了突发公共事件舆论，后果将是灾难性的。它不仅会迅速导致突发公共事件恶化，还会损坏政府和媒体形象。因此，突发公共事件时刻，舆论安全特别重要。突发公共事件中，随着政府和公众的不断博弈，需要大众媒体来调节二者之间的平衡关系。媒体社会协调功能的缺位，公众强烈的信息需求在大众媒体那里得不到满足，其他种种非大众传播乘虚而入，如人际传播、组织传播等，谣言、流言占据了人们的整个信息空间，容易造成社会恐慌。

（二）媒体在“表哥”杨达才事件中的议程设置

在新媒体时代，传统媒体应当改变单纯的政府传声筒角色，不充当政府的附庸或从属，而应当扮演一个独立的社会角色，在政策的引导下用自己的视角审慎地看待事件，在政府和公众之间寻找自己的位置和空间。我们发现，作为相对可靠的信息源，传统媒体从微博、论坛等网络平台挖掘

新闻材料，在经过编辑整合后，以口语化的标题吸引公众关注，已经成为舆情发生初期新闻传播的主要特点。对网上信息的拼凑重组，只是媒体设置公共议程的一种方式。

随着杨达才名表、名眼镜、名皮带、仕途升迁更多细节的曝光，如何从庞杂、多元的网络喧嚣中，为解决这一事件找寻一条理性出路，成为媒体评论的重点。网上因“微笑局长”的嬉笑怒骂甚至人身攻击，“微笑表哥”在微博上的主动回应获取暂时的网络支持，都曾让名表背后隐藏的腐败疑云一度偏离公共舆论场的中心。

（三）传统媒体：发挥信息重组的功能

“微笑局长”杨达才照片曝光后，《钱江晚报》、《济南日报》、《京华时报》等传统媒体纷纷对“表哥”事件在微博上引发的众多言论进行选择性报道（见表2）。

表2 传统媒体对“表哥”事件的报道舆情变化

时间	传播媒体	报道题目	报道内容
2012年8月28日	《钱江晚报》	车祸现场官员傻笑 网友质问你笑啥	不赞同冷嘲热讽杨达才的笑，但是赞同围观并追问杨达才的表
2012年8月29日	《济南日报》	官员“笑场”可以有 腐败不能有	需要客观公正的中立方介入，需要纪检监察部门进行彻底调查，迅速公布结果，给网友和社会一个负责任的交代
2012年8月31日	《京华时报》	自证清白难以走出名表门	如果说杨局长主动出来面对舆论是一个好的开始，那么有关部门的及时跟进将是走出“名表门”事件的关键一步
2012年9月17日	《钱江晚报》	局长天天在正常上班	当记者问“省纪委调查杨达才局长，他有否正常上班”时，工作人员肯定地告诉记者“局长天天在上班”

类似评论的出现，与网上要求有关部门介入调查、杨达才公开收入的呼声一起，逐渐让“微笑”话题重归反腐讨论的正常轨道，尤其是《局长天天在正常上班》这篇报道，使得一度趋于平静的舆情再次掀起高潮。该

消息被凤凰网转载后，点击量高达 33 913 人次。网友“终南一翁”表示：“纪委查的结果怎么样？应该给民众一个交代。不然就是对网民的不尊重和对局长的不负责任。”

（四）政府忽视信息发布的责任，实行“内紧外松”的传播策略

政府是控制和处置突发公共事件的第一责任者，不仅在应急管理中处于领导者，也是突发公共事件新闻的发布者；而媒体是包括报纸、广播、电视、杂志、多媒体、手机短信、因特网在内的大众传媒。目前，政府在面对突发公共事件发生时，普遍实行“内紧外松”的信息流动制度，“内紧”即频繁召开内部会议，快速下达工作任务，重视事件的迅速解决，“外松”即对外宣称事件没有发生或者事件正处于政府的有序控制中，营造出一片稳定的有利局面。这些问题表明，在与公众、媒体的信息沟通上政府存在很大的学习空间。而信息沟通在任何突发性事件中都是根本性的，政府必须保持和所有利益相关者的交流和沟通渠道畅通，让他们知道到底发生了什么，而且需要尽早告知，不要让他们从网络谣言中获取消息。2012 年 9 月 2 日，《新快报》记者刘虎发表微博称：“网爆陕西纪委调查的‘表哥’杨达才正兼任着纪委委员，杨达才曾被处以党内警告处分。”由此，陕西省纪委对省纪委委员杨达才的调查能否保持中立、客观、公正，成为网民质疑的焦点。

（五）应对“表哥”杨达才事件，政府履行“公共人”角色

从 2012 年 8 月 30 日到 2013 年 2 月 22 日，在网络媒体事先曝光、传统媒体深入报道的舆情压力下，陕西省纪委针对“表哥”杨达才事件连续三次发布申明，每次申明的内容越来越具体，对杨达才的处分也越来越严重，由深入调查到撤职，并最终将杨达才移交司法机关。在“表哥”杨达才事件中，公众一直对杨达才拥有众多名表、名眼镜、名皮带存在疑问，网络谣言不断传播，政府公信力不断遭受挑战，在巨大压力下，陕西省纪委通过不断发布申明满足公众一部分的信息需求和知情权，并最终依法处理杨达才，试图恢复之前被破坏的公信力（见表 3）。

表3 陕西省纪委针对"表哥"事件的三次回应变化

时间	政府组织	发布内容
2012年8月30日	陕西省纪委	将本着实事求是的态度，对事件所涉及的问题进行认真深入的调查，如确有违纪或腐败问题，将依照有关规定严肃处理
2012年9月21日	陕西省纪委	秦风网：杨达才因存在严重违纪问题被撤职的消息。西北网：鉴于陕西省安监局党组书记、局长杨达才在"8·26"特别重大道路交通事故现场"微笑"的不当行为和佩戴多块名表等问题，陕西省纪委高度关注，及时进行了认真调查。调查表明，杨达才存在严重违纪问题，依据有关纪律规定，经省纪委常委会研究并报经省委研究决定：撤销杨达才陕西省第十二届纪委委员、省安监局党组书记、局长职务。对调查中发现的杨达才的其他违纪线索，省纪委正在进一步调查
2013年2月22日	陕西省纪委	陕西省安监局原局长杨达才在任职期间严重违纪并涉嫌犯罪。经陕西省纪委常委会研究并报省委批准，决定给予杨达才开除党籍处分，对其涉嫌犯罪问题移交司法机关依法处理

陕西省政府和纪委作为"表哥"杨达才事件的新闻发布源，承担着保障公众信息安全的责任，而且还是沟通政府与公众的桥梁。公众对杨达才担任纪委委员一职以及有很深的政治背景存在质疑，陕西省政府和纪委始终没有官方回应，政府有必要通过大众传媒将杨达才的身份调查情况传递给公众，重视在事件处理中的信息沟通问题，避免因处理不当造成"涟漪效应"，导致矛盾、危机扩大。如果当地政府适时出面给予澄清，陕西省纪委的官方解释则容易获得公众的信任和支持，有了公众的配合，政府解决"表哥"事件则会相对容易得多，但是由于政府、媒体、公众三者关系的失衡，信息沟通不对称，最终导致"表哥"事件愈演愈烈，一发不可收拾。

（六）权责不明，政府忽视进一步满足公众的信息需求

对于对杨达才的调查进度，众多网友表示不满。网友"安康农民"发布微博称："试问自己查自己，能查出问题吗？"北京市旗鉴律师事务所律

师刘晓原在其微博中建议，“陕西省纪委应该回避，由中纪委介入”。

9月5日，湖北新亚特集团有限公司董事长杜芝富在其微博中爆料称，“杨达才从参加工作到任县委常委仅仅用了2年零8个月，是‘政坛神童’，其岳父也在当地做过干部”。

长久以来，大到中央各部门小到地方各政府，在遇到突发性公共事件时，给人的形象是习惯性地“捂盖子”，遵从“大事化小、小事化了”的处事方针。这种行为不但是对上级政府而且更是对公众的不负责行为。在过去类似的大大小小事件中，某些政府机构的“造假”和“保密”行为使得部分公众很自然地站在了事实的对立面，他们对政府的声明和解释通常都持怀疑和对抗的态度。针对8月30日陕西省纪委对“表哥”事件的回应，公众希望当地政府能“严肃处理”杨达才，有记者致电陕西省安监局值班室，当问及陕西省纪委是否已调查杨达才、他现在是否正常上班时，工作人员却回答“局长天天都上班”。在这段长达20多天的时间里，网上传言四起，对当地纪委的公信力和工作效率的质疑之声不绝于耳。“表哥”杨达才“天天在上班”，需要当地政府及时回应公众的质疑，解释杨达才仍在上班的合理原因，实质性回应民众关注的“查没查”、“怎么查的”、“查的程度”、“查的结果”等众多疑虑。然而，当地政府却任凭“表哥”事件不断发酵，谣言满天飞，导致政府公信力下降，政府的形象也受到损害。

在以往的网络反腐案例中，纪检监察等反腐败职能部门如果不能及时有效地回应社会关切的问题，那么，不论涉事官员最终是否被惩办，都会成为舆论质疑的对象。在这样的网络环境中，如未被惩办，则被斥为官场袒护；如被惩办，则被斥为只知事后应对、日常监管失察。善用网络监督，通过监测网民提供的各种有效线索，主动调查涉案人员的贪腐问题，并及时将结果公之于众，成为相关职能部门重树公信力的重要措施。

三、突发公共事件中媒体的媒介化功能

传播是在突发公共事件中可以把分散的人号召在一起的重要手段。当突发公共事件发生后，其传播具有造就或摧毁政治秩序和社会秩序的力量。在我国，媒体时常都处在“双刃剑”的考验之下，一方面迫于政治立场，遵守政府的舆论导向，另一方面遵从新闻的真实性原则，最大限度地满足

受众的需要。

直至2012年9月21日，陕西省纪委才在其官方网站秦风网发布了杨达才因存在严重违纪问题被撤职的消息。《环球时报》总编辑胡锡进在其微博中称："这是网络监督的又一胜利。这个结果在杨的11块手表被曝光时就已经注定了。而由于陕西官方在很长时间里无反应，致使这一个月政府公信力被杨达才不断糟蹋。这很可悲。政府公信力已经很弱，绝不能再被贪官绑架，应当形成就网络针对官员腐败质疑的快速评估与反应机制。"

（一）突发公共事件中必须满足公众的知情权

突发公共事件的性质、特点，决定了我国必须把切实保障公民知情权作为一项政府与传媒都致力履行的义务与责任。知情权不是一项陌生的权力，而是公民的一项基本权力。罗伯特·达尔认为充分的知情权应是："在合理的时间范围内，所有成员都有平等有效的机会来了解来自各种备选的政策以及可能的结果。"我国宪法第二条规定："中华人民共和国的一切权利属于人民。人民行使国家权利的机关是全国人民代表大会和地方各级人民代表大会。人民依照法律规定，通过各种途径和形式管理国家事务，管理经济和文化事业，管理社会事务。"这一规定清楚表明，国家的一切权利属于人民，人民管理国家是宪法赋予的一项基本权力，而人民行使这一权利的基本前提是享有知情权。要做到这点，既要求政府信息公开，也要求传媒做到让受众知情，而非劝说受众接受某种立场和观点。西方媒体特别是美国的大众媒体一般认为传媒应保持客观公正的原则，不受任何人、组织和机构的影响。在陕西省纪委调查"表哥"杨达才事件中，"认真调查"的回复太过模糊，"严重违纪"的定性太过笼统，公众希望政府能够公布具体涉案细节，化解公众对"表哥"杨达才的众多疑问，还当地政府一个光辉清白的形象，也有利于震慑其他意图贪污腐败的官员。但是当地政府没有在事后给出一个合理的解释，公众的知情权被无情地忽视了。

在突发公共事件中，大众传媒多代表政府，是政府发布信息的主渠道，出于对强有力政府的信赖，公众还是会选择相信大众传媒发布的信息，这样有利于保持清醒、理智的意识，而不会盲信社会流言、谣言，这对于维持社会秩序的稳定有着重要作用。除了反腐败职能部门，陕西省财政厅同样成为此次事件中舆论质疑的主要对象。在网上要求杨达才公开个人收入自证清白的呼声未得到回应后，湖北三峡大学在校学生于 9 月 1 日即向陕西省财政厅提交要求公开杨达才工资的申请，却在20 天后收到了个人工资收入事项不属于政府信息公开范围的答复。对此，有网友称："有关部门、有关领导装聋作哑，得过且过，怎么能让群众放心?" 学者刘艳峰称，既然杨局长一直声称那些手表都是利用其合法收入所购买，那么杨局长就应该勇敢地公布自己的工资收入，来打破那些质疑杨局长买表能力的传言，相关部门更应该主动公开其工资，以消除网络流言对政府机关形象的影响。

（二）突发公共事件中，政府应与媒体建立合作关系

从以往的经验来看，政府对大众传媒采取的要么是漠视态度，即认为大众传媒只会在解决突发事件时添乱，公众知道实情会搅乱社会安定，人心惶惶，因此拒绝也漠视大众传媒在突发事件中的作用；要么是管制态度，即认为大众传媒对突发事件的报道大多是负面报道，只会给当地政府抹黑，影响政府形象，因此必须对大众传媒进行管制，即使政府不得不通过传媒传递事件信息，二者的合作也是政府居于主导，二者之间是被动合作。在"表哥"杨达才事件中，公众一直对其名表、名眼镜、名皮带存在疑问，但陕西省纪委始终没有正面回应，公众出现了对政府的信任危机。根据人民网发布的消息，直到杨达才被撤职双规以后接受调查，才传查出其名表至少有 83 块；双规期间，纪委在杨达才个人账户发现存款超过 900 万元，在杨家中和私人场所发现现金至少 700 万元，共超 1 600 万元，而这还是打折后的保守估计。

时至今日，"表哥"杨达才事件似乎已经结束。部分网络媒体和传统媒体认为这是"网络反腐的又一次胜利"。然而，在这一事件中陕西省相关职能部门能否准确研判网络舆情，及时回应社会关切，主动汲取草根网民、意见领袖、媒体舆论等民间智慧，充分发挥互联网在反腐倡廉工作中的正向能量，让反腐公信力在官民良性互动中稳步提升，仍然有待改进。

四、"表哥"杨达才事件背后的思考

（一）网络媒体具有快速议程设置的功能

网络的传播特点决定了它也像传统媒体那样具有议程设置的功能。第一，人们对某些议题的关注程度，主要来源于这些议题被报道的频率与强

度。网络信息能快速传播与繁殖，这个特点使网络可以轻易提高对某些事件的报道频率与强度，也就是说它具有信息传播的爆炸性潜在效应。第二，在网络中，大众传播与人际传播是相互交织的，而在议程设置方面，人际传播对大众传播是一个有力的补充，所以网络意见领袖的功能不可忽视。第三，利用新媒体的互动技术，报道对象与受众可以建立直接联系，如微博、微信等，这样，当事人的信息会更直接传递给受众，这对于提高事件的受瞩目程度非常有利。

网络弱化和消解了传统媒体的“把关人”角色，不同人出于各自的目的，都可以通过网络渠道发起议程，单一的议程设置主体走向了多元化和平等化，传统媒体和网络媒体携手共同设置议程，草根网民变成了主要的意见领袖，很多时候甚至主宰了突发公共事件的议程走向。草根网民们或是通过发表传统媒体不方便发表的内容，或是通过跟帖、评论等方式，成功扭转了某些事件的发展方向甚至是处理结果。“表哥”杨达才事件中由一开始公众质疑在重大交通事故中“微笑”是否得当，以及政府官员戴名表是否涉及腐败，到后来部分意见领袖支持杨达才，最后网民不断通过微博爆料出杨达才的名表、名眼镜、名皮带，使事件朝着调查杨达才是否腐败的网络反腐方向前进。

网络媒体环境下的议程设置往往处于飞速变化之中，议题之间的转换频率、速度极快。当一个话题被推向舆论漩涡之后，往往这一个话题会逐渐演变成多个话题，有时正负话题会不断转化，新的议题也会补充进来。议题在传播过程中不断转化着，原有议题经常可以衍生出多个相关或无关的议题。

2012 年 9 月 5 日，网友“晨曦微播”在微博上贴出杨达才佩戴眼镜的照片，称眼镜价值超 10 万元，杨达才的眼镜是罗特斯的，在“溥仪眼镜”店里，这款镜架最低售价是 13.8 万元，镜片价格不好判断。与他的表一样，他的眼镜也很多……同时在该微博后面还配上了杨达才佩戴 4 副不同眼镜的图片。同时，有网民搜索出了杨达才所系不同皮带的照片。网友“延庆老农”发布微博“表哥全身都是宝”，一组图片中显示“微笑局长”除了左手手表，右手手镯之外，还拥有各种高档皮带。“手表门”刚过，“微笑局长”又陷入“眼镜门”、“皮带门”。

（二）把握突发公共事件传播特点，建立政府信息公开的负责形象

突发公共事件有着事件的突发性、信息内容的海量性、信息传播的无

序性、受众的广泛性等特点。它对于社会公众来说，具有很强的不可预知性，伴随着极大的风险或灾难，常常造成重大甚至持久的不幸，因而备受公众关注。突发公共事件网络议程设置方式和频率远远高于一般的事件，可以同时出现在不同的网站或网页；可以被反复提出，可以在适宜的条件下引发广泛的关注和跟进。网民借由网络阐发自己的意见，并迅速发展自己的“盟友”，使“一己之见”迅速得以在网络上传播并感染他人，甚至影响大众传媒的报道走向。

一方面，网络媒体作为传播突发公共事件议题的核心载体，能够快速向社会呈现突发公共事件从发生到处理的全过程；另一方面，网络媒体作为公共领域能够将分散的公众意见过滤、集束后纳入媒体议程，通过媒体议程来影响政策议程。突发公共事件中政府必须强化对网络媒体议程的设置、回应、引导与重构，形成信息客观全面，观点导向正确，诉求、动员有利的网络舆论环境，妥善处理危机事件，改善政府网络形象传播。

在突发公共事件中政府应主动设置网络媒体议程，主导网络舆论，优化政府形象传播。媒介无法支配受众的思考，但是可以通过对议程设置确定哪些事件进入媒介议程，最后影响甚至改变公众对事件的看法，从而达到引导舆论的目标。

（三）政府在突发公共事件中进行舆论沟通的必要性

突发公共事件传播实质上就是一种危机传播，网络媒体对于“议程设置”的把握，直接影响受众对事件的认知。在新闻传播领域，政府是最大规模的上层舆论源，是突发公共事件“议程设置”的权威者。

突发公共事件中的议程设置是由政府、媒体和读者组成的“三元结构”，即政府议程、媒体议程、公众议程，每一种议程都存在着各自不同的观点和判断，而且不同议程之间的此消彼长和相互转化又生成许多新的议程。

政府通过对传播技巧的把握，有意识地传播信息，实现政府议程与公众议程、媒介议程的高度统一，以此来实现自己的政治诉求。实际上，突发事件中政府通过网络传播的任何信息内容，都是反映政府的形象传播诉求，目的是将政府良好的形象信息顺利传播给网民。通过多主体、多角度、多主题、多层面的立体化的议程设置，实现政府形象网络传播诉求的全覆盖。最终形成网络主导舆论，占领网络传播空间。

突发公共事件的高度破坏性使政府的网络形象面临困境，形成了网络空间的政府舆论危机。利用网络平台，通过对网络媒体议程的设置、回应与引导，形成对网络空间政府形象的主导，提升网上政府形象，构建能够充分体现主流价值的和谐网络舆论环境。

在“表哥”杨达才事件中，网络舆论的快速扩散，引发了公众针对当地政府的负面舆论，给当地政府的舆论引导带来不小的阻力。究其原因，是网络舆论使公众与公众在平等对话的同时削弱了政府的话语权，传统的政府“把关人”角色消失，使政府陷入舆论管理的困境。客观上网络舆论传播的特殊性使相关部门一时难以应对，同时突发公共事件应对能力的不足使相关部门陷入信任危机，在现有法制不健全的制度缺陷下使之应对失策。

从“表哥”杨达才事件我们看到网络舆论具有强大的传播力量，突发公共事件中网络舆论独特的传播优势对政府的社会管理产生了深刻影响，政府必须改变突发公共事件中政府舆论管理理念，充分利用网络传播技术主动设置媒体议程，推动政府突发公共事件网络舆论管理的科学化发展。

通过网络媒体议程设置，构建和谐网络舆论环境，重塑政府良好形象，已成为政府危机管理中不可或缺的重要手段与思路。

突发公共事件中，创新政府网络舆论管理理念，构建政府网络舆论管理机制，完善政府网络舆论管理原则，是政府加强网络舆论管理，妥善解决网络舆论危机，实现政府网络舆论有效引导的重要策略。

参考文献：

[1] 李尚. 突发公共事件中网络议程设置与政府形象传播. 前沿，2011（5）.

[2] 王融化. 论公共突发事件中地方政府的信息发布模式. 新闻世界，2011（2）.

从河南光山“12·14”校园伤害案看政府公共危机应对

罗 欣

2012年12月14日，对于光山县文殊乡陈鹏村完全小学的孩子们是不幸的一天，谁都不会想到他们的安全会如此得不到保障。一名男子手持菜刀闯进学校，挥刀砍向正在打扫卫生和准备上课的小学生，造成23名学生受伤，一名84岁的老人重伤。在村民的协助下，持刀男子（后经警方调查：该男子为文殊乡邹鹏村村民闵应军）最终被民警控制，伤者分别送往医院治疗。[①] 然而这已经是光山县一年多以来发生的第三起校园学生伤亡事件。2011年，光山县二高17岁的高二学生刘鹏在学校被同学捅死，身上十几处刀伤；2012年11月29日，光山县一高18岁的高三学生程前被刺死在学校门口，正对面就是光山县教体局。

一、光山“12·14”事件始末

光山校园“12·14”伤害案发生在2012年12月14日早上7点30分左右。63岁的张道胜，家住陈鹏村完全小学的正对面。他清晰地记得，清晨刚起床，就听到学校那边传来一阵嘈杂混乱的呼喊声，急忙打开房门，看到了惊人的一幕：很多学生受伤，学校保安及3位村民围着穷凶极恶的持刀歹徒但不能近身。情急之中，他跑回家里，操起门后的扫帚冲过去。此时学校保安手中的皮棍已断为数截，无法招架，张道胜举起扫帚直扫歹徒的眼睛，歹徒捂住伤眼丢下了凶器，围着歹徒的4个人一拥而上，将其按倒在地。张老汉又立即跑回家拿来一根绳子，几个人将歹徒牢牢地捆绑起来。

---

① “12·14”伤害案犯罪嫌疑人已被批准逮捕. http:// www . guangshan. gov. cn/news/2012/12/17/12609. htm, 2012-12-17.

据新华网12月17日报道，案发现场惨不忍睹。“满头都是血，街上孩子也很多，哭声一片。要不是抱着头的孙子喊我，我都没认出他来!”受伤学生的爷爷魏曰根老人至今仍胆战心惊。躺在光山县人民医院病床上的小魏翔侧身沉沉睡去，旁边的内衣血迹斑斑，已被砍穿的羽绒服帽子上，一道长长的刀痕格外醒目。部分受伤学生的手指、耳朵被砍掉。

歹徒怎么如此凶残？是否患有精神病？据光山县公安局副局长欧阳明星介绍：尽管犯罪嫌疑人患有癫痫病，但当时并没有发作，况且一旦发病，自己就会瘫倒在地，更无力伤害孩子。而他从被控制到现在，神志一直非常清醒，对当时发生的事情记忆特别清晰。

犯罪嫌疑人闵应军交代，自己前一段时间癫痫发作后，父亲不让其出门。但“眼看世界就要到末日了，光山要夷为平地了，待在家里也是死”，当天晚上，感到“即将结束生命”的他，在将自己两个孩子和父母痛打一顿后，晚上11时跑出了家门。他在寒风刺骨的黑夜之中奔走了一整晚，手都冻僵了，深感“末日来临了，老天确实不想让我活了”。

天刚蒙蒙亮，此时的闵应军已跑出10公里。看到一户人家冒出炊烟，他要进去烤火，而独自在家的八旬老人不敢让这个陌生人进门，争执之中，闵应军拿起身边的菜刀对着老人就是两刀。面对倒在血泊中的老人，闵应军意识到自己杀人了。但此时他却没有停手，据他交代，当时他有一种“一不做二不休”的冲动：反正左右一个死，还不如让全世界都知道“我是一条好汉”。“因为前两年通过媒体知道，杀孩子可以上电视”，杀红了眼的他便将目标对准了校园。

此时，陈棚村小学的学生们已经陆续到校。校门敞开，没有一个老师和大人。闵应军冲了进去，左右挥舞菜刀，惨叫的孩子纷纷倒下，没过3分钟，他已经冲上了楼。就在决定要将一个孩子扔下楼的时候，他看到了楼下血泊之中的孩子，想起了自己一个9岁、一个2岁的孩子，于是放过了这个孩子，最终被赶来的群众制服了。

惨案发生后，光山县领导第一时间赶到了现场，成立了“12·14”伤害案处理领导小组，伤者也被及时送往医院治疗。近中午之时，光山县宣传部官方网站首先披露了这一消息，并称将于15日上午9点半召开新闻发布会。而到了14日晚上，光山县撤下消息，单方告知12月15日的新闻发布会取消，并开始封锁消息。截至15日晚，光山县政府各部门基本处于集体失声状态，当地政府甚至使用各种手段和措施人为制造障碍，阻止新闻媒体记者进入该地采访调查。

15日，记者在接到有关新闻消息赶到事发小学采访，只有一名曹姓工作人员值班。整个陈鹏村街上冷冷清清。记者赶到村委会，只有一名自称“不是村干部，只是过来帮忙”的妇女在办公。记者通过电话联系村干部，一名周姓村干部称“在外有点私事，不在家，也不知情”。随后，记者去到光山县教育局、县委县政府采访，情况更是令人吃惊。县教育局办公室副主任（一开始自称为“普通工作人员”，后被证实为值班领导）告诉记者，“领导都下乡检查去了”，而他竟然在玩电脑游戏。县政府一名工作人员见到记者，说“领导不在”，后借故离开，一去不返，留下记者在办公楼空等近2小时。

此时，网络有传言“县委宣传部消息，犯罪嫌疑人初步断定患有精神病”。记者就此向县委宣传部门的主要负责人电话核实，该负责人一边称“是否患有精神病需要时间来鉴定”，一边对记者说“讨论这有啥意义，先吃饭!”

一开始，光山县校园伤害案并未引起媒体的广泛关注。一方面，当地政府封锁消息，很多媒体都没有相关信息，无法进行追踪报道；另一方面，此时媒体的注意力聚焦在同时期发生的美国校园枪击案上。直到上述这一采访细节曝光，网络才开始介入此次校园惨案事件，光山县开始陷入舆论的漩涡。

二、舆论漩涡：光山县被推到舆论的风口浪尖

任何一场突发的公共危机事件都有一个发展过程，如果说这场公共危机事件的发展由此开始，那么在光山县政府失声的几天里，政府的应对失当使得舆论将这一事件推到最高潮，光山县政府也因此次校园惨案被卷入舆论的漩涡之中。从16日开始，河南光山“12·14”伤害案受到了媒体的普遍关注，从中央级媒体，到地方都市报，都对光山校园伤害案进行了报道，案件细节也被频频曝光。

表1显示，从16号开始，光山“12·14”事件受到了媒体的普遍关注，相关话题也成为网民热议的论题。网络新闻网站的新闻基本转发自传统媒体。通过对新闻网站新闻来源分析，光山“12·14”学生伤害事件

中，全国各级媒体广泛关注，主要从以下几个方面展开报道：

表 1　各大新闻网站对光山事件的报道及关注度

	新闻来源	新闻标题	评论数	参与数
2012 年 12 月 16 日	新浪新闻	河南 22 名小学生被砍伤案　医生：伤重者颅骨开裂	1 525	2 591
	网易新闻	河南光山小学生被砍事件：学生手指耳朵被砍掉	775	2 141
2012 年 12 月 17 日	新浪新闻	河南学生被砍案嫌犯因受世界末日谣言影响作案	2 490	8 820
	腾讯新闻	河南光山 22 名小学生被砍伤　当地官方集体失语	195	3 580
	网易新闻	光山，努力办好人民满意的教育	169	1 656
2012 年 12 月 18 日	新浪新闻	河南光山要求教师拒绝采访　赶写英雄人物稿件	899	4 878
	腾讯新闻	河南光山县教体局副局长落泪：我们对不起孩子	1 083	3 424
	网易新闻	河南光山县县长否认封锁消息　称为防诱导效应	822	6 230

（说明：本表格选取了部分新闻网站的新闻报道，通过评论数与参与数显示其热度）

首先，光山校园惨案细节曝光。光山校园伤害案发生后，当地政府和相关部门一度封锁消息，使得事情的来龙去脉不得而知，事发现场到底怎样也不明确。直至媒体介入，才将已经发生几天的这一惨案真实呈现出来。媒体记者通过对受伤学生、医生以及相关知情人的采访，将惨案的细节一一曝光。

其次，批评矛头直指当地政府及相关部门的作为。在这场公共危机事件的报道中，政府的行为成为众矢之的。且看以下 12 月 17 日的几个新闻标题：

《联合早报》：《当局处理事件　疏漏重重遭炮轰》；

《参考消息》：《光山县处理校园惨案漏洞频发，躲闪媒体报错消息》；

《解放日报》：《县委宣传部单方取消新闻发布会　教育局办公室领导受访时玩游戏　校园惨案面前　光山缄口无声》；

金羊网：《光山校园惨案，“封锁消息”意欲为何?》；

新华社：《美国校园惨案细节多多　河南光山封锁消息》。

据美国《华尔街日报》网站12月17日报道：14日分别在中国和美国发生的两起校园袭击事件暴露了两国都存在校园安全问题。但遭到中国媒体和微博用户痛斥的河南省地方官员未能像美国康涅狄格州纽敦的官员那样表现得坦诚和充满关爱。

从上面几个标题我们不难看出，媒体对光山“12·14”校园伤害案始末报道的同时，将大量的注意力放在了光山当地政府对消息的封锁上，甚至口诛笔伐相关部门冷血失职，罔顾学生生命安全。

再次，惨烈的教训需要我们更多地反思。惨案已经发生，媒体报道惨案的最新进展，批判政府官员冷漠集体失声等行为的同时，也开始反思这一事件给我们带来的教训。综观媒体的新闻报道，舆论呈现出这样一种态势：凶手是一名有癫痫病史的人，因受“世界末日”谣言影响持刀伤害无辜群众和学生。诚然，这是事实，但仅仅把这起校园惨案的发生归结于此，显然是不够的。我们应该反思相关部门的作为，事件发生后的态度为何可以如此冷漠？有媒体将近年来我国发生的校园惨案进行了归纳整理，一一列出。几年前就发生过多起校园血案，当时相关部门就强调要保证校园安全，为何到了今天，精神病人还可以冲进校园行凶作案，这才是这场惨案背后我们应该深省的地方。

媒体对“12·14”事件的报道，从14日开始，到20号基本结束，事件的报道在这几天里经历了发生、发展、高潮、尾声等阶段。通过对新浪新闻和网易新闻事件分布的分析，我们得出以下数据图表（见表2、图1）：

表2　新浪与网易对事件的报道数量　　（单位：条）

	14日	15日	16日	17日	18日	19日	20日	21日
新浪新闻	1	2	11	29	12	3	2	2
网易新闻	2	1	6	19	10	3	4	

（说明：该数据选自新浪新闻和网易新闻关于河南光山事件的专题报道，不包含网站所有涉及此方面的新闻及评论）

表2的数据虽然不包含网站上所有的新闻，且数据统计不够完整，但依旧可以看出新闻报道的大概趋势，具体见图1：

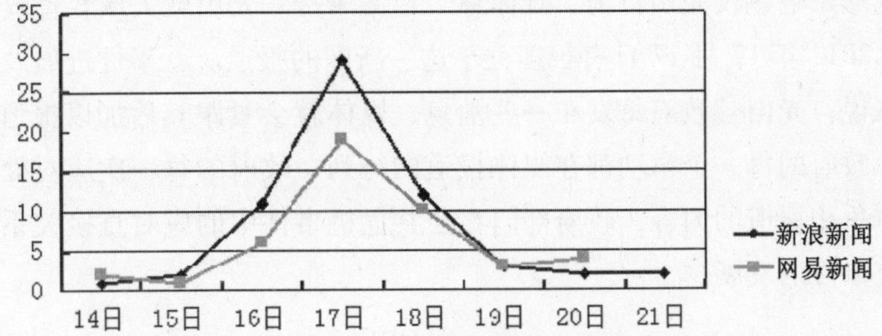

图1　“12·14”校园惨案新闻报道曲线图

从图1可以看出，新浪新闻及网易新闻在关于光山县学生伤害案中的报道尽管在数量上不尽相同，但整体起伏趋势都差不多，呈现一种山峰曲线，从14日到16日，事件一直处于发酵期，到17日出现顶峰，然后在接下来的几天对事件的报道呈下滑状态。在12月17日出现峰值，这有几个方面的原因：从政府处理方面来看，光山县政府迫于舆论压力，首次回应光山县学生伤害案，在这天采取了很多措施，发布了相关新闻；从事件发展来看，“12·14”伤害案经过几天的发酵，越来越多的媒体关注此事。图2是对12月17日两家网站的发布的新闻具体内容的分析，我们可以看到：

图2　新闻报道内容分析图

媒体对光山事件的报道高潮主要集中在三个方面：一是对事件进展及详细情况的报道；二是对当地政府部门的应对及态度的报道，这里主要是说光山县政府封锁消息、冷对学生伤害案；三是关于《信阳日报》的报道，这里有一个背景：2012年12月17日上午，《信阳日报》头版刊登文章《光山：努力办好人民满意的教育》，盛赞光山教育，称“教育已经成为全县社会事业的一面旗帜、一扇窗口、一张名片”。网友当即痛批，各网站论坛贴吧热议光山行为，媒体称“血案未冷，光山就大谈教育政绩”，于是，2012 年 12 月 17 日有很多关于这一新闻的报道。就事件进展及详情报道来说，光山县政府每发布一些消息，媒体就会紧跟其后加以报道。可以说，政府的每一个举动都在媒体报道的行列，政府的每一次应对处理都是媒体争相报道的内容，政府部门在公共危机事件中的应对直接关系到整个危机事件的发展。

三、对光山“12·14”校园惨案的思考

光山“12·14”校园惨案，因政府部门的应对不力，最终酿成了公共危机事件。在该事件中，政府采取“鸵鸟式”的做法，封锁消息、隐瞒实情，想大事化小。然而，当今是网络时代，网络的出现使信息传播的方式发生了巨大的改变。公众不论是通过网上聊天、发帖子还是利用微博等方式，都能将事件传播开来，这种信息传播的渠道是不可控制的。当惨案发生时，纸包不住火，当地政府阻隔或封锁外界对事件的了解，或者忽视舆论，可以说是极不明智的。相反，这只会使事情向相反的方向发展，最终愈演愈烈。惨案被揭发，面对舆论高压，政府手足无措，成为众矢之的，政府形象毁损。这场公共危机事件背后，显现的是我们政府在面对和解决公共危机事件时的茫然与无力，是政府对自身形象管理的根本缺失。

转型期的中国社会处于矛盾高发期。政府不可避免地面临这样那样的危机事件，但如果政府能够妥善处理，在危机发生时积极应对，不仅有利于问题的解决，也能够在公众面前树立较好的形象。因此，政府部门及其工作人员必须积极应对公共事件，用科学的方法处理公共危机。

任何危机事件的发展都是一个过程。美国学者芬克（Stephen Fink）在其论文集《危机管理：为不可避免的灾难做筹划》（*Crisis Management Planning for the Inevitable*）中从医学术语中得到启示，将危机分为征兆期、爆发期、持续期和痊愈期。我国学者蒋晓丽等认为，危机事件以某一事件为爆发点，之前的酝酿阶段可以称之为潜伏期，初发期是指危机爆发后的一段时期，并逐渐过渡到持续期，这两个阶段时间有长有短，且没有严格

的界限。①

从光山“12·14”校园伤害事件来看，政府之所以被推到舆论的风口浪尖，就是因为没有科学地应对危机。连同之前发生的校园伤害案，整个过程可以看作是一件完整的公共危机事件，其中早已蕴藏着危机，可以说是危机的潜伏期。但这两起事件的发生并未引起相关部门的足够重视，即使下发了相关文件要求相关单位做好校园安全与保卫工作，但真正落实的措施少之又少，校园安全仍然漏洞百出。最终，陈鹏村完小的校园惨案发生。伤者之多，情节之惨烈，成为这一事件的爆发点。其实，让这一事件真正酿成大危机的原因还在于政府自身在面对这一突发事件时的作为，使得这一危机持续扩大，最后政府自尝苦果，形象大损。现将这一危机事件的发展阶段呈现如下（见图3）。

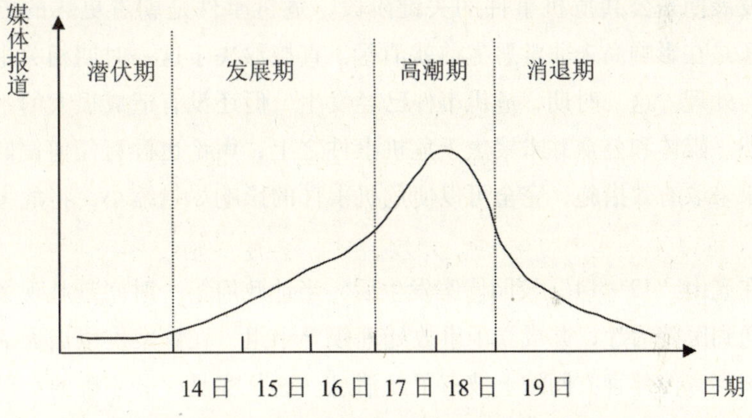

图3　光山事件发展阶段示意图②

针对公共危机事件的不同发展阶段，政府部门需要做好相应的危机处理。通过科学的危机公关，使公共危机事件朝着有利的方向发展，尽可能地把危机事件对自身的伤害降到最小。事实上，当政府面临危机事件时，完全可以借用企业的危机公关的方法，科学有效地处理危机事件。

（一）潜伏期：发掘问题，解决问题

公共危机事件的潜伏期，总是会有危机的一些苗头出现，这是危机爆

① 张杰，蒋晓丽．论危机事件中新闻媒体的传播策略．西南民族大学学报（人文社科版），2005（5）：185～188.

② 该图通过参考企业危机事件发展阶段，结合光山事件具体情况而制作。

发前的一种暗示，也是解决危机的关键。在这一阶段，如果正确地处理了这些“苗头”，就能消除潜在的威胁，将危机事件扼杀在萌芽状态。在光山“12·14”校园惨案这一公共危机事件中，之前发生的两起校园惨案事实上已经给了当地政府部门一定的“暗示”：校园安全漏洞百出，学生在学校的人身安全得不到保障，校园保卫工作存在严重问题。如果不好好整顿治理，切实做好校园安全工作，终究是要酿成大祸的。然而，光山县政府及相关部门并未对前两起事件足够重视，使得危机事件最终爆发。可以说，危机事件的潜伏期，是危机事件是否发生的一个节点。政府部门应时刻警醒，发现社会治理中的矛盾与问题，并切实解决这些问题，防止小事化大，造成恶劣的社会影响。

（二）发展期：积极应对，引导危机事件向有利于自身的方向发展

发展期是公共危机事件的关键阶段，危机事件是朝着更坏的方向发展，还是在影响尚未非常恶劣前就消退，直接取决于这一时期相关主体的应对与处理。这一时期，危机事件已经发生，但还没有造成很大的不良社会影响。媒体和公众并未聚焦于危机事件之上，舆论也没有任何偏向。政府如果采取有效措施，完全可以使危机事件的影响尽量缩小，将危害降到最低。

在光山“12·14”校园惨案发生后，当地政府第一时间赶赴现场，将伤者送到医院治疗，并成立了事故处理领导小组，在惨案发生当天的中午就在该县宣传部官方网站上披露了此消息，这其实是十分正确的；但之后当地政府集体失声，拒绝甚至阻挠媒体记者对这一事件进行采访，表现得漠不关心，甚至有工作人员在办公室玩游戏，直接称谈论这“没意义”等，必然会引起公众对政府态度的反感，舆论一边倒，从而媒体和公众对相关部门和工作人员口诛笔伐，政府成为众矢之的。

在这一阶段，政府部门理应迅速反应，第一时间面对公众，公开信息。如果在公众对突发公共事件的了解还处于空白的时候，政府在第一时间做出正确的反应，往往能把握危机事件信息传播的主导权。网络时代，政府处理公共危机事件应该更加注重速度。我们都知道，在当今时代，不论世界上哪个地方发生了什么事情，媒体和公众都能通过网络便捷地获取信息，网络的即时传播功能，使得事件的传播速度成倍增长。

另外，在应对危机时，应该保持坦诚的态度，如果需要自己承担责任

的，应当敢于承担责任，掩饰罪责只会使得自己在媒体和公众面前变成跳梁小丑，本来不大的问题反而因态度问题使得政府形象深陷危机之中。政府在面对危机时，应该真诚地对待公众，正确地面对和回应负面的报道和公众的质疑，向公众说明情况，对于因自身失职造成的损失要勇于承担责任，并给公众一个令人信服的说法和行动。得到了媒体和公众的理解，危机事件的解决就简单容易多了。

英国著名危机管理专家迈克尔·里杰斯特说："现代组织处在一个其活动透明度日益增大的时代里。若一个组织不能就其发生的危机与公众进行合适的沟通，不能告诉社会它面对灾难局面正在采取什么补救措施，不能很好地表现出它对所发生事故的态度，这无疑将会给组织的信誉带来致命的损害，甚至有可能导致组织的消亡。"①

（三）高潮期：迅速解决问题，兼顾全局，促使危机事件尽快进入消退期

应该说，网络时代的公共危机事件一旦进入高潮期，其影响就不为政府部门所控制了。但这并不意味着政府部门对危机事件任其发展，相反，相关部门应变被动为主动，主动参与危机事件的解决，将媒体和公众的注意力吸引到自己正在做的事情上来，而不是一味掩盖、阻挠等。

在光山"12·14"校园惨案发生后，迫于舆论高压，光山县政府不得不直面公众，在惨案细节一一曝光后，公众不再能容忍一个"有精神病史的人因世界末日的言论影响下的疯狂"的解释，对忽视教育安全的相关部门的指责愈加强烈。光山县政府对首批责任人作出处理，相关责任人员被撤免。其实，在危机事件面前，想要通过逃避的方式来解决事情是不可能的，政府部门应变被动为主动，快速解决危机事件中的核心问题，这等同于给公众和媒体一个明确的结论。

所谓的兼顾全局，就是要在处理好危机事件的同时，关注其他动态，防止出现与当前进程背道相驰的事情而打乱危机事件的处理。"12·14"校园惨案这一危机事件中，《信阳日报》12月17日仍然头版头条刊文盛赞光山教育，使得这一危机事件再现高潮。一方面是学校惨案的发生，并且消息一度被当地政府和相关部门封锁；一方面在当地媒体上大谈教育，鼓吹教育成为"全县社会事业的旗帜、窗口和名片"，这种画蛇添足的做法

---

① 宋鲁禹．E时代的危机公关．北京：中国纺织出版社，2010．78．

对于危机事件的处理来说无异于雪上加霜，媒体和公众舆论一边倒成为必然。即使当地政府极力改善危机状况，扭转舆论局势也是枉然。

（四）消退期：反思与总结，树立良好的政府形象

伴随着公共危机事件处理工作的深入和危机事件走向消退期，反思与总结成为工作的重点。这一阶段，不管是政府在公共危机事件中运筹帷幄，主动引导事件成功转危为机，还是政府只能被动地处理公共危机事件，都应该做好危机后的恢复与经验教训总结工作，消除危机处理后的遗留问题和不良影响，树立良好的政府形象。

从整个公共危机事件来看，政府的反思应该贯穿于整个危机事件始终。在“12·14”校园惨案发生后，光山县采取一系列举措，从行动上表明自身积极改变现状，努力做实事。比如召开全县社会治安综合治理暨安全工作会，对全县校园安全进行拉网式排查；信阳市召开校园安全督查工作会，成立十三个督查组，对全市三千多所学校、幼儿园进行安全隐患排查，落实各项措施，限期整改到位。

一般而言，政府形象是在日常的政府管理中树立起来的，政府形象包含着方方面面的内容。但在公共危机事件面前，政府的态度与行为直接向公众展现了政府的形象。真正负责任、有担当的政府在面对公共危机事件时，往往采取的是不逃避、不掩盖，真诚面对公众，积极主动解决问题；而那些遮遮掩掩、躲避指责的行为只会让公众觉得政府冷漠无情，更不用说政府的良好形象了。会反思，会总结，才会有进步。

四、结语

透过河南光山“12·14”校园伤害案这一公共危机事件，我们可以看到因政府应对失当，最终酿成一场政府自身形象危机。在这场公共危机事件中，政府在处理危机事件时手段上的幼稚与无能，暴露的是社会转型期、政府职能转型大背景下政府社会治理的短板。在这类关系到民众切身利益以及社会弱势群体利益的事件中，政府本应该降低姿态，从受害者的角度出发，着手解决问题，而不是一味地堵塞事件消息的通道，冷漠以对。如此，搅乱的只是公众的情绪，使公众调转枪头，将其对准政府本身。政府本应具备一定的危机公关意识，不管是制度的原因，还是偶发性的人为因素，危机确确实实已经发生了，政府应顺应新闻传播的基本规

律，在危机事件发生发展的各个阶段，对危机事件的各个节点进行补救，把政府形象的负面影响降到最小，这才是关键。

在社会管理中由某些突发事件引致的政府形象危机中，政府应该在处理突发事件的同时，兼顾自身形象，给予更多的人文关怀，舒缓公众的不满情绪，缓解事件所带来的舆论压力。总之，代价是沉重的，血淋淋的事实已经摆在眼前。可以做的是：在反思中进步，在教训下成长。

参考文献：

[1] 居延安. 公共关系学. 上海：复旦大学出版社，2008.
[2] 王珉. 公共危机管理. 北京：中国传媒大学出版社，2008.
[3] 高世屹. 政府危机管理的传播学研究. 济南：山东人民出版社，2005.
[4] 郭庆光. 传播学教程. 北京：中国人民大学出版社，1999.

新媒体在“7·23”甬温动车事故中的角色解读

焦何结

2011 年 7 月 23 日晚 20 点 38 分，新浪网友“袁小芫”发出了这样一条微博：“D301 在温州出事了，突然紧急停车，有很强烈的撞击。还撞了两次！全部停电了！我在最后一节车厢。保佑没事！现在太恐怖了！”数万名网友通过这条微博在第一时间得知了这样一个消息：北京南站开往福州站的 D301 次动车组列车行驶至甬温线上海铁路局管内永嘉站至温州南站间双屿路段，与前行的杭州站开往福州南站的 D3115 次动车组列车发生追尾事故（见图 1）。

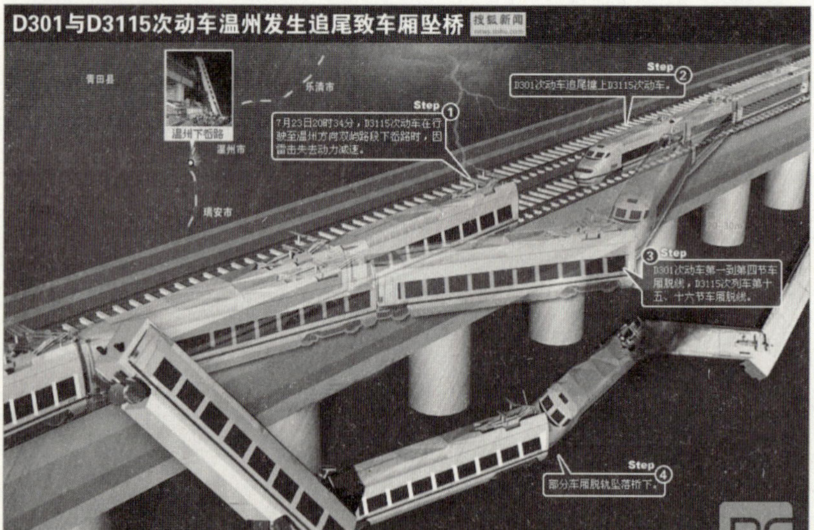

图 1　动车脱轨示意图①

① 暨南大学新闻与传播学院．7·23 甬温线特别重大交通事故．舆情与社会管理网，http://yqjd.jnu.edu.cn/multimedia/47.html，2012-09-11［2013-03-11］．

事故发生后，以微博为代表的社会化媒体对事故现场状况进行了实时的信息传播，营救伤者、为乘客寻找亲友、民众积极献血参加救援的消息不停地通过微博发布出来，为不在现场的人了解事故状况提供了及时的消息。同时，质疑本次动车事故起因、追究相关责任人、对铁道部的“大跃进”式发展表示愤怒的声音也在微博上形成浩大声势。和前网络时代背景下发生的公共危机事件相比，在新媒体环境下发生的该起重大公共危机事件的传播过程中呈现出很多新的特点。

下面，笔者将以时间为线索简要回顾该起动车事故的始末，接着再以新闻传播学相关理论分析事件中舆论发展的特点，并总结新媒体环境下传统媒体和新媒体在公共危机事件传播过程中的运作特点，旨在为公共事件媒介化背景下各有关主体如何取长补短，发挥好自身作用，促成事件得以妥善解决提供参考。

一、事件回顾

2011 年 7 月 23 日 20 点 30 分左右，北京南站开往福州站的 D301 次动车组列车运行至甬温线上海铁路局管内永嘉站至温州南站间双屿路段，与前行的杭州站开往福州南站的 D3115 次动车组列车发生追尾事故，后车四节车厢从高架桥上坠下。①

7 月 23 日 20 点 38 分，几乎在事故发生的同时，新浪网友“袁小芫”通过微博令数万网民在第一时间得知了这一信息。

7 月 24 日 14 时许，张德江主持召开现场会，指示成立事故救援和善后处置工作指挥部，由浙江省省长吕祖善任总指挥，铁道部部长盛光祖任副总指挥。会上宣布成立国务院“7・23”甬温线特别重大铁路交通事故调查组，由安全监管总局局长骆琳任组长。

7 月 24 日晚，即在“7・23”动车追尾事故发生 26 个小时后，铁道部在温州水心饭店召开新闻发布会，王勇平通报了事故情况，并回答了部分记者的提问，但其表现令公众不满。

7 月 28 日上午，温家宝总理来到温州，察看了“7・23”甬温线特别

---

① 百度百科. 7・23 甬温线特别重大铁路交通事故. http://baike.baidu.com/view/6171322.htm?fromId=6167343，2013-02-13［2013-02-13］.

重大铁路交通事故现场，悼念遇难者，并看望受伤人员。

7月29日，新华网援引“7·23”事故救援善后总指挥部称，根据国家有关法律规定，经过与事故遇难人员家属具体协商，“7·23”事故遇难人员的赔偿救助标准为91.5万元。

至7月29日，该事故造成40人死亡，200多人受伤。

2011年12月28日晚间，国家安监总局网站公布了“7·23”甬温线特别重大铁路交通事故调查报告。经调查认定，“7·23”甬温线特别重大铁路交通事故是一起因列控中心设备存在严重设计缺陷、上道使用审查把关不严、雷击导致设备故障后应急处置不力等因素造成的责任事故。之后对相关责任人进行了处罚。

二、舆情描述

“7·23”甬温特大交通事故作为一起重大公共危机事件，具有发生突然、危害严重、影响广泛等特点，事故消息自7月23日晚8时左右发生以迅雷不及掩耳之势进入公众视野，引起了公民的广泛关注。在百度指数键入“温州动车追尾”可得出如图1的热点趋势图，该图是百度公司以时间为节点记录用户通过百度搜索引擎查询相关新闻的数据为依据所制定的。百度作为国内使用人数最多的搜索引擎，其所收集的数据具有代表性，能大致反映热点事件在网络上引起的网民关注度和媒体关注度的走势。表1中的数据与图1中重要节点上网民通过百度搜索关键词的次数相对应。

表1 网民检索百度次数

时间	网民检索百度次数
2011年7月22日	0
2011年7月23日	893
2011年7月24日	45 889
2011年7月25日	78 585
2011年7月26日	97 478
2011年7月27日	105 492
2011年7月29日	81 261
2011年8月4日	9 496

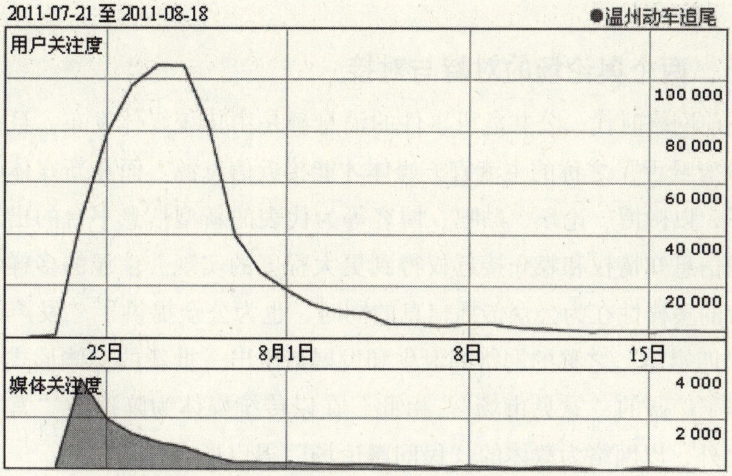

图 2 “温州动车追尾”事件热点趋势走向图①

(2011 年 7 月 21 日至 2011 年 8 月 18 日)

由于动车事故发生的时间是在晚上，因此在事发当晚的 7 月 23 日，网民对事件的关注度并不高，据图 2 数据显示，网民利用百度搜索该事件的次数为 893 次。由于温州动车事故事态严重，迅速成为微博热门话题，并且传统媒体也开始跟进报道，其影响范围迅速扩大，到 7 月 24 日，相关搜索次数激增至 45 889 次。铁道部新闻发言人的不当表现，加上匆促让家属签署赔偿协议等消息的传出使得公众的不满情绪持续发酵，关注该事件的网民数量于 7 月 27 日达到了 105 492 人的峰值。7 月 29 日，随着事故伤亡情况的公布和赔偿标准的出台，公众对此次动车事故的关注度开始回落。8 月 4 日之后，逐渐趋于平缓。

在短短的一周之内，网民对此次事故的关注度走势形成了一座陡起陡落的倒“V”字形“高峰”。此次动车事故作为重大公共危机事件，具有强烈的突发性，加上事态的严重性，就导致了如图 2 所示的舆论走向。

在该事件的整个发展过程中，媒体关注度和用户关注度呈现正相关，产生这种关系的原因一方面在于此次动车事故作为一起重大公共危机事件影响巨大，另一方面也在于媒体的高关注度所创建的“拟态环境”引发了公众对该事件的高关注度。

---

① 百度指数. 温州动车追尾. http://index. baidu. com/main/word. php? word =% CE% C2% D6% DD% B6% AF% B3% B5% D7% B7% CE% B2，2013 - 01 - 30［2013 - 02 - 13］.

三、两个舆论场的对峙与对接

在前网络时代，公共危机事件的消息都是由传统媒体发布，且多是具有“政府喉舌”之称的主流官方媒体才能接近信息源。而在新媒体时代的背景下，以微博、论坛、贴吧、博客等为代表的新型信息平台的出现使得公众的信息知情权和媒介接近权得到更大程度的实现。信源的多样性、信息平台的多样性在为公众传播信息的同时，也为公众提供了“发声渠道”。有“第四媒体”之称的网络的诞生和发展衍生出一批新的媒体形式，为公众开辟了广阔的“意见市场”。由此，在以传统媒体为阵地的“官方舆论场”之外，以网络为载体的“民间舆论场”得以形成。

因事态的严重性和影响的广泛性，此次动车事故发生以后，相关的信息流迅速汇集，形成了“官方舆论场”和“民间舆论场”。传播主体的差别、信息平台的不同导致了两个舆论场形成了不同的“舆论气候”。

（一）“民间舆论场”的舆论传播强势

关于此次动车事故发生的第一条消息，是由车上一名乘客通过微博发布的，数万名网友在第一时间得知了这个消息。在很短的时间里，关于此次事故的微博数量就迅速上升，截至7月25日，在新浪微博中，关于该话题共有4 581 899条相关微博，连续两天位于热门话题榜之首。[①]网民通过微博表达了对事故救援状况的关注，也表达了对事故起因的追问和质疑以及对事故责任方的谴责。一些名人或意见领袖发布的针对此次动车事故的微博迅速成为热门话题，引起了上十万次转发和上万条评论。（见表1）

同时，天涯等论坛上所发布的一些追究事故起因的帖子获得了大量的点击量和回复率；各大门户网站所发布的相关新闻引来了众多网友的浏览和评论。在微博、论坛、贴吧等新媒体信息平台的传播合力下，此次动车事故在以网络为平台的民间舆论场上形成了势头强劲的“舆论旋风”。特别是作为社会化媒体典型代表的微博在此次事故的传播过程中表现尤为突出，被称为网络的“人民大会堂”，其所起的作用可以归纳

---

① 人民网舆情监测室．温州动车追尾舆情解读：微博成网络“人民大会堂”．人民网，http://society.people.com.cn/GB/223265/15241365.html，2011－07－25［2013－02－13］．

为以下几点。

表1 微博热门话题①

排名	作者	内容	转发数	评论数
1	姚晨	昨晚事故中不幸去世的火车司机潘一恒，是我父亲的好兄弟，他们曾在一个车组工作，父亲悲痛万分地说：潘师傅的孩子才7岁，他为人憨厚，工作尽职，如果昨晚他临阵脱逃，没有拉下紧急制动系统，那伤亡人数将会翻十几倍。可怜他尸骨未寒，却被人猜测事故原因是他疲劳驾驶，这种说法简直混账之极	228 524	57 008
2	童大焕	中国，请停下你飞奔的脚步，等一等你的人民，等一等你的灵魂，等一等你的道德，等一等你的良知！不要让列车脱轨，不要让桥梁坍塌，不要让道路成陷阱，不要让房屋成危楼。慢点走，让每一个生命都有自由和尊严。每一个人都不被“时代”抛下，每一个人都顺利平安地抵达终点。——为高铁温州坠落事故哀	223 601	27 201
3	想做薛定的猫	#动车追尾发布会央视直播#记者：“在你们宣布没生命体征、开始拆解车厢时，为什么又发现一个活着的女孩?”铁道部发言人：“这只是一个奇迹。”记者：“那你们做的决策是不是错了?为什么说没人活着又发现呢?”发言人“我只能说，它就是发生了。”记者：“我想打他。”	123 422	22 851
4	小宝实话实说	你们可以把遇难者的遗物都妥善清理，等待他们的亲人们辨认，而不是随意掩埋吗？那里面可能有他们一起逛街时买的衣服，一起出游时拍的照片，手机里可能有不舍得删除的短信和曾记录光阴的视频……甚至，他们中的某些人或曾在弥留之际用数码设备录制了遗言	87 273	13 867

① 人民网舆情监测室．温州动车追尾舆情解读：微博成网络“人民大会堂”．人民网，http://society.people.com.cn/GB/223265/15241365.html，2011－07－25［2013－02－13］．

（续上表）

排名	作者	内　容	转发数	评论数
5	许文广	【中国，请守护好他们的善良】温州动车追尾惨剧后，他们是隧道内抢险后卧轨而睡的工人；他们是光着膀子第一时间赶来救援的农民；他们是深夜排起长龙献血的市民和打工者。他们用人性的光辉温暖着我们的心灵，他们是共和国真正的脊梁。请守护好他们的善良！而平安，应该是国家给自己的百姓最底线的保障	71 261	9 951

（1）信息源。微博作为典型的社会化媒体，具有进入门槛低、覆盖范围广、信息发布及时快捷、无时间限制等特点。微博作为网络的“人民大会堂”，人人均可发言，不存在传播障碍，在微博首页可以看到所有用户所发布的消息。同时，微博的高人气使其可以通过“热门话题”和置顶功能进行“议程设置”，构建“拟态环境”。在动车事故发生后 8 分钟，即 7 月 23 日 8 时 38 分，通过车上一名乘客发布的微博，数万网友得知了事故发生的消息。

稍后，网友“羊圈圈羊”于 20 时 47 分发布了第一条求救微博：“求救！动车 D301 现在脱轨在距离温州南站不远处！现在车厢里孩子的哭声一片！没有一个工作人员出来！快点救我们！”截至 24 日 22 时，这条微博被转发超过 11 万次，评论达两万多条。

在其后的救援过程中，很多在场的乘客利用微博的实时性和快捷性对现场的救援状况进行全方位的实况转播，微博信息现场感强、渗透率高，让众多远离现场却关心事态进展的网友第一时间获得原生态的救援消息。有网友看到这些消息主动到现场参加救援，特别是温州当地的很多民众连夜赶到现场，加入了无偿献血的队伍。

公众也以微博为平台表达了自己对事故的关注以及对伤者的关心。与此同时，网民对事故起因的追问以及对相关责任方的谴责和质疑也形成了强势的舆论。这些舆论多是对我国铁路建设“大跃进”行为的批判，以及对官方新闻发言人表现的不满。例如，7 月 24 日晚，铁道部在温州召开了新闻发布会，作为新闻发言人的王勇平在面对记者的提问时多次表现欠妥，引发了公众的不满情绪，致使公众对铁道部在事故救援过程中的一些举措提出诸多质疑，网上的“声讨”声此起彼伏。

公众借助网络表达的更多是针对铁道部在该事故过程中的表现的一种愤怒，不理性的成分越来越多，致使在面对很多公正客观的“局外人”的意见时也抱着一种抵触的态度。

（2）寻亲阵地。随着救援工作的开展，尽管大多数被围困在两列事发动车上的乘客被成功转移，但仍有一部分乘客与家人失去了联系。一方面，与家人失去联系的乘客在经过死里逃生的劫难后缺乏安全感，渴望获知亲朋的消息；另一方面，身处远方的亲人在知道至亲遇到如此重大的灾难后心急如焚。

这时，微博便成了事发动车乘客的亲友发布寻亲信息的平台。新浪微博和腾讯微博开辟专门的栏目进行“微博寻亲”。通过热心网友的帮助，寻亲的消息不断被转发，与亲友失去联络的乘客的焦急心情和热切愿望也被传播了出去。

微博不仅为有需要者传播信息提供了一个平台，而且在灾难发生之后构建了一个爱心洋溢的温暖空间，大灾面前有大爱。在此次事故的传播过程中，微博不只是一个冷冰冰的信息搭载平台，而是一个充分体现“人文关怀”的情感空间。

（3）防“谣”高地。每次公共危机事件发生后，总是有谣言伴随着真实准确的信息共同传播，这似乎已经成了一种传播常态，此次动车事故也不例外。这些谣言大致可以分为两类：第一类是部分网友在不了解事故现场真实信息的状况下发布的质疑和谴责铁道部某些行为的消息；第二类则是一些居心不良者想发不义之财，打着救治医院的旗号向伤者的家属索要医疗费。在如此重大的公共危机事件中，公众处于一种“集体无意识”状态，对事态的紧密关注容易致使他们轻信谣言，被不法分子利用从而被不理性的情绪感染。

面对漫天散播的谣言，微博充分发挥了自净功能，针对谣言发布了准确的辟谣信息。腾讯微博的“温州动车追尾坠桥”话题页面在右上角的醒目位置贴出了“防骗提醒”：“寻亲家属注意：温州各医院目前对事故伤者提供绿色通道，一律先进行抢救，由医院垫付医疗费用。请大家不要轻信要求汇款电话。现已发现有一诈骗团伙利用家属焦急心理行骗。”有人称事发列车的司机潘一恒因疲劳驾驶而导致了此次事故，面对这种质疑，有“微博女王”之称的姚晨发布微博表达了自己的观点，为坚守岗位而壮烈牺牲的动车司机潘一恒“伸张冤屈”，此条微博引来22万之多的转发数，评论数高达57 000多条。

总之，该事故发生以后，“民间舆论场”声势强大，网民的“看客意识”减弱，舆论中体现出来的更多是“乘客意识”，对事态的发展给予了密切关注。但这股“舆论旋风”中裹挟了很多不理性的情感因素，公众在表达对两列事发动车上的乘客的同情之时，对铁道部的谴责之声也越来越强烈。

（二）“官方舆论场”相形见绌

在温州动车事故的信息传播过程中，以纸媒、广电为代表的传统媒体表现欠佳，和“民间舆论场”的强势相比，显得“不成气候”。“远在新疆的新疆维吾尔自治区党委宣传部常务副部长吕焕斌的认证微博得出结论：仅以此事件最初的6小时观察，以传统电视媒体对比微博这种新媒体来看（电视很努力了），电视还是‘完败’。无论是时效、更新速度、社会动员还是各种功能，新媒体打败了传统媒体，自媒体打败了公众媒体。”①

与网络的迅速全方位报道相比，体制内媒体的表现则相当尴尬。某些电视台在新闻的重要性处理上存在问题，把温州动车事故影响如此重大的国内新闻放在次要时间播送。在事故发生的第二天即7月24日，这一重大新闻在一些全国性大报的首页也付诸阙如。这些主流媒体在重要事件上的“失语”、“失明”不仅令公众失望，也使得有意识的资深媒体人发出“官媒醒来”的呼号。

“人民网舆情监测室在一篇‘人民网评’中警告说：在诸多社会热点问题上，网络舆论‘愈战愈勇’，搅动社会人心；而一些官方媒体屡屡‘失明’、‘失语’，容易陷入新的一轮思想僵滞。‘自为’的民间舆论场，时现乱象，网上谣言满天飞，哀伤太多，戾气太重；‘自律’的官方舆论场，则常常趋于自我边缘化，而政府的公信力持续流失而致贫血。”②

主流媒体在此次事故中的表现令人失望。笔者认为导致这种问题的原

---

①② 祝华新. 到了用网络倒逼改革的时候了. 人民网，http://sh.people.com.cn/GB/134791/15239084.html，2011－07－25［2013－02－14］.

因可以大致归纳为以下两点。

（1）这些媒体患有“谨慎报道后遗症”，在前网络时代，作为官方“喉舌”的主流媒体在报道公共危机事件时，必须遵守逐层审批的纪律，在信息的披露方面遮遮掩掩，最终导致公众所接收到的信息都是经过层层过滤、加工之后的。而在新媒体时代，信息渠道的扩张使得掩盖信息成为徒劳之举，公众对信息透明度的要求也不断增加。在这种情况下，主流媒体不能逆潮流而行，否则其报道滞后的信息将失去“市场”，温温吞吞的速度也将受到公众诟病。

（2）欠缺人文关怀也是此次事故中主流媒体行动迟缓的原因。媒体在对重大事故灾难进行报道的过程中，新闻价值是其应该重视的报道原则，但相比之下，人文关怀更能体现一家媒体的格调。“以人为本”是我国一直宣扬的主流价值观，在天灾人祸发生后，媒体在传播信息的过程中，应该以对受害人的关注为重点。在此次动车事故发生后，远在现场的公众通过网络表达了对事态的关注，温州人民积极参与救援与无偿献血，部分主流媒体却反应迟缓，公众对这种漠视生命、缺乏人文关怀的态度表现出极大的愤怒和失望。

但是，在这次事故中，更多的传统媒体也是迅速反应，以积极的姿态参与到现场救援状况的报道中。“在这起突发事故中，传统媒体浙江交通之声表现抢眼，最早发布新闻，成功整合了微博资源，将新媒体与传统媒体无缝对接，实现了电台微博互动。”[①] 在央视2011年7月24日的《新闻联播》中，头4条都是温州火车事故新闻，得到网民认可。

（三）对峙后的对接：两个“舆论场”有效互动

“民间舆论场”和“官方舆论场”的有效互动也是温州动车事故发生之后舆论生态中的新特点。新媒体“短平快”的特点是传统媒体无法比拟的，但传统媒体所载信息的真实性和权威性也是新媒体难以达到的。并且，和“自为”的网络媒体相比，传统媒体更能集中力量调查事实、协助救援。

网络是一个匿名性的“虚拟空间”，一方面是保证公民言论自由的

---

① 人民网舆情监测室．温州动车追尾舆情解读：微博成网络“人民大会堂”．人民网，http://society.people.com.cn/GB/223265/15241365.html，2011-07-25［2013-02-15］.

“意见市场”，另一方面又是各种谣言滋生的“温床”，各种不理性的声音充斥其间。同时，网络也充当了某些居心不良者的犯罪工具。这就要求新媒体在发挥自身报道优势的同时，也要逐步优化网络环境，为公众构建一个健康、理性的“公共领域”。在公共危机事件的传播过程中，谣言可能会演变成致使公众情绪“膨胀”的“发酵剂”，从而阻碍事件的解决进程。

传统媒体和新媒体各有千秋，前者虽然不具有后者的快速及时等特点，但却拥有无可比拟的资源优势，并且其信息的准确性和权威性也是新媒体难以企及的。在公共危机事件发生后，新媒体可以对现场状况进行全方位的实况转播，对事故状况进行一种事实的描述；而传统媒体可以利用自身的人力资源优势迅速采访相关责任人和当事人，通过详细的报道为“场外观众”提供更有人情味和深度的新闻报道。对事件传播过程中所伴生的谣言，传统媒体可以调动多方力量进行核实，再通过新媒体将辟谣信息发布出去。

在此次动车事故发生以后，部分主流媒体将微博作为自己的“新阵地”，时刻关注网络上的舆论走向，和新媒体联手发布真实准确的信息。通过微博平台发布信息，一方面达到了信息传播者引导舆论、促进信息透明的目的；另一方面又能为广大网民提供一个反馈意见的渠道，这种双向的信息流动模式对于舆论的平息和事件的解决有积极的促进作用。

在事故处理过程中，在质疑铁道部处理事故不当的声音中，夹杂着很多谣言。这些谣言多是由居心不良者通过“移花接木”的方式在新闻的图文关系上动手脚，旨在将网友的情绪引向非理性的极端；另外一些谣言则是由想发不义之财的非法分子散布的，他们妄想利用伤者家属急切的心理达到敛财的目的。针对这些谣言，主流媒体利用自身的优势资源，展开积极的调查和报道，对于澄清事实的消息，网络媒体也积极传播，通过双方的共同努力，公众愤怒的情绪宣泄逐渐转变成理性的声音。

四、思考与启示

在新媒体环境下，公共危机事件通过多种媒介渠道不断被扩散、放大，其影响范围不断扩大，影响力也不断增强。影响重大的公共危机事件发生后，一旦处理不好，轻则引发“舆论旋风”，重则影响社会稳定、国家安全。

一个庞大的、结构复杂的现代社会要有效运行，必定少不了政府这个“大管家”。中国现在正处于社会转型期，进入了一种“危机常态化”的状态，各种问题层出不穷，毫无预兆，往往让事件主体方措手不及。公共范围内的危机事件一旦发生，政府作为“大管家”就必须发挥管理职能，及时“站出来说话”并采取妥善的解决措施。

“7·23”温州动车事故作为一起重大的公共突发事件，在事件的整个发展过程中，新媒体特别是微博这种新的媒介形式，表现出了前所未有的活力和主动性。而作为事件主体的铁道部却因对新的媒介环境把握不够，在强大的舆论声势下陷入被动的局面。这反映出，在新的媒体环境下，政府部门的执政方式未能与时俱进。

笔者认为，此次动车事故中，媒体的运作方式和铁道部的表现可以为政府部门在新媒体环境下更好地执政提供以下几点启示。

（一）与时俱进改变思路，重视网络把握主动

在前网络时代，公共危机事件发生以后，政府出于维护社会稳定和自身形象的考虑，对这类“负面信息”大多采取控制措施，或许只允许少数官方媒体对事件的一些皮毛进行报道，而最关键的信息往往得不到披露，普通公众更是和这些“负面信息”保持绝缘。

而新媒体时代的到来使得这种信息封锁的“法力”失效了，公众总能通过各种渠道了解到事件的状况。面对媒介生态环境的变化以及公众进一步实现的知情权和媒介接近权，政府部门不应该感到恐慌，而应该直面变化，积极主动地转变自己的工作方式。

温州动车事故发生以后，相关消息迅速聚集，成为微博热门话题和各大门户网站的热点新闻，部分反应迅速的传统媒体也立即赶到现场，展开报道。现场的救援情况也通过多方报道满足了公众的信息需求。而作为事故责任方的铁道部却在事故发生26小时之后，才采用传统的信息发布模式——新闻发布会，向急切了解事故起因的媒体公布信息。在情绪高涨的公众和媒体面前，作为新闻发言人的王勇平又因表现不当引发了另一波舆论声讨。

此次动车事故伤亡惨重，事关重大，救助伤员为第一要务，而公众对事故真相的渴望也是理所当然的。铁道部在事故发生后，积极开展救援工作，可是在向公众发布关于事故起因的真相方面却显得“不够成熟”。在

事故发生至新闻发布会召开这段时间，铁道部完全可以先通过网络媒体表明自己的态度，向公众说明接下来的调查打算，而不是在发布会上简单地将事故起因归结于雷击所致。

在新媒体环境下，政府应转变工作思路，积极把握媒介环境的变化。公共危机事件发生以后，应重视网络的作用，在第一时间向公众表明态度，说明接下来的措施及计划。这样才能把握信息发布的主动权，引导舆论向有利于事件解决的方向发展。

（二）重视舆情信息预警，跟随事态反应灵敏

在公共危机事件发生以后，网络舆论迅速聚集，形成声势强大的“民间舆论场”。这些舆论更多的是网民作为利益共同者对事件所表达的一种情感宣泄，缺乏对事态的理性认识。在此次的动车事故中，很多网友超越了“看客”的角色，站在“乘客”的位置上，对伤亡者表示了真挚的同情。与此同时，他们对铁道部的谴责和声讨也自始至终从未间断。网友的攻击不仅是针对事故发生后铁道部在信息公布上的迟缓，更源于长期积压的对铁道部的不满情绪的大爆发。

形象坍塌了的铁道部想要重新赢得公众的好感，难上加难。以此为鉴，政府部门在平时就应建立完善的信息预警机制，派专人关注“民间舆论场”中的舆论动向，了解自身在公众心目中的形象，制定一套树立良好形象的策略。

除此之外，在遭遇突发危机事件之后，政府部门应主动了解舆论走势，随机应变，做到“知己知彼”，如此才能“对症下药”。及时公布网民欲知的信息，增加事件的透明度，满足公众的信息需求，遏制谣言的滋生；对于情绪化的舆论，不要逃避，而要深入分析个中原因，主动承担责任，用诚挚的态度赢得公众的信任，这样才能增强所发信息的渗透力；对于非理性的谣言，政府应以事实说话，而不是避重就轻，逃避责任。

（三）善用媒体“渠道”功能，以人为本疏导情绪

“7·23”甬温线特大交通事故造成40多人死亡，200多人受伤。不管是天灾还是人祸，在事故发生后的第一时间，公众的关注焦点都是事故现场的伤亡情况。关心和同情的声音在网络上汇聚成了一个温暖的空间。铁道部虽积极进行救援，可是在宣布结束救援之后小女孩项炜伊从废墟里被救出来的新闻还是刺激到了公众的神经。从“以人为本”的角度出发，公

众对铁道部的不满是可以理解的。

公共危机事件发生以后，政府都应该发挥不同媒体的优势，构建立体的传播平台，表明“以人为本”的价值理念和行动准则。和“高姿态”的官方媒体相比，新媒体“草根性”的特点使得其所传播的信息更易抵达目标受众，信息的传播力和影响力增强。很多政府部门和主流媒体都纷纷开通微博，将要传达的信息以活泼有趣的“微博体”发布出去，这种平易近人的态度有利于加强与普通民众的联系。政府可以利用新媒体“接地气”的特点处理好危机事件，在报道事态进展的同时，也能起到舆论引导的作用，疏导公众的负面情绪，解除公众对政府的信任危机。

同时，政府也应充分发挥传统媒体的话语权威，通过深度报道和评论等多种报道体裁的运用，表明自身的立场和态度，主动承担责任。对于已发生的公共危机事件，政府应在科学调查的基础上给公众一个诚挚的交代，争取将公信力的受损程度降到最低。

参考文献：

[1] 李彪. 谁在网络中呼风唤雨：网络舆情传播的动力节点和动力机制研究. 北京：人民日报出版社，2011.

[2] 宫承波，李珊珊，田园. 重大突发事件中的网络舆论——分析与应对的比较视野. 北京：中国广播电视出版社，2012.

[3] 丁柏铨，夏雨禾. 新媒体语境中重大公共危机事件与舆论关系研究. 当代传播，2012（2）.

[4] 丁利强. 新媒体条件下公共危机中谣言的缘起及对策探析. 山西师范大学学报（社会科学版）研究生论文专刊，2012（9）.

[5] 张怡炜. 基于政府传播模式的政府公共危机事件传播策略评述——以7·23动车事故为例. 现代物业（中旬刊），2012（3）.

[6] 祝华新. 到了用网络倒逼改革的时候了. 人民网，http://sh.people.com.cn/GB/134791/15239084.html，2011-07-25 [2013-02-15].

[7] 人民网舆情监测室. 温州动车追尾舆情解读：微博成网络“人民大会堂”. 人民网，http://society.people.com.cn/GB/223265/15241365.html，2011-07-25 [2013-02-15].

[8] 京华时报. 王勇平疑因动车事故发布会表现欠妥被免职. 东方网，http://news.eastday.com/c/20110817/u1a6057252.html，2011-08-17 [2013-02-13].

兰考“1·4”火灾舆情分析

李 娇

2012年5月8日，江西宜春5名留守儿童在游泳时淹死；11月16日，贵州毕节市5名“流浪”儿童因在垃圾箱内生火取暖导致一氧化碳中毒死亡。这一年接连出现的儿童意外死亡事件，让社会舆论不断质疑民政部门的“不作为”和中国社会救助机制的不完善。而就在2013年新年伊始，河南兰考县收养孤儿和弃婴的“爱心妈妈”袁厉害家里发生火灾，造成7名儿童丧生，又一次将人们的视线拉回到社会救助问题上来。

一、兰考“1·4”火灾事件回顾

2013年1月4日上午8时30分左右，河南兰考县城关镇一居民楼发生火灾事故，事故造成4名孩童当场死亡，3名在送往医院的途中死亡，1人在医院接受治疗。随后记者从兰考县宣传部相关负责人处获悉，火灾事故发生在常年收养弃婴的“爱心妈妈”袁厉害家中，死伤儿童均为其收养的弃婴和孤儿。袁厉害是兰考县的一名村妇，从1987年收养第一名兔唇男婴开始，至今收养的孤儿和弃婴已超过百名，一度被尊称为“爱心妈妈”。然而这位袁妈妈收养所的收养条件并不理想，甚至可以用艰难来形容，但当地政府却一直未能给予妥善解决，直至1月4日一场意外火灾的发生。表1是兰考火灾事件的过程。

表1 兰考火灾事件过程

时间	事件主体	事件进程
2013年1月4日8时30分左右	7名幼童	河南兰考县一收养孤儿和弃婴的私人场所发生火灾，造成7名孩童死亡
2013年1月4日	袁厉害	被警方控制，并接受讯问调查

（续上表）

时间	事件主体	事件进程
2013 年 1 月 4 日	兰考县委宣传部	兰考县委宣传部公布火灾中死亡人员名单
2013 年 1 月 5 日 16 时 30 分	兰考县副县长吴长胜	兰考县召开“1·4”火灾事件新闻通气会。副县长吴长胜表示，袁厉害不具备收养条件，为非法收养
2013 年 1 月 5 日晚	袁厉害	河南兰考失火事件弃婴收养者袁厉害心脏病突发住院，引发各方关注
2013 年 1 月 8 日	兰考县官方	当地官方公布火灾原因系宅内儿童玩火所致。兰考县启动问责机制，6 名相关责任人被停职检查
2013 年 1 月 8 日 17 时左右	民政部	《人民日报》官方微博发表题为“民政部采访实录：一上午 15 通电话无结果”的信息
2013 年 1 月 9 日	兰考县委宣传部一官员	兰考县委宣传部一名官员在接受采访时称，“7 名孤儿生命和 6 名干部责任担当若能换来孤儿救助体系完善及社会进步，我感觉值了！”
2013 年 1 月 9 日	民政部	民政部回应称，兰考火灾事件暴露了孤儿救助体系存在漏洞。民政部门将从中吸取深刻教训，依法履行职责，主动做好对个人和民办机构收留孤儿的管理，全面提高孤儿收留养育能力

从 1 月 4 日火灾发生到 1 月 9 日民政部就此事件作出回应，兰考火灾事件告一段落。期间，火灾本身、袁厉害的是非、当地政府的拙劣应对、千疮百孔的儿童福利制度等话题引发了媒体和公众的强烈关注和讨论。一个私人收养所的大火，烧出了一系列问题，也使当事人袁厉害和兰考政府、兰考民政局走到聚光灯下，陷入了舆论的漩涡。

二、舆情分析

火灾事件发生后，迅速引发了各方关注，从中央级媒体到各地方报纸都对其进行了广泛报道。河南当地网络媒体首先发布相关信息，之后各大新闻网站、门户网站纷纷发布或转发相关新闻。随后，传统媒体跟进，1 月 5 日、6 日，兰考火灾事件成为国内各大报纸头版头条（见图 1）。

图 1　国内部分报纸对兰考火灾事件的报道

（一）媒体关注度走势分析

在整个事件发展过程中，几乎每个新进展都会成为媒体报道的重点，引发新一轮舆论动向。下面我们就根据人民网舆情监测室所绘制的“兰考‘1·4’火灾媒体关注度走势图”（见图2），对事发一周内媒体的关注度与舆论走势进行分析。

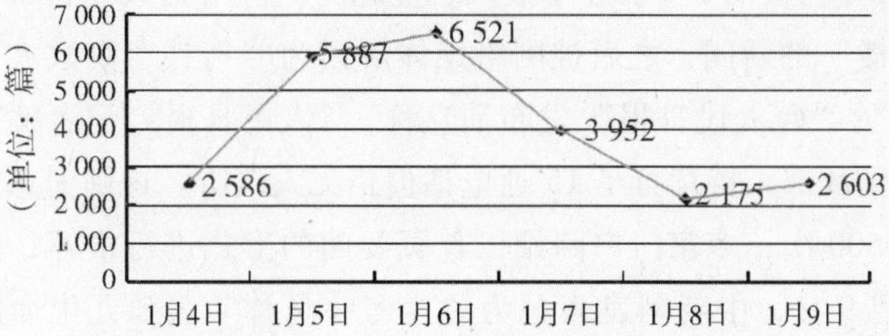

图2 兰考“1·4”火灾媒体关注度走势图①

从总体趋势来看：火灾发生后，媒体关注度持续上升，1月6日达到最高峰，这一天媒体的相关报道超过6 000篇。此后媒体关注度急转直下，但随后又有所上升。

1月4日11时27分，火灾发生后三小时左右，中国网河南频道首先发布题为“河南兰考一弃婴孤儿收养所发生火灾7名孩童死亡”的报道，引发舆论强烈关注。当日，人民网、新华网、凤凰网等主流网络媒体纷纷发布相关新闻，各门户网站快速转发，河南省本地网站大河网、大豫网等也对此事件进行跟踪报道。从图2中的数据我们可以看出，在事发当日各类媒体对此事的关注度就已经非常高，相关报道达到了2 586篇。火灾事件本身所具备的强新闻性与网络媒体的迅速报道、广泛传播，使事件发生首日便呈现一种高危舆情态势。

1月5日，媒体的报道陡增到5 887篇。这一天，《新京报》、《南方都市报》等传统媒体也开始对事件进行报道，传统媒体的介入助推了舆论对此事的关注度。

1月6日，媒体的报道篇数增长为6 521篇，舆论热度达到顶点。当日，兰考政府向媒体发布了火灾事故通报，通报中充斥了大量空话、套

① 朱明刚. 兰考“1·4”火灾舆情分析. 人民在线，http://www.peopleyuqing.com/yqalk/zfalk/zfalknews/2013-01-15/6154.html，2013-01-15.

话、官话。对此，新华网发表题为“兰考火灾事故通报的文风怪诞”的时评文章，获得200余次转发，引发了网友共鸣。这篇更像领导功劳簿的事故通报将当地政府推到了舆论的风口浪尖，令其处于被动境地。

1月6日至8日，报道篇数迅速由6 521篇下降到2 175篇，舆论热度迅速降温，说明此段时间内并没有出现新的舆论爆发点。

然而，1月8日，《东方早报》刊登题为“兰考财政局自筹2 000万元建办公楼”的新闻，之后被网络媒体解读为“有钱盖财政大楼，没钱盖福利院”；“@人民日报”发布消息称，《人民日报》记者就火灾一事再次问询民政部，持续打了15通电话但仍无人接听。这则消息被境内媒体转发超500次，多家门户网站以首页要闻的形式进行推荐，留言数量破万；1月9日，中新网发表题为“兰考官员称7名孤儿生命能换救助体系完善值了”的文章。这几则报道再次掀起舆论波澜，使得媒体关注度在短暂下降后又有所反弹。媒体的质疑与追问令当地政府陷入多种舆情并发的危机之中。

（二）媒体评论倾向性分析

新闻评论，特别是社论在很大程度上表达了媒体的观点和立场。通过对国内多家重要媒体的评论进行分析，我们发现媒体主要传达了以下几种意见性信息：

一是评价当事人袁厉害。对这位20多年先后收养了100多名弃婴和孤儿的农村妇女，媒体多给予了同情和肯定，也从法律角度解读袁厉害是否应该承担法律责任。例如，新华社评论《兰考政府欠袁厉害一句“感谢”》；新华网评论称“谁都没资格对袁厉害说三道四”；《北京晚报》刊登法学教授的解读：袁厉害恐被追究刑责，最高刑期7年。

二是批评兰考火灾通报的冷酷无情和格式化，讽其是领导功劳簿。兰考政府发布的火灾通报一共用245个字详细介绍了省市县三级领导事故发生后“很忙很重视”，他们“紧急部署”、“重要批示”、“亲临兰考指导工作”、“亲赴现场”、“亲临一线”。这份官方通报遭到了媒体的痛批。如新华网评论《兰考火灾事故通报相当程度成为领导功劳簿》，《中国青年报》的评论《兰考火灾官方通报有哪些问题》，《南方日报》的评论《兰考通报：格式化通报背后的格式化思维》。

三是问责兰考政府的不作为，并尖锐质疑当地政府以6名“芝麻官”

停职检查之方式平息事态的做法。兰考大火充分暴露了当地政府的失职，对此，媒体充分发挥舆论监督的职能，批评其行政不力、追问其责任。如中新网的评论《兰考火灾大考：政府如何救赎?》，新华社的《追问兰考孤儿死亡：6名芝麻官岂能担全责》，新华时评的《兰考有些干部愧对焦裕禄》，《人民日报》的评论《假如焦裕禄遇到袁厉害》。

四是对民政部面对媒体采访保持沉默的批评，呼吁执政者善待媒体，积极沟通。《人民日报》记者就兰考火灾事件寻求民政部回应，15通电话后仍无结果。民政部的“失声”引发媒体热议与批评。如《中国青年报》头版刊登的评论文章《执政者应善待媒体　而不是忽悠摆平媒体》，《晶报》的社评《让沉默者开口，让悲伤者前行》。

五是反思中国当前的民间收养问题，并呼吁尽快建立完善的儿童福利制度。兰考火灾事件是对我国救助收养机制和儿童福利制度的双重拷问。面对屡屡出现的儿童伤亡事件，媒体开始强烈呼吁完善相关制度。例如，凤凰卫视指出：儿童福利制度亟需顶层设计；中国新闻网的文章《华媒热议兰考大火：民间收养遭遇不能承受之重》。

（三）微博关注度分析

微博对中国社会影响力日益加剧，已然成为中国最主流的媒介之一。从近几年公共事件的爆发和事件中的舆论关注度、走向等情况来看，微博也已成为中国舆论风暴中心，是普通民众发出自己声音的最有力平台。微博舆论很大程度上代表了社会公众的关切和态度。首先来分析一下微博中网民对这一事件整体的关注度走势（见图3）。

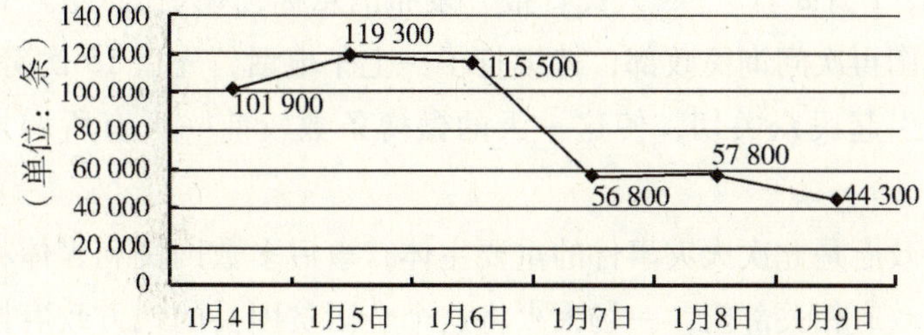

图3　兰考“1·4”火灾微博关注度走势图①

① 朱明刚. 兰考“1·4”火灾舆情分析. 人民在线，http://www.peopleyuqing.com/yqalk/zfalk/zfalknews/2013-01-15/6154.html,2013-01-15.

图3中的数据显示，1月4日事故发生当日，微博上的关注度就非常高，相关的转发、评论超过10万条。1月4日，事件发生后，“@人民网”、“@人民日报”、“@央视新闻”等媒体微博迅速发布与转发相关信息，使得事件在微博平台上得以传播开来。其中“@人民网”在晚间发表微评，质问：“为何属于民政工作范围的弃婴救助，要由私人承担?”并呼吁“在为孩子叹息时，制度建设能够亡羊补牢，以追逝者，以慰生者”。这则微博被转发7 000多次、评论近2 000条。

1月5日，微博上的舆论关注度进一步上升，微博条数增长到近12万条。此日，“@人民日报”、“@新华网”、“@财经网”、“@南方都市报”等媒体微博继续跟进报道此事件，同时部分“大V”，如“@芮成钢”、“@评论员杨禹”等也参与到事件的传播和评论中。“@财经网”发布的主题为“兰考民政局称袁厉害不具备收养资格，对其定性是非法收养”的微博被转发、评论近4万次，从跟帖中可以看到，网友对当地政府的表态颇有不满，普遍认为兰考政府避重就轻、推诿责任。“@央视新闻”发布题为《兰考火灾新闻通气会：依法严厉打击民间非法收养行为》的微博被转发、评论近2000条，这也成为此事件舆论高涨的一个由头。

同日，“@民智维新”发布微博称：“我是袁厉害的亲生子，母亲被警方带走后，没有任何音信，母亲有高血压、冠心病，不知警方怎么对待她。”这条微博被一些微博舆论领袖转发和编发，助推事件的进一步发展。

此后关于火灾事故的微博舆论关注度迅速下降，舆论风潮逐渐有了平息的态势，相关微博条数下降到56 800条。

然而，1月8日，“@人民日报”发布消息称，《人民日报》记者就火灾一事试图再次问询民政部，持续打了一上午电话，先后15次努力无果，此事再次引起民众关切，使这一天的微博条数较前一天有所增加，舆论反弹。

兰考政府是此次火灾事件的重要主体，事后多数网民和媒体将矛头指向了兰考政府相关部门，一场大火将这个全国贫困县的地方政府推到了全民舆论的风口浪尖。危机面前，兰考政府的几乎每一次表态与回应、每一次行动与举措都受到媒体和公众的关注。以2013年1月4日至1月9日为时间段，以“兰考政府”为关键词在新浪进行了搜索，共检索出微博1 356条，其时间分布如图4所示。

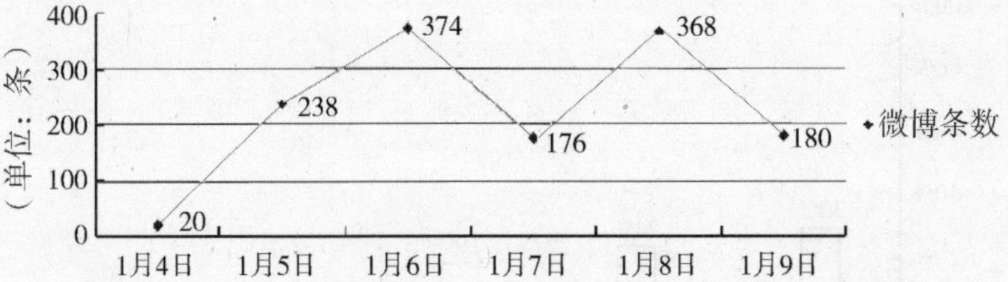

图4 “1·4”火灾事件后“兰考政府”微博关注度走势图①

从图4我们看到，火灾发生后，微博网民对兰考政府的关注度迅速上升，1月6日达到了顶峰，随即呈下降趋势。但1月8日，微博关注度又出现反弹，舆论再次高涨，微博数接近第一个峰值。微博关注度呈现这样的走势，与兰考政府的回应、举措有密切关系。

1月5日，兰考县召开“1·4”火灾事件新闻通气会。兰考县副县长吴长胜表示，袁厉害不具备收养条件，为非法收养。事故发生后，当地政府没有反思相关部门的失职与不作为，反而将刚刚失去7个孩子的袁厉害定性为“非法收养”。政府的行为引发网民的不满与声讨，6日，微博对兰考政府的关注度达到顶峰。

1月7日，关注度开始下降，但在1月8日，兰考政府的火灾问责处理结果又引发了网民的强烈关注。当日，兰考官方公布火灾原因系宅内儿童玩火所致，6名相关责任人被停职检查。面对汹涌民意，兰考终于有所回应，却引发了网民对兰考政府问责不力的讨论和质疑，人们质问：6名芝麻官岂能负起真正的责任。

（四）网民观点倾向性分析

自媒体时代，任何危机事件都少不了网民的围观与讨论。此次火灾事件发生后，网民将关注点聚焦到“爱心妈妈”袁厉害和政府相关部门。他们为生命的逝去而惋惜，同时也追问行政部门的失职。

人民网舆情检测室对涉及兰考火灾的网友观点进行了抽样分析（见图5），结果显示：有30%的网友认为民政部门需改进工作理念；24%表示应加大对相关责任人的问责力度；认为袁厉害不应该被问责的占19%；哀悼死者、愿逝者安息的有17%；持其他观点的有10%。

---

① 朱明刚．兰考“1·4”火灾舆情分析．人民在线，http://www.peopleyuqing.com/yqalk/zfalk/zfalknews/2013-01-15/6154.html,2013-01-15.

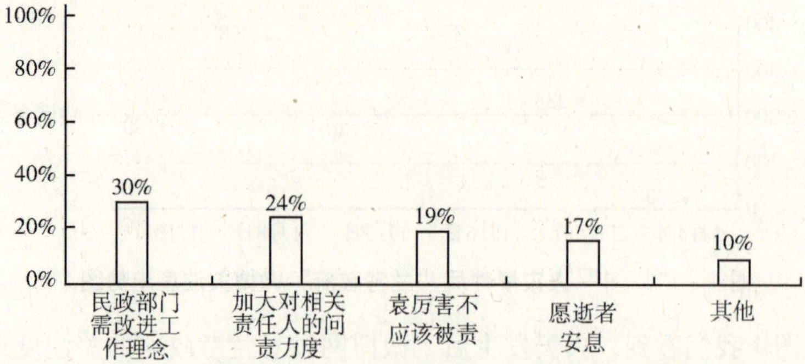

图5　兰考“1·4”火灾网友观点倾向性分布图①

数据反映出，在对兰考火灾事件的态度上，网友呼声最高的还是对火灾事件中的相关责任人进行严肃问责。其次，网友也强烈期待和呼吁民政部门能够改进工作理念，防止此类事件再次发生。再次，对事故中当事人——袁厉害表示同情和理解，认为她不应该被问责。从中我们也可以看出，网民的立场大多是站在袁厉害这一边的，而对民政部门的做法则颇有意见。

三、危机应对评析

兰考火灾事件的舆情发展可谓一波三折，大火舆情引发多舆情态势，使官方的应对雪上加霜。从事件本身折射出的民政部门不作为、社会救助机制不完善、民间爱心救助遭到误判，到媒体披露当地政府有钱盖财政大楼、没钱盖福利院，再到官员称“7名孤儿生命换救助体系完善值了”、“倒霉就倒霉在焦裕禄”，大火危机后相关部门的不恰当行为与回应言论又引发了次生危机，使得原本由火灾造成的社会舆论波澜再起。兰考县官方在媒体和公众的强力关注和质疑面前应对不力，面临了较大的舆论冲击和压力，严重损害了自身的公信力和形象，那个出了“人民的好公仆”——焦裕禄的兰考形象被颠覆。

（一）危机潜伏期政府不作为

任何危机事件都是一个过程，危机的爆发往往是“冰冻三尺，非一日

---

① 朱明刚. 兰考“1·4”火灾舆情分析. 人民在线，http://www.peopleyuqing.com/yqalk/zfalk/zfalknews/2013-01-15/6154.html,2013-01-15.

之寒”。学者蒋晓丽认为，危机事件以某一事件为爆发点，之前的酝酿阶段可以称之为潜伏期。[①] 在此阶段，总会有一些危机苗头出现，这是危机爆发前的征兆，也是防患于未然的关键。如能正确处理这些潜在的威胁，就能将危机事件扼杀在萌芽状态。

此次危机爆发的根源在于兰考县政府、民政部门对袁厉害收养弃婴问题的长期不作为，未能在危机潜伏期妥善解决问题。火灾是突发的，但它所折射出来的种种负面问题是之前所积累问题的总爆发。袁厉害，一个无能力的农妇，20 多年来以一己之力苦撑民政救助短板，这样一种收养情况迟早要惹祸。不是大火，也会有别的祸端。

虽然在过去 20 多年里，兰考县民政部门也并非一无所为。他们为袁厉害的孩子发放了低保补助；逢年过节，政府会探望袁厉害和她的孩子们，并象征性地给予钱物。但这些并不能从根本上解决袁厉害以及儿童收养的问题。兰考县也一直没有一所针对孤儿、弃婴的福利院。

两年前郑州一家公益组织的质疑本可以成为解决问题、改善兰考收养环境的一个契机，当地政府当时也公开作出过三点承诺：送 5 个孩子到开封市福利院，对不愿去福利院的孩子接到临时安置点、聘请教师、陪护等，为将来向福利院转移过渡，不定期向各界公开这批孤儿的情况。令人遗憾的是，除了第一条，后两条均沦为空头支票，如果早点兑现承诺，悲剧何以发生？正是相关部门的一次次失职，未能在危机潜伏期将问题早早解决，导致危机爆发，终酿成不可挽回的后果。

（二）危机爆发后应对不力

危机事件爆发后，紧跟着的是兰考政府一连串失败的危机应对行为。事件发生于 1 月 4 日，6 天后，舆情仍处于一种高危状态，暴露出当地官方缺乏相应的危机应对意识。在事件的应对中，其不足之处主要有以下几点：

（1）对待当事人不近人情，违反情感原则。

大火造成 7 名孩童不幸死亡，当地官方在事发当日通报了死亡人员名单，体现出信息的透明公开，是发生死亡事件后政府部门应有的作为。但

---

① 张杰，蒋晓丽．论危机事件中新闻媒体的传播策略．西南民族大学学报（人文社科版），2005（5）：185～188.

是，之后袁厉害被警方带走、控制并询问，当地官员称其收养不合法。随后，袁厉害之子在微博上声称“母亲高血压、冠心病，被警方带走后不知怎样对待”。兰考相关部门对刚刚失去7个孩子的袁厉害采取上述强制行为，违反了危机应对中的情感原则，“令官方显得不近人情，也为舆论的进一步发酵埋下伏笔”①。

（2）火灾通报冷漠，成领导功劳簿。

在事故通报中依然延续以往的八股文风，则显得冷血无情，更像是有关领导的功劳簿。兰考县“1·4”火灾事故的情况通报于1月5日通过多种渠道公布，一场导致7个幼儿死亡的火灾事故通报中不但有市县领导“高度重视”、“重要批示”，还有各级领导“亲赴现场”、“亲临兰考指导工作”、“亲临一线”，网友评其“居高临下、自证有功”。公众完全可以从中感受到责任部门对悲剧的冷漠态度和对生命的漠视。通报一出就遭到了媒体的批评，1月6日新华社发表评论，直接批评通报的文风：通报难觅当地政府对残弃儿的责任担当，却历数自愿献爱心20多年的公民袁厉害的3个不符合收养条件。公民知其不可为而为之，政府倒像旁观者了。②兰考政府通告表面看是文风问题，实质上是典型的官僚主义和形式主义做法，敷衍和应付公众。在危机事件应对中，官方通报最重要的内容应该是善后处理情况和责任认定情况，善后处理情况应重点介绍处理的方法和措施，公众希望最先看到的是具体的事故处理信息，而不是“领导重视”等官话、套话。

（3）危机面前推卸责任。

事件爆发后，兰考政府官员以及开封福利院都急于撇清责任。火灾一发生先急着将事故全部责任推向袁厉害“非法收养”；之后，兰考民政官员将之前未兑现把孩子们送到开封福利院承诺的原因归为袁厉害不肯配合送孩子，而开封福利院也有相同论调。面对媒体提出的为什么没有建福利院的质疑时，官方则回应称“兰考是国家级贫困县，几十年都没有能力建福利院”，然而形成强烈反差的是，当地却花2 000万元建造了一个财政中

---

① 朱明刚．兰考“1·4”火灾舆情分析．人民在线，http://www.peopleyuqing.com/yqalk/zfalk/zfalknews/2013-01-15/6154.html,2013-01-15.

② 鹿永建．新华时评：兰考火灾事故通报的文风怪诞．新华网，http://news.xinhuanet.com/politics/2013-01/06/c_114271185.htm,2013-01-16.

心。在社会公众看来，“穷”显然只是一个推脱责任、避重就轻的借口。这样的卸责之言，遭到了媒体和社会公众的强烈谴责，给人们留下了政府和官员不承担责任的印象，使兰考政府的形象进一步恶化。政府缺乏诚意、推脱责任，使局面更加复杂化。

（4）民政部回应迟缓。

火灾发生5天后，作为最高主管部门的民政部迟迟没有回应舆论的关切。针对此次事件，《人民日报》记者归纳了公众关注的相关热点问题，于1月8日向民政部寻求回应，结果打了15通电话，被不同的司局处室来回“踢皮球”之后，只得到一句“领导不在”。这一过程的披露，进一步引发了舆论的不满。国家部委在一起成为舆论焦点的事件上失语失声，未能在第一时间回应民众关切、引导舆论，以致处于被动地位，将自身推向了舆论的风口浪尖。这是此次事件中民政部的重大失误。

（5）官员出言不当。

后期，兰考官员新闻发布会前在电梯内面带微笑与人嬉笑；当地宣传部门官员声称“7个孩子的死是值得的”；宣传干事在被问到如何看待“部分兰考官员愧对焦裕禄”的评论时说“倒霉就倒霉在焦裕禄，因为他，兰考很出名，大家都盯着，都在对比”。这些官员的“雷语”一经媒体报道即引起网民的大肆传播，再次引爆舆论。火灾后，兰考政府和官员成为媒体聚焦的对象，此时官员的任何不当言行和表态都有可能成为媒体炮轰的对象，然而当地官员并没有认识到这一点。这些本不应出现在媒体前的话语，暴露出某些基层官员缺乏应有的素养。

（6）对相关责任人问责乏力。

1月8日，兰考县启动问责机制，兰考火灾事故6名“芝麻官”被停职检查。消息一出，舆论一片哗然。新华网文章《三问兰考大火：六名芝麻官怎担七条生命全责》指出，面对汹涌民意，兰考终于有所回应，县民政局等6名“比芝麻还小的官”被停职检查。然而网民却难掩失望：这个结果如何抵得过7条生命之重。[①] 当地政府部门的长期不作为，20多年来兰考相关部门从未实质性解决袁厉害的收养困境终造成灾难性后果。7名

---

① 甘泉，朱迅垚. 新华社三问兰考大火：六名芝麻官怎担七条生命全责. 新浪网，http://news. sina. com. cn/c/2013 - 01 - 08/194925986730. shtml,2013 - 01 - 08.

幼童在这次大火中殒命，面对如此沉痛的悲剧，仅6名官员停职检查的问责力度显然不够。兰考官方在事故问责上采取的丢卒保车的做法折射出政府部门的不负责任，也使这一危机事件在问责环节上再次引发网民不满，引来又一波舆论攻势。

四、应对建议

兰考大火事件不仅拷问了我国目前千疮百孔的儿童福利保障制度，也暴露了一些政府官员执政履职思维的落后，以及基层政府公共危机事件处理能力的严重不足。针对这些问题，笔者提出了以下几条建议。

（一）建立与完善基层政府公共危机管理机制

兰考大火事件是典型的基层政府应对公共危机案例，兰考县政府部门对此次危机的应对无形中也给我们勾勒出了基层政府，特别是县域政府对公共危机事件与舆情的基本应对状况。

基层政府在面对突发公共事件时没有一套行之有效的应急措施指导其应对危机，连最基础的舆情管理体系也没有。"一个简单的舆情管理体系即包含站在台前的'新闻发言人'也包含后台24小时日夜工作的'舆情监测系统'，更包括在舆情应对处理前线的每一个表态的基层官员"①，兰考县政府显然没有做到这一点，甚至根本未认识到这一点。其次，地方政府处理危机事件的方式方法也很落后，甚至没有"危机"和"舆论"意识，依然按照常规事件进行处理。一些地方宣传部缺乏在新媒体时代的舆情管理意识与经验，应对突发公共事件时习惯于"怕、拖、躲、瞒、改、删"。很大一部分官员缺乏跟媒体沟通的能力，面对媒体随意表态、"雷语"频发。再次，基层政府缺少新媒体的表达渠道。基层政府，特别是县和乡镇两级，能够在新媒体时代主动接近与使用新媒体的少之又少，更不必说利用新媒体应对危机中的公共舆论了。

近年来，我国基层公共危机事件频发，如"会理县领导漂浮事件"、"钱云会事件"、"江苏丰县重大校车事故"等，这使得基层政府公共危机管理机制的建立和完善迫在眉睫。然而，存在于基层的僵化家长式管理作

---

① 庞胡瑞. 兰考官员"雷语"频发 拷问县域舆情治理. 人民网舆情频道，http://yuqing.people.com.cn/n/2013/0121/c210118－20270557.html,2013－01－21.

风、法制化与民主化相对滞后的管理体系，都使这项任务更为艰难。所以，“唯有打破县域舆情的家长式作风、开放思想引进现代传播经验，才能在根本上解决县域舆情困境。长远来看，县域舆情毕竟‘船小好掉头’，亡羊补牢为时不晚”①。

（二）提升基层官员媒介素养

兰考大火事件中官员面对媒体“雷语”频发，充分暴露了当前基层官员媒介素养的欠缺。当下，媒介发展一日千里，网络的去中心化、去权威化和参与性、互动性的增强，极大地改变了媒体环境。如何认识媒体、对待媒体，已成为政府官员素养不可或缺的部分。

所谓媒介素养就是指正确地、建设性地使用大众传播资源的能力，能够充分利用媒介资源完善自我，参与社会进步，主要包括受众利用媒介资源动机，使用媒介资源的方式、方法与态度，利用媒介资源的有效程度及对传媒的批判能力等。

对政府官员而言，其媒介素养包括三个层面的内容：第一个层面是作为“受者”的处理媒介信息的能力，包括获得有用信息，批判性解读文本意义、甄别媒介生产中的话语控制等；第二个层面是作为“传者”的能力，包括掌握信息生产技术，参与生产的欲望，生产信息、传播信息的能力等；第三个层面是“新闻管理”的能力，尤其是作为“新闻人物”，即被媒体报道时，愿意接受舆论监督、正确处理媒体的采访与提问，并运用语言表达的能力等。这三个层面的素养是一个有机的成系统的整体……从接受、处理媒介信息到传播信息、被报道，都在政府管理框架下进行，并且大的目标和方向是掌握舆论话语权、引导舆论。②

基层政府部门和干部官员急需提升以上三个层面的媒介素养，不断提高与媒体打交道的能力，切实做到善待媒体、善用媒体、善管媒体。需要注意的是，“善待媒体，不是应付媒体，也不是利用各种纯熟的公关技巧来‘忽悠’媒体，更不是对付和‘摆平’媒体，而是懂得尊重媒体，尊重

---

① 庞胡瑞. 兰考官员“雷语”频发 拷问县域舆情治理. 人民网舆情频道，http://yuqing.people.com.cn/n/2013/0121/c210118-20270557.html,2013-01-21.

② 陈鲜红，刘晓程，李华军. 公共危机公关案例研究报告（2011 卷）. 武汉：华中科技大学出版社，2012. 52.

新闻规律和传播规律”[①]。努力在危机应对中利用好媒体这一平台，与公众和社会进行良性互动与沟通。危机公关是一门沟通的艺术，只有沟通才能达成理解，只有互动才能促进共识，最终推动危机事件的妥善解决。

（三）树立生命至上、以人为本的理念

兰考大火事件中，无论是火灾后当地警方不顾袁厉害的健康状况随即将其带走、控制并询问，并称其收养不合法，还是事故通报中用词的僵化和官僚，乃至后来官员称“7 名孤儿生命和 6 名干部责任担当若能换来孤儿救助体系完善及社会进步，我感觉值了”，行动和语言背后是政府对受害者的不尊重和对生命的漠视。在舆情应对中，“其实最大的问题恐怕不是突发事故后回应质疑的技巧，而是对生命真正的尊重和对事故真正的负责”[②]。在危机应对中，政府应该树立生命至上、以人为本的理念，充分尊重和妥善安置事件中的当事人，给予其应有的人道主义关怀。当然，如果危机事件中的当事人涉及违法犯罪，需要承担相应的法律责任，相关部门应该依法办事、追究责任，但在此前提下，有关部门也应该结合当时当地以及事件当事人的具体情况进行人性化处理，给予适当的人道关怀。

（四）应对过程中谨防次生危机产生

突发事件发生后，相关政府部门和官员成为媒体和舆论关注的焦点，他们不恰当的语言和行为很容易引发进一步的危机。有时次生危机能引起更为强烈的舆论关注，乃至造成更严重的后果和更大的损失。此次兰考火灾事件就是一个典型案例，兰考民政及地方官员的应对措施以及面对媒体的表现漏洞百出，一些不合时宜的应对措施和不恰当的表述更加剧了公众对于政府处理方式方法的质疑，并对社会道德、诚信体系和慈善事业造成损害，形成了次生危机。所以，危机爆发后，相关部门和人员要充分认识到这一点，慎言、慎思、慎行，谨防次生危机的发生。这就要求相关人员应具备良好的心理素质，能够在紧张与焦虑的危机管理过程中，灵活变通、从容应对；能够很好地平衡各方诉求；能够用真诚、负责的态度对媒体和民众进行正面回应。否则，很容易引发误解甚至对立乃至冲突，最终在原有的危机基础上爆发新的危机。

---

① 包丽敏. 与媒体良性互动应是执政共识. 中国青年报，2013 - 01 - 10.

② 陈鲜红，刘晓程，李华军. 公共危机公关案例研究报告（2011 卷）. 武汉：华中科技大学出版社，2012. 52.

参考文献：

[1] 张杰，蒋晓丽. 论危机事件中新闻媒体的传播策略. 西南民族大学学报（人文社科版），2005（5）.

[2] 朱明刚. 兰考“1·4”火灾舆情分析. 人民在线，http://www.peopleyuqing.com/yqalk/zfalk/zfalknews/2013-01-15/6154.html,2013-01-15.

[3] 鹿永建. 新华时评：兰考火灾事故通报的文风怪诞. 新华网，http://news.xinhuanet.com/politics/2013-01/06/c_114271185.htm,2013-01-06.

[4] 桂杰. 兰考火灾官方通报有哪些问题. 中国青年报，2013-01-10.

[5] 甘泉，朱迅垚. 新华社三问兰考大火：六名芝麻官怎担七条生命全责. 新浪网，http://news.sina.com.cn/c/2013-01-08/194925986730.shtml,2013-01-08.

[6] 庞胡瑞. 兰考官员“雷语”频发　拷问县域舆情治理. 人民网舆情频道，http://yuqing.people.com.cn/n/2013/0121/c210118-20270557.html,2013-01-21.

[7] 陈鲜红，刘晓程，李华军. 公共危机公关案例研究报告（2011卷）. 武汉：华中科技大学出版社，2012.7.

[8] 包丽敏. 与媒体良性互动应是执政共识. 中国青年报，2013-01-10.

[9] 河南兰考寄养所大火. 凤凰网，http://news.ifeng.com/mainland/special/lankaoqiying/content-2/list_0/0.shtml,2013-01-08.

[10] 莫利拉，李燕凌. 公共危机管理——农村社会突发事件预警、应急与责任机制研究. 北京：人民出版社，2007.9.

五、突发自然灾害类事件媒介化现象解读

"7·21"北京特大暴雨事件媒介化与政府应急处置失误的反思

李 娇

2012年7月21日10时至22日6时，北京遭遇61年来最大降雨。全市平均降雨量为170毫米，城区平均降雨量为215毫米。几小时内北京城就变成了一片汪洋泽国，交通瘫痪，多个立交桥下严重积水。航班大面积延误，近八万乘客滞留在首都机场。暴雨引发房山地区山洪暴发，造成房山、通州、石景山等11区（县）12.4万人受灾，4.3万人紧急转移安置。此次降雨过程导致北京受灾面积16 000平方公里，全市受灾人口190万人，直接经济损失116.4亿元，79人因暴雨遇难。

一场暴雨让首都北京措手不及，拷问着这座国际大都市的基础设施建设和公共服务管理。暴雨过后，晴空万里下的北京城却被汹涌的舆论淹没。民众在被彼此的守望互助感动的同时，也对北京市的各项应急处理措施表达了质疑。

一、事件回顾

7月20日，北京市气象台发布了暴雨信息；7月21日上午9时30分，发布暴雨蓝色预警；此后又连续发布6次预警信号，其中包括3次暴雨橙色预警。然而气象台的预警并没有引起民众和相关部门的充分重视，随后不断增强的雨势让人们措手不及。从21日中午至次日凌晨，212毫米的降雨量使北京陷入暴雨灾害中。表1是北京暴雨事件的发展过程。

表1 "7·21"北京暴雨事件进程

时间	主体	事件发展中的重要节点
2012年 7月21日中午 至次日凌晨	北京市	北京遭遇61年来最强暴雨，暴雨造成山洪、泥石流、路面塌陷等次生灾害，致使多人死亡

（续上表）

时间	主体	事件发展中的重要节点
2012年7月21日22点32分	网友“菠菜X6”	首都机场滞留八万人，网友“菠菜X6”发出微博，倡议网友义务去机场接送滞留旅客
2012年7月22日22时40分	北京市政府新闻办	北京市政府新闻办通报，截至22日17时，北京市共发现因暴雨死亡的有37人
2012年7月22日	网友、北京市常务副市长、北京市交管部门	网友反映因涉水熄火车辆被贴罚单，北京市常务副市长吉林表示，在突发灾害降临时这种处罚是错误的，所贴罚单作废。随后，北京市交管部门针对此事公布处理措施
2012年7月23日	微博、房山区民政局	微博谣传房山一家敬老院受灾，200余名老人伤亡。房山区民政局核实，并通告称敬老院老人伤亡数为0，老人全部处于安全地带
2012年7月24日	北京市政府新闻办主任	北京市政府新闻办主任王惠称，在暴雨导致的死伤数字上绝不会有隐瞒，之所以有更新的滞后，是因为有些遗体还需要辨认
2012年7月25日晚	北京市政府新闻办	北京市政府新闻办召开第二次通报会，公布受灾人口和经济损失，但对市民关心的因灾死亡人数未做通报
2012年7月26日晚	北京市防汛抗旱指挥部	北京市防汛抗旱指挥部召开新闻发布会，公布死亡人数为77人，其中66名遇难者身份已经确认。同时公布遇难者名单
2012年8月5日	北京市防汛办	北京市防汛办通报，新发现一名北京“7·21”特大暴雨山洪泥石流灾害遇难人员，遇难者总人数达到79名

暴雨灾害发生后，各部门紧急投入防汛救灾当中，市民也积极进行互助救援。但这场暴雨造成了首都内涝，交通堵塞、机场瘫痪，79人在暴雨中遇难。现代化的北京城在一次暴雨面前不堪一击，迅速引发了国内外舆论的强烈关注。

二、舆情分析

暴雨灾情发生后引起了强烈舆论关注。微博里，大雨的话题逐渐升温。开始很多人抱着“看海”的心情围观，但随着雨势逐渐增大，不断有行人和车辆遇险，人们开始利用微博发布第一现场信息和传递求助信息。《人民日报》新浪官方微博也在这一个雨夜上线，发出第一条微博（见图1）。

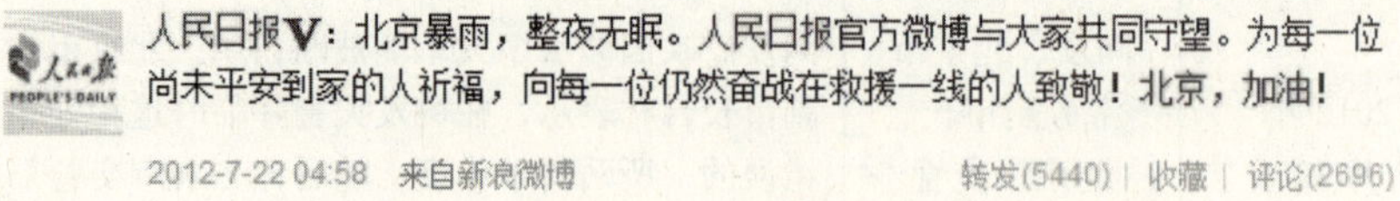
人民日报V：北京暴雨，整夜无眠。人民日报官方微博与大家共同守望。为每一位尚未平安到家的人祈福，向每一位仍然奋战在救援一线的人致敬！北京，加油！

2012-7-22 04:58 来自新浪微博 转发(5440) | 收藏 | 评论(2696)

图1 《人民日报》新浪官方微博发出的第一条微博
（图片来源：“@人民日报”）

各大媒体迅速对暴雨灾情进行了报道。北京电台多个频率快速启动了直播节目，中央电视台新闻频道也对雨情进行了直播。7月22日，“北京暴雨”登上国内各大报纸头条（见图2）。

（一）舆论关注度走势分析

那么，媒体对暴雨事件的关注程度如何？人们对暴雨事件的关注随着时间的推移又是如何变化的？下面从媒体报道和微博两个方面对暴雨发生当日至7月26日的舆论关注度进行分析（见图3）。

从图3我们可以看出，暴雨灾害事件发生后，新闻媒体和微博的关注度都很高，形成了舆论热潮，但一周之内就基本平息了。

其次，媒体的关注度走势与微博关注度走势略有所不同，灾害发生当日微博关注度就很高，达到96 000多条，其峰值出现在第二天，而媒体关注度则于23日才达到高峰。

由于微博的自媒体属性，其开放、互动、即时分享的传播特性，特别是与移动终端紧密捆绑带来的随身性，使信息可以在第一时间发布并迅速扩散。人们在暴雨灾难发生时利用微博发布雨情信息、求助信息，并通过微博组织动员民间救援，众多微博意见领袖也加入转发队伍。微博网友的参与和互动，使得微博里对暴雨的关注度在当天迅速飙升。而微博上信息的病毒式传播，使此事件的微博关注度于22日迅速达到峰值。

京华时报
南方都市报
北京遇60年最大暴雨
东莞時報
的士燃油费降1元
北京遭遇40年最强暴雨
新京报
61年来最大暴雨袭京
青年报
北京遭遇60年来最大暴雨
新快报
深深愧疚
北京晨报
61年来最强暴雨袭京
云南信息报
60年最大暴雨袭京
生活新报
“北漂”
华西都市报
暴雨
四川
北京
都市快报
60年来最大暴雨突袭北京
信息时报
台风将至 今明有雨
水漫京城
南山奶粉光明奶油上黑榜

图2 7月22日部分国内报纸头版（图片来源：“@传媒老王”）

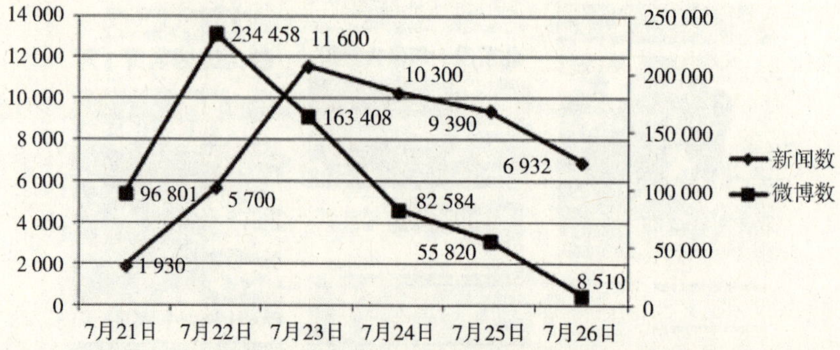

图3　北京暴雨灾害事件舆论关注度走势（单位：篇/条）①

媒体的报道相对微博而言则比较迟缓和滞后。21 日当天，主要是一些网络媒体做了报道，它们短时间内整合新闻动态、汇编新闻，人民网、新华网等媒体以新闻稿的形式播报微博等互动平台上的爱心救助，并被众多其他网络媒体所转载，使媒体关注度提升。之后更多传统媒体跟进，23 日，媒体对北京特大暴雨的报道达到最高峰。因为媒体的专业操作流程更为复杂，所以其关注度高潮出现得较微博晚一些。

但微博网友对这一事件的关注来得快去得也快。表中显示，22 日后，微博舆论热度开始不断降温，微博数由 22 日的 230 000 多条急速下降到 26 日的 8 510 条，人们对暴雨灾害的高关注度并没有持续太久。微博网民存在的情绪化倾向，以及微博新话题的不断出现，使微博里对一件事的舆论风潮总是迅速高涨并迅速消退。而媒体关注度虽然在 23 日后也逐渐下降，但相比微博而言其速度要慢得多。

值得注意的是，无论是媒体关注度还是微博关注度，下降速度在 25 日都明显有所减缓。当日，北京市政府新闻办召开第二次通报会却未更新市民关心的因灾死亡人数，政府在信息回应上的迟缓遭到了民众的不满和质疑。直至 26 日晚，北京市相关部门通报死亡人数为 77 人，才化解了网民的质疑，使得舆论快速降温。

（二）境内媒体报道分析

7 月 22 日，“北京暴雨”登上了各大报纸头条；北京电视台、央视等电视媒体也做了直播报道，实时关注事件进展；各大新闻网站、门户网站

① 朱明刚. 北京暴雨灾害事件舆情分析. http://www.peopleyuqing.com/yqalk/zfalk/zfalknews/2012-07-31/3927.html,2012-07-31.

均就暴雨事件做了专题报道。在此过程中，媒体发挥了传播信息、舆论监督的作用，但也有部分媒体的不恰当报道引发了舆论声讨。

1. 多角度报道灾情，进行舆论监督

笔者对网易专题“北京遭暴雨袭击”中的“全部新闻”一栏下的新闻进行了统计，以7月21日至26日为时间段，共有相关新闻407篇。通过对其内容进行简要分析，发现媒体的报道主要涉及以下几方面：

（1）对人员伤亡情况的报道。灾后，媒体最为关注的就是这场灾害所造成的人员伤亡情况，不断对相关信息进行更新。如新华网的《北京遭遇40年来最强暴雨已致3死6伤》、《新民晚报》的《北京房山因暴雨遭重大伤亡》等。

（2）报道救灾情况。灾后，政府是怎样展开救援的、救援的进展又如何？这些也是媒体的主要关注点。如凤凰网的《暴雨中市民自发接送机场旅客　竭尽全力救援被困车主》、新华网的《救援人员徒步施救被困小学生》等。

（3）及时报道暴雨灾害伤亡情况、救灾情况的同时，媒体进一步将报道视角对准了后续工作的开展，关注善后工作、交通等公共设施的恢复情况、保险赔付。如人民网的《暴雨致20余趟北京至郑州列车晚点旅客可退票》、凤凰网的《北京暴雨引涉水险讨论　汽车仅买全险难理赔》等。

（4）媒体反思城市基础设施建设和政府应急。如《人民日报》的《伤亡人数不是敏感话题》、大公网的《北京民政局号召为水灾捐款，网友为何说不?》、《上海金融报》的《“N年不遇”难掩公共管理缺失》以及财经网的《北京城下水道的胸怀在哪里》等。

（5）报道灾害中普通民众该如何自救。暴雨造成了惨重的人员伤亡，一定程度上也反映了民众防灾自救知识和能力的欠缺。媒体在灾后进行了自救知识的普及，如凤凰网的《北京暴雨37人死亡溺亡25人　车主暴雨中该如何自救?》、大河网的《北京暴雨引关注　郑州交巡警详解车掉水中如何自救》等。

总体上看，媒体从多个角度全面反映了这场灾难的情况，并在一定程度上对政府进行了舆论监督。它们或反映暴雨现场、救灾的最新情况；或讲述暴雨中普通民众的经历、自助与互助；或反思与追问暴雨成灾的原因，对北京的市政建设和管理、应急救援举措提出质问。《南都周刊》和

《中国新闻周刊》等都以北京暴雨为封面并进行了深度报道。《新京报》和《三联生活周刊》等推出了厚重的特刊，其中有对逝者的追忆，也有拷问城市治理的制度之困。特别是将报道视角对准了暴雨中的普通人，讲述他们的经历、自助与互助等，并质问政府的市政建设与管理、应急救援不力等，体现了媒体的责任与人文关怀。

2. 部分媒体僵化的宣传报道引发网友热嘲与反感

传统的宣传语言，空话、套话、大话在我们的媒体上屡见不鲜，但在危机事件中人们对这些语言以及语言背后政府的态度尤为敏感，它们很容易成为引发舆论声讨的导火线。暴雨灾害后，北京卫视报道中的一句“北京市民高度肯定北京市政府在这次暴雨中所做的工作”，引发了网友“寻找高度”的“寻人”热潮。正如中山大学副教授张志安在微博中所说：“其实，公众寻找‘高度’先生的热潮背后，是对夸大其词的僵化宣传套路的厌倦，对‘坏事当成好事报’传统的不满，对急切引导舆论方式的批评，对‘被代表’报道模式的质疑，本质上，公众在呼吁政府谦卑自省、媒体求真务实。”①

22日新华网的评论《暴雨中闪光的“北京精神”》同样也遭到网友的批评。受以往的一味突出党、突出组织、突出集体的歌功颂德式的灾难报道做法影响，在受灾情况不明、死伤人数未公布之时，媒体急于表扬政府、总结精神，使人们产生了反感情绪。

在危机事件的报道中，官方媒体应改变以往的宣传套路，求真务实，充分尊重公众的知情权，在信息的透明和公开上做努力，关注灾难中的人，对灾难多一些理性分析与反思。僵化、没有人情味的宣传报道很容易成为舆论引爆点，引发公众的反感，损害媒体以及政府的形象。“灾后议程设置，出发点和立足点都应该是公众的知情权、表达权与监督权；违背规律的所谓舆论引导，只会作茧自缚，给社会舆论生态带来破坏性影响。”②

（三）境外媒体报道分析

这一事件也引起了很多境外媒体的关注和报道。路透社、CNN、BBC

---

① 张志安. 寻找“高度哥”. 南都周刊，2012（29）：15.

② 连新元. 广播突发事件报道的三个维度——以北京“7·21”暴雨灾害为例. 新闻记者，2012（10）：45.

中文网、半岛电视台网站等都对北京“7·21”暴雨事件有所报道。

半岛电视台网站以北京暴雨的一则新闻作为亚太版块头条，报道了暴雨中的死伤人数和航班延误情况，并刊登了大幅图片。其新闻报道主要以事实信息为主，如图4所示。

图4　半岛电视台网站报道北京暴雨

而马来西亚的《星报》则主要关注了暴雨中的救援，特别是微博互动。网站刊登了大幅照片，并用了标题“Flood Heroes”（抗洪英雄），如图5所示。

路透社报道称，许多居民在微博上贴出暴雨中的戏剧性图片。有些人抱怨，北京本应做好应对准备，尤其是在已经发布了暴雨预警的情况下。一名用户抱怨说：“一早就预报北京将迎来暴雨，那为何没有及时准备好抽水泵和其他设备?”① 路透社引用微博中的言论反映中国民众对暴雨预警的质疑态度。

BBC网站报道称，不少人对北京的城市排水问题提出批评。一名网友指出，北京市政当局早应该重视棚户区的安全问题。虽然国家富裕了，但生活在底层的人们遇到暴雨就可能面临死亡威胁②。

从以上几家重要外媒的报道中我们可以看出，外媒对北京暴雨事件的

---

①② 外媒关注北京暴雨　城市排水问题引争议. 新华网，http://news.xinhuanet.com/cankao/2012-07/23/c_131731658.htm,2012-07-23.

Star Monday 23 July 2012 31

World

More babies, please!

Fighting intensifies

Flood heroes

图5 《星报》网站对北京暴雨事件的报道

报道除了提供事实信息外，还引用中国网民尤其是微博用户的言论来提供观点信息，微博已成为外媒报道中国的重要信息源。其中负面的新闻较多，主要质疑了城市排水系统等基础设施的抗灾能力；而正面的报道则主要是对民间自救、互助的称赞。

（四）微博舆论场分析

微博在此次事件的传播中起了不可替代的作用，从“围观看海”到传递救助信息，从赞美暴雨中普通民众之间的互助与温情到质疑城市的公共设施建设和政府的应急措施，微博跟进了事件的每次进展，形成了强大的舆论场。

微博网友话题的倾向性如何？鹰眼舆情观察室对7月21日至23日新浪微博关于该事件的微博进行了关键词提取，绘制了网民话题分析图（见图6）。

有关救援与求救的言论所占比例最大。在暴雨灾害发生当日，微博成了人们发布和传递救援信息的重要渠道。手机微博等移动媒体在信息传播上体现出了惊人的有效性。 人们在微博上实时发布暴雨灾害第一现场的最

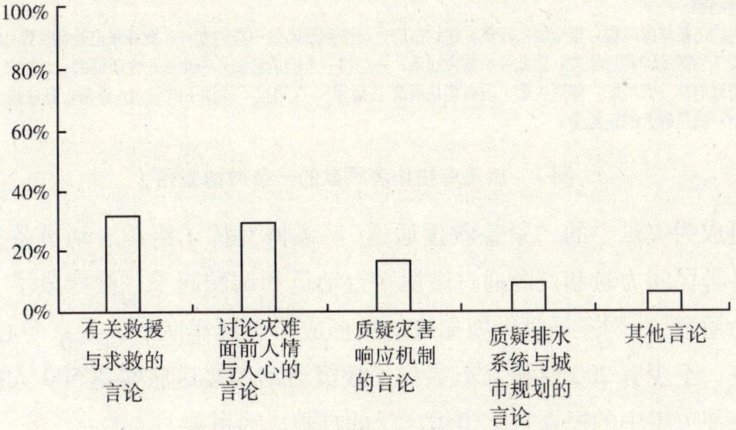

图6 北京"7·21"暴雨微博网民话题分析图①

新情况，很多网友通过微博了解雨情和救援信息。网友"@亘秦"在新浪微博上求救："山洪暴发，北京房山青龙湖少年军校基地，有上百个小学生被困，110打不通。"这条微博迅速转发3万多条，公安干警、消防官兵等近300名人员紧急赶赴事发地救援②讨论灾难面前人情与人心的言论占34%。暴雨中人们彼此互助，涌现了很多感人的人和事。路边的井盖被水压冲开，环卫工人守在一旁拿身体作警告标志；人们组织爱心车队义务去机场接送滞留旅客；不少人为受难者提供免费住所食物……这些都成了微博上网民热议的话题，引发了人们对灾难中人情与人心的讨论。

质疑灾害响应机制的言论占17%，质疑排水系统与城市规划的言论占8%。暴雨过后，网民开始理性思考此次事件，对灾害响应机制、城市规划与排水系统提出质疑，此类言论共占25%。一位旅美专栏作家发了一条微博，被转发9 000多次（见图7）：

这条微博中的那句"盯住政府，就是最大的正能量"广为流传，知名传媒人士如曹景行、钱钢等纷纷转发以示赞同。微博舆论开始聚焦对政府的拷问，关于城市规划、预警制度、应急预案的问题等被广泛讨论③。

以微博为代表的自媒体，在此次事件中不仅发挥了重要的舆论影响

①② 鹰眼舆情观察室. 2012社会热点舆情分析：北京"7·21"暴雨. 蚁坊软件，www.antvision.cn/browse/article/12/217.html.

③ 彭晓芸. 公民自救与社会治理的调适——以北京暴雨舆情为例. 四月网，http://www.m4.cn/space/2012-07/1175748.shtml,2012-07-30.

@顾献 V
纽约市前年暴风雪，整个城市瘫痪。纽约市府立马遭到暴风雪一样的批评，批评来自社会各界，救灾不妨碍批评，边救灾，边批评。雪灾过后，一个接一个的调查组，一个接一个听证会，都旨在弄清政府有没有失职，哪里失职。没有宣扬所谓"正能量"。在眼里不揉沙子的纽约人看来，盯住政府，就是最大的正能量。

图7　旅美专栏作者顾献的一条微博截图

力，更成为灾难中的“紧急救援通道”。微博发挥了组织、动员救灾的作用，各种民间力量和资源通过微博平台动员和调配起来，微博成了“特别的生命通道”。网友通过微博倡议动员形成了志愿车队——望京爱心车队，暴雨夜，至少有200辆私家车参与了救援活动，接送旅客达500人次。微博平台使灾害中的民众自觉组织广泛的自救成为可能。

人们彼此守望相助，微博传递正能量。公共危机事件中人们之间一些积极信息的传递具有化解危机、增强凝聚力的正面效果，“7·21特大暴雨事件”中，无数关心、激励、抚慰的话语通过微博陪人们度过了冷雨夜，传递着积极的正能量，提供了切实有力的帮助，起到了化解灾难负面效果的作用。

然而，微博上也出现了谣言流传、组织救援无序的问题。相较传统媒体而言，微博等自媒体平台对信息的把关力较弱，这种“无组织”状态，既赋予人们更大的主体性，也带来了传播的混乱无序。灾难中的自媒体更是虚假信息和谣言滋生和传播的温床。互动、转发、评论功能的强大，为谣言的快速、广泛散布提供了条件。此次暴雨事件中，也有一些如“死伤人数几百上千”的不实信息在微博上流传，引起人们的恐慌和对政府部门的舆论抨击。

网友自发利用微博组织救援，但网络的效率也并没有想象中那么高。据《南都周刊》报道，从望京网的“@菠菜X6”22点32分发出第一条召集微博开始，直到两个多小时之后，才聚集起30多辆车，此时也有身在机场的网友发微博说，机场已经用摆渡车运走了很多人，不需要那么多车了。[1] 救助经验的缺乏、组织的无序甚至影响了救援效率。

此次事件中微博所发挥的重要作用启示我们，要充分认识到微博等社会化媒体在突发危机事件中所扮演的重要角色，特别是应认识到其在灾害

① 王宏宇. 8万人的冷雨夜. 南都周刊，2012（29）：39.

性事件中所能起到的积极作用。在今后的公共危机事件应对中，充分挖掘和发挥它在危机预警、信息发布、组织动员、守望互助等方面的巨大能量，同时警惕谣言在自媒体上的滋生和传播，而应对这一问题的最好方式，仍是信息的公开、透明。

三、事件应对评析

在北京“7·21”特大暴雨事件中，政府和民众的应对表现相较之前都有一些明显的进步，但也存在不足。下面就从这两个角度来分析此次突发自然灾害危机中各方的应对表现，并提出相应的对策建议。

（一）民众自身：自发组织救援，展现公民意识

北京暴雨中普通民众自发组织了大规模的救助行动，彼此互助，展现了自觉的公民意识和公共精神。暴雨夜，公民的自发救助行动通过网络，线上线下互动成形：“微博双闪爱心车队”志愿到机场航站楼接送滞留的旅客；一些市民站在水深路段前、井盖丢失处，提醒过往车辆；一些店铺延长营业时间供人们避雨；有人打开家门为附近的被困者提供方便；路人挺身而出，合力营救被大雨困在车中的车主……北京市民在灾难面前的自助与互助、所展现的勇气与爱心是这次危机事件中最为闪光的一点。

北京市民在灾难中的表现为所有的普通大众树立了榜样，也启示我们，在灾难发生时，除了政府的救援外，公民自身的应急处置能力以及民间的救助也很重要。政府应充分认识到民间自救与互助的可贵，积极引导，各界也要主动参与。在全社会广泛普及防灾自救知识，加强救灾技能的培训和演练，将防灾自救内化到日常生活中，提高人们的自救能力。同时，政府在灾难发生时应积极为民间救援提供引导和帮助。

（二）政府应对方面：优点与不足并存

北京市政府在应对此次事件中，既有成功经验，也存在许多不足。这些成功与不足均值得我们总结。

1. 成功应对

从突发事件应对的角度来看，此次暴雨灾害事件应对中，北京市政府有以下三个方面的经验值得借鉴，反映了政府经过多次重大事件的考验后，积累了应对重大事件的经验。

（1）积极沟通，展现出透明公开的勇气。

暴雨危机爆发后，政府第一时间投入应急救灾中，立即组织大批救援人员奔赴救灾。并第一时间与媒体和公众沟通。危机爆发后，及时、准确地向媒介发布信息。只有主动进行议题设置，才能掌握舆论主导权。北京市政府的各职能部门面对此次暴雨危机没有失语，而是灵活运用媒体多渠道公开信息、进行沟通。暴雨灾害发生后，以“@北京消防”为代表的官方微博群成为信息的纽带，上连决策者下达广大网民，“@北京发布”、“@北京消防”、“@水润京华”、“@平安北京”、“@交通北京”与16区县的政务微博持续不断发送雨情信息、救援详情等，合力形成官方舆论场，继而影响民间舆论场，在舆论引导中占得先机。灾后，北京市政府新闻办公室主任王惠面对日益增多的“贴条”民怨，首先在微博上发布消息称“北京市常务副市长吉林已表态，对熄火车辆贴罚单是不对的，所贴罚单作废”，迎合了民意，挽救了政府形象。

（2）及时回应，粉碎谣言。

在此次暴雨事件中政府成功回应了房山区敬老院谣言和京石高速谣言。微博谣传房山一家敬老院受灾，200余名老人伤亡。对此，房山区政府快速取证调查，并在第一时间通过微博告知网友真相，23日房山区政府官方微博“@Funhill房山”在微博中澄清这一谣言，有效破除了此次谣言所带来的负面影响。面对网络上不断出现的关于暴雨死亡人数的谣言，26日，政府公布了死伤人数及名单，辟谣虽然较慢，但在传播的关键点及时制止了谣言的传播①。在一些重大突发危机事件中，官方信息的不透明、信息渠道的不畅通，容易引发公众的猜想，为谣言的滋生提供温床。“谣言止于公开”，面对谣言，政府最有利的武器就是信息公开。及时对谣言给予回应，通过权威、明确的信息源发布真实信息，澄清事实，政府在应对上述谣言时中正是遵循了这一原则。

（3）公布遇难者名单，体现对生命的尊重。

26日晚，北京市防汛抗旱指挥部通报了“7·21”特大自然灾害遇难人员情况，同时公布了66名遇难者名单。中央电视台主持人逐一读出了66位遇难者的名字、《人民日报》也刊登了遇难者名单，这是政府首次在

① 朱明刚. 北京暴雨灾害事件舆情分析. http://www.peopleyuqing.com/yqalk/zfalk/zfalknews/2012-07-31/3927.html,2012-07-31.

中央级媒体公布遇难者名单。这虽是一份略显迟到的名单，但毕竟，政府在尊重生命和保障公民知情权的道路上迈出了至关重要的一步。

公布遇难者名单，有着尊重和纪念生命的仪式意义，在很多国家是一种传统和惯例，但在我国还是“特殊行为”。这也更加体现出了此次公布暴雨事件中66位遇难者名单的价值与意义。除了表达对逝者的尊重外，公布遇难者名单还能够体现出政府信息公开透明，提振政府公信，阻止谣言滋生。不论是从尊重生命的角度，还是从信息公开的角度来看，它理应成为政府的责任和义务，我们也期待政府能够一直秉持这样的做法。

2. 应对失误

然而在危机预警、伤亡人数信息公布等方面，北京政府在此次事件中的表现仍有许多不足，亟需从中吸取教训。

（1）预警机制不完善，导致预警失效。

自然灾害很多是可以预警的，如台风、海啸、暴雨等，面对这些现代科技可以预报的自然灾害，政府应立即做出反应，发布有效的预警。此次事件中，北京市气象台于7月20日发布了暴雨消息，21日又发布了7次预警信号——这其中就包括3次橙色预警信号。然而，气象部门的预报并没有引起公众足够的重视，“国安和绿城的足球比赛在21日晚7点半如期在能容纳8万人的工人体育场举行，歌手萧敬腾的演唱会也没耽误——据媒体报道，能容纳18 000名观众的五棵松体育馆的上座率超过八成”[①]，众多出行的人也没有因暴雨信息取消或者推迟出行。政府相关部门的暴雨预警是“只有预警没有传播”，仅利用电视、广播等媒体发布的预警很快淹没在了海量信息中，同时对预警信息的深度解读和指导服务也远远不够。信息只是到达了信宿（市民），却没有对信宿（市民）产生实质性的影响，这样的预警信息传播效果甚微。

（2）暴雨中应对不力，机制僵化。

尽管北京市政府迅速进入应急状态，投入了十多万人应对，但效果并不尽如人意，一些部门对预警信息判断不准确，“神经系统”不够敏感，采取措施不到位。首先，政府不能有效地调动、开放公共资源成为安全的庇护所。有很多网民和媒体提出质问：为什么在暴雨中没有免费的公共场

① 徐卓君，李岩. 广渠门桥致命3小时. 南都周刊，2012（29）：30.

所向大众开放？其次，一些部门对灾害的应对僵化。暴雨夜，八万旅客滞留机场，政府相关部门疏散不力。而一些私家车主自发前往首都机场接送滞留旅客，却在机场高速收费站大排长龙。在这样的突发事件中，政府是否应该与企业及时沟通，采取相应的措施共同应对，如收费站免费放行、共担损失。再次，相关人员工作教条化，背后是缺乏详细、规范的应急机制。灾后，有网友反映因涉水熄火车辆被贴罚单。事后交管部门虽进行了及时道歉和改正，但这一细节仍暴露了政府部门工作人员的教条化，同时也再次提醒政府应尽快制定规范的应急条例，使工作人员能够在应急条件下有章可循。

（3）灾后伤亡人数信息公布迟缓。

暴雨过后，人们最关切就是灾难的损失情况，特别是人员的伤亡情况。然而，政府在伤亡人数及名单的公布上一度比较迟缓。北京市政府于22日第一次公布遇难者人数是37人，25晚举行第二次新闻发布会则对“全市因灾伤亡”人数避而不谈。这也遭到了民众和媒体的质疑和批评，《南都周刊》尖锐地指出：“生来是个数字，死去没有名字。我们能得知房山的房屋乃至禽兽的受损数据，却依旧无法获知死难者的完整名单，政府官员只是透露，相关部门正在逐一检查伤亡人员。”① 此后，直到26日晚，北京市防汛抗旱指挥部才召开新闻发布会，公布死亡人数为77人。此时距第一次公布伤亡人数已有四天。信息公布的不及时，容易引发民众的恐慌和猜测，甚至导致谣言四起，该事件中，网上就曾流传出了暴雨中死亡数百甚至数千人的不实言论。

（4）传统救灾模式作祟，政府号召公众捐款引发民意反弹。

灾后，北京召开相关会议决定，由机关党员干部带头，在全市范围内发起为“7·21”特大自然灾害救灾捐款活动。北京有关方面随即公布了捐赠账号。但让人始料不及的是，这一捐款呼吁遭遇了较为明显的民意反弹，不少人在网上对此说“不”。灾难发生后动员民众捐款救灾是传统救灾模式里的固定动作，但其并不是事事适用。首先，“这一次捐款倡议缺乏足够的民意基础”②。北京是一国首善之区，公共财政应有足够的支撑能

① 北京！北京！. 南都周刊，2012（28）：15.

② 晶报评论部. 北京号召为“水灾”捐款为何引起民意反弹. 晶报，2012－07－25.

力；其次，北京市民还处于灾后恢复期，他们本身就是受害者，在信息不明、灾情统计模糊，甚至死亡人数都不确定的情况下，号召市民捐款被很多人解读为转移视线。这些特定的因素导致政府再次受到舆论批评，也充分说明政府在做出应急决策时，切不可在惯用逻辑下固化使用惯用方法，要做出因时因地的考虑。

四、应对建议

笔者认为，政府在面对突发自然灾害时，可从以下三个方面入手，提高危机应对能力。

（一）完善危机信息预警机制，确保预警信息的传播效果

危机管理的精髓在于防患于未然，如果能做好危机的预警，不仅能减少经济损失、人员伤亡，甚至能避免危机的发生。此次危机暴露出政府在突发自然灾害预警方面的漏洞和不足。政府亟待建立健全自然灾害危机预警机制，转变害怕引起“不必要的恐慌”的预警观念。在预警信息的传播上，不仅要保证预警信息的到达率，更要保证预警信息的行动率，即多少人按照预警信息行事[①]。为确保预警信息传播的有效性，可借鉴香港、新加坡等地的做法，“一旦遇到台风，马上发布预警信息，并通知取消各种公共活动，如体育比赛、演出，并要求学校停课，警示公众如非必要，不要外出”[②]。其次，尽一切可能将预警信息通知到每一个个体。在专业气象单位已经对暴雨做出准确预报时，政府相关部门应同时启动短信预警传播，提醒市民尽量避免出行。手机媒体的便携性、随身性，使信息传播更为高效和富有感染力。还可以发挥我们的优势，利用单位、居委会等把信息准确送达每个个体。

（二）危机应对要灵活机动，更加以人为本

危机环境总是瞬息万变、充满未知，所以危机的应对也不能过于僵化和教条，而必须保持适度的灵活性。首先，政府部门应尽快完善城市内涝防御应急预案，使其更为专业和灵活。同时相关人员对应急预案的运用也

---

① 胡百精. 危机传播管理. 北京：中国传媒大学出版社，2005. 157.

② 陈明. 政府与媒体如何应对突发自然灾害事件——以北京“7·21”暴雨为例. 新闻前哨，2012（9）：13.

要灵活机动，重点还是要把死的应急预案转变为活的应急能力。正如国家减灾委副主任、北京师范大学教授史培军和国家行政学院教授竹立家所认为的，“严格地说，下雨已经不能称为突发事件了，虽然各地都制订了相应的预案，但这只是程序性的东西，遇到情况时需要灵活机动的处理，而不是按部就班地套用”①。而灵活机动的不变宗旨就是以人为本，“以人为本”就是一切工作都要把“人”放在第一位，以“人”的生存和发展为根本目的。在危机处置的过程中，相关人员要以人的安全与诉求为出发点和落脚点，灵活机动运用应急预案。处理好“死”的方法与“活”的人之间的关系，才能有效解决危机。

（三）建立多元主体参与的应急机制

政府不是万能的，且很多问题只有政府与民众共同面对、精诚合作才能解决。在灾难发生时，政府不应该孤军奋战，而应与公众、民间组织等合作，共同寻求最佳的解决之道。可探索建立一种融政府有关部门、媒体、相关学界、NGO 等民间公益团体等多元主体于一体的应急机制，使各主体各尽所能，共同协作。其中，政府可以主导建立这个应急体系和模式；新闻媒体要成为共享有关信息与传播沟通的平台；学界则要提供有关理论、方法与技术上的智力支持；NGO 等组织可发挥其专长，如实施灾后心理救助等。为达到此目标，政府须在平时涵养一些社会管理机构、民间慈善公益组织、互助组织等，形成长效合作机制。一旦发生灾难性事件，便可组织这些力量迅速投入应急救灾中。特别要注意的是，各类主体应是在公共精神感召下，突破传统规则与做法自由自主行动，而非由政府统一发号施令。政府应充分尊重媒体的专业自主运作，鼓励公众和民间组织参与，只有充分尊重才能实现合作。

参考文献：

[1] 张志安．寻找“高度哥”．南都周刊，2012（29）．
[2] 连新元．广播突发事件报道的三个维度——以北京“7·21”暴雨灾害为例．新闻记者，2012（10）．
[3] 审鹏．外媒关注北京暴雨 城市排水问题引争议．参考消息网，http://china.can-

① 涂铭，孙伟丽，赖臻．追问北京暴雨下的应急之痛．http://news.sina.com.cn/o/p/2012-07-24/062424831763.shtml,2012-07-24.

kaoxiaoxi. com/2012/0723/63620. shtml,2012 - 07 - 23.
[4] 谢耘耕，万旋傲．不同类型媒介在公共事件中的角色变迁——基于2007—2011年重大公共事件的实证研究．现代传播，2012（11）．
[5] 鹰眼舆情观察室．2012社会热点舆情分析：北京“7·21”暴雨．蚁坊软件，www. antvision. cn/browse/article/12/217. html.
[6] 彭晓芸．公民自救与社会治理的调适——以北京暴雨舆情为例．四月网，http://www. m4. cn/space/2012 - 07/1175748. shtml,2012 - 07 - 30.
[7] 王宏宇．8万人的冷雨夜．南都周刊，2012（29）．
[8] 曹林．暴雨中见人心 北京精神在民间．中国青年报，2012 - 07 - 23.
[9] 朱明刚．北京暴雨灾害事件舆情分析．http://www. peopleyuqing. com/yqalk/zfalk/zfalknews/2012 - 07 - 31/3927. html,2012 - 07 - 31.
[10] 徐卓君，李岩．广渠门桥致命3小时．南都周刊，2012（29）．
[11] 北京！北京！．南都周刊，2012（29）．
[12] 晶报评论部．北京号召为“水灾”捐款为何引起民意反弹．晶报，2012 - 07 - 25.
[13] 胡百精．危机传播管理．北京：中国传媒大学出版社，2005.
[14] 陈明．政府与媒体如何应对突发自然灾害事件——以北京“7·21”暴雨为例．新闻前哨，2012（9）．
[15] 涂铭，孙伟丽，赖臻．追问北京暴雨下的应急之痛．新华网，http://news. xinhuanet. com/gongyi/2012 - 07/23/c_123452609. htm,2012 - 07 - 23.
[16] 陈健强，刘师健．论突发公共事件中政府—媒体—公众联动模式的制度化——以汶川抗震救灾为例．国际新闻界，2010（12）．
[17] 郑智斌，王诗雨，陈冲．重大突发事件的网络舆情及其沟通——以“7·21”北京暴雨事件为例．湖南大众传媒职业技术学院学报，2013（1）．

日本“3·11”地震引发的抢盐风波媒介化分析

郭 翼

“3·11”地震，不仅给日本国民的生活带来巨变，也在中国掀起了一阵舆论风波。地震的哀悼声还未褪去，关于食盐危机的谣言群起，由谣言引发的抢盐风波酿成了我国的一场公共危机事件。这场舆论风波吓坏了民众，也忙坏了中国盐业总公司和各地政府，新媒体在此次风波中扮演着“造谣”和“辟谣”的双重角色，危机虽然在有效的公关辟谣中平息，但危机带来的启示却是长远而深刻的。

一、案例回顾

（一）公共危机事件的萌芽

2011 年3 月11 日，日本当地时间14 时46 分，日本东北部海域发生里氏9.0 级地震并引发海啸，造成重大人员伤亡和财产损失。地震震中位于宫城县以东太平洋海域，震源深度20 公里。这是日本历史上最为严重的地震，也是世界第7 大地震。3 月12 日，地震造成日本福岛第一核电站1 至4 号机组发生核泄漏事故。

对于日本列岛的激震，天涯论坛的主题调查显示：44.9% 的网民明确表示会为日本地震捐款，39.9% 的网民则明确表示不会为其捐款；53.0% 的网民明确表示会为日本地震默哀，35.8% 的网民则明确表示不会为其默哀。

日本地震的灾情因短时间内无法估计，故引发了民间谣言。在微博、论坛以及QQ 群中流传着诸如“超级月球”引发地震、“核污染扩散到亚洲各国”等，其中“核辐射影响中国”成为最受中国民众关注的一大谣言。微博中有谣言称：日本核辐射会污染海水导致以后生产的盐都无法食用，而且吃含碘的食用盐可防核辐射。

新浪微博中最先得到广泛传播的是有关核辐射即将进入中国境内的谣言，其中转发最为频繁的便是所谓的“@BBC 新闻台”的消息：“日本政府证实，因第二波地震而波及的福岛县的核能工厂辐射外泄抢救失败，已开始蔓延至亚洲区域国家，预计下午4点抵达菲律宾。”这条冒用 BBC 名义所发的信息，具备知名媒体、精确时间，言之凿凿。同时，有网友开始发布日本风向示意图，断言未来几天的天气将促使核辐射进入中国。诸如此类的信息一经传播，已然为即将到来的核恐慌和抢盐潮埋下了伏笔①。

（二）公共危机事件的爆发

2011 年 3 月 13 日晚上 10 点零 6 分，这样一条微博开始出现：“詹浩：身处东海之滨，我表示日本核泄漏压力很大，看到学校核监控车压力更大，食堂盐开始放多了，压力已经大到无以复加了。”紧接着，3 月 14 号凌晨 1 点 55 分，新浪微博上出现了“楠楠宋宋楠楠：日本滴朋友们 台湾滴朋友们 离日本近滴沿海朋友们 时刻注意核爆炸滴新闻 多吃点加碘盐买点儿碘化钾药片儿备着点儿 有备无患”的信息。凌晨 2 点 17 分，这条“关怀”信息被新浪微博“@主人寒傲”转发。

接着，微博上的信息从最开始的“温馨提醒”转变成鼓动抢购。3 月 15 日最早描述抢盐的微博出现，上海博友“林小蓉_毛毛”在 15 日 13 点 34 分发布“东京~日本~地震~海啸~爆炸#超市里的盐和紫菜都抢疯了，海啸造成的海水污染……”②。

相关谣言主要有两类：一类称日本核辐射已经污染海水，中国东部沿海地区的海水受洋流影响也会被污染，海盐因带有辐射而不能食用。另一类称核辐射将会影响中国的胶州半岛、山东半岛以及华北、华东部分地区，食用含碘食物可以有效防辐射，并且食盐供应紧张，可能会涨价。

16 日，微博上有抢盐相关信息 25 033 条，其中浙江 14 247 条，占半数以上，浙江相关信息中又以杭州最多，其次是宁波、绍兴。17 日，抢盐

---

① 崔守峰. 新媒体环境下重大突发公共事件中的谣言传播研究——以抢盐风波为例. 人民网·学子论文，http://media.people.com.cn/n/2012/1205/c238969-19801037-1.html,2012-12-05.

② 陈先红，刘晓程，李华君. 公共传播研究蓝皮书·中国危机公关案例研究报告（2011 卷）. 武汉：华中科技大学出版社，2012. 36.

相关信息已增长到 404 525 条①。

如此种种谣言，引起民众不必要的恐慌，酿成一场突发的公共危机。

（三）公共危机事件的高潮

继微博之后，各大论坛、贴吧、虚拟社区也开始出现谣言泛滥，同时传统媒体开始跟进。从 3 月 16 日开始，全国多地发生抢购食盐现象，抢盐风波从我国东部沿海省市逐渐蔓延到全国各地。

3 月 16 日，“抢盐”与“碘盐供不应求”等成为虚拟社区、门户网站乃至报纸头版的最大话题，电话、QQ、MSN 等社交工具也成为谣言传播的重要工具。从 3 月 17 日起，浙江、江苏、山东等沿海省份发生大规模的购盐潮，盐价从一包 1 元多飙升至 20 元。这场风波在 17 日、18 日两天达到高峰，各地盐架扫空。

百度指数显示，2011 年 3 月 17 至 18 日是网民对抢盐风波的关注度达到顶峰的阶段（见图 1）。

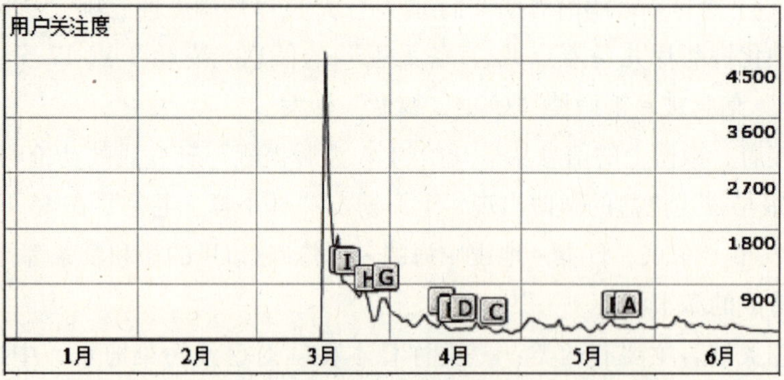

图 1　2011 年上半年网民对“抢盐风波”的关注度

同时，17 至 18 日两天，也是传谣和辟谣达到白热化的阶段。电视新闻、各大报刊和门户网站、贴吧、论坛、QQ、微博等媒体都是谣言角逐的重要阵地。

3 月 17 日，各大论坛和微博中开始流传一条类似新闻稿的消息，内容为：“本报讯记者　谢超石　由于担心日本核泄漏造成的辐射伤害，浙江慈溪一男性市民昨日过量食用食盐‘抗辐射’，被家人发现后送入医院，

① 崔守峰. 新媒体环境下重大突发公共事件中的谣言传播研究——以抢盐风波为例. 人民网·学子论文，http://media.people.com.cn/n/2012/1205/c238969-19801037-1.html，2012-12-05.

经抢救无效不幸死亡。”（见图2）

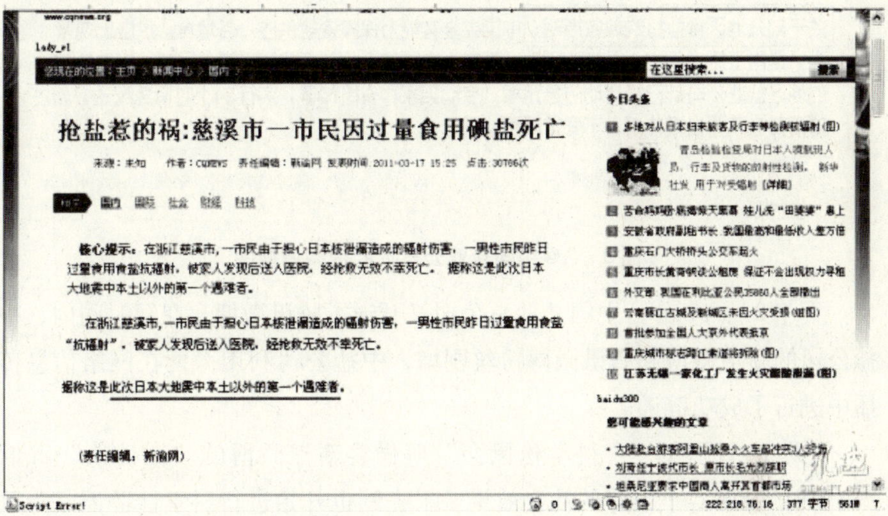

抢盐惹的祸:慈溪市一市民因过量食用碘盐死亡

发表时间:2011-03-17 15:25

核心提示：在浙江慈溪市，一市民由于担心日本核泄漏造成的辐射伤害，一男性市民昨日过量食用食盐抗辐射，被家人发现后送入医院，经抢救无效不幸死亡。据称这是此次日本大地震中本土以外的第一个遇难者。

在浙江慈溪市，一市民由于担心日本核泄漏造成的辐射伤害，一男性市民昨日过量食用食盐“抗辐射”，被家人发现后送入医院，经抢救无效不幸死亡。

据称这是此次日本大地震中本土以外的第一个遇难者。

（责任编辑：新渝网）

今日头条

图2 《抢盐惹的祸：慈溪市一市民因过量食用碘盐死亡》网页截图

随后，相关新闻被大量转载。有网民调侃称此为“盐多必失”。3 月 18 日，此事被确证为谣言。慈溪市人民政府新闻办公室主任赵某在接受记者电话采访时做出回应，称此消息纯属谣传。《宁波商报》联系慈溪各大媒体之后发现，并无“记者谢超石”此人。

在谣言泛滥，因抢盐风波而人心惶惶时，政府通过网站和主流媒体开始发布通告进行辟谣。国家卫生部、商务部、发改委、环保部等部门，从稳定民心、解释猜疑等出发，主要通告了以下几项内容：①多吃食盐无助于防辐射；②全国食盐供应充足；③食盐质量有保证；④食盐价格不会调整。一时间，全国从中央到地方的辟谣声此起彼伏。

微博的传播特点是一把双刃剑，它既是谣言的始作俑者，又是破解谣言的利器。在此次抢盐风波中，微博的角色在后期也发生逆转。

3 月 17 日下午 1 点 49 分，中国盐业总公司临危开通了新浪微博，第一条信息就是：“关于部分地区食盐抢购现象声明：中国完全有能力保障食盐供应。各地食盐供应出现紧张，是由于短时间内大量抢购所致，事实上中国的食盐储备非常充足。目前，发生抢购的地区盐业公司都已经启动应急预案，启动国家和省级储备，实行 24 小时紧急配送，希望消费者不要信谣传谣，不要盲目囤盐抢盐。”（见图3）

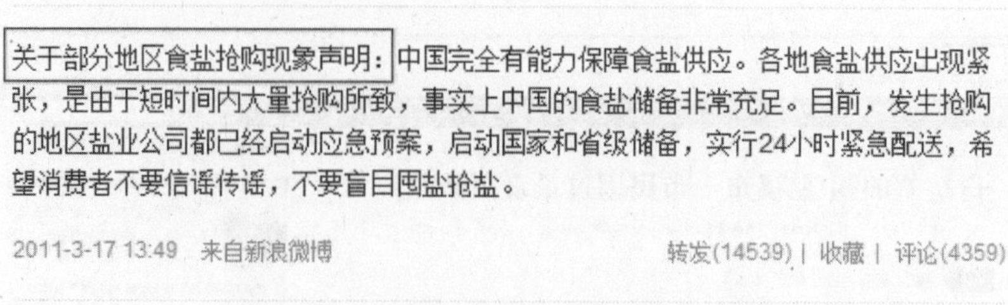
关于部分地区食盐抢购现象声明：中国完全有能力保障食盐供应。各地食盐供应出现紧张，是由于短时间内大量抢购所致，事实上中国的食盐储备非常充足。目前，发生抢购的地区盐业公司都已经启动应急预案，启动国家和省级储备，实行24小时紧急配送，希望消费者不要信谣传谣，不要盲目囤盐抢盐。

2011-3-17 13:49 来自新浪微博 转发(14539) | 收藏 | 评论(4359)

图3 “@中国盐业公司”新浪微博截图

下午3点17分，中国盐业总公司又开通了腾讯微博。在短时间内，中盐公司的新浪微博和腾讯微博粉丝剧增，中盐公司利用微博在网络信息传播中进行了成功辟谣。

3月17日下午，“科学松鼠会”等做客新浪微博的“微访谈”辟谣“核辐射”，取得了很好的社会效果。果壳网也开始进行科学性辟谣，为风波的缓解起到了重要作用。

（四）公共危机事件的解决

由于传统媒体的介入，凭借大众传媒固有的公信力和话语权，民众的恐慌心理慢慢消减。不久，各大网站相继登载评论文章，指出相关谣言纯属子虚乌有。

“谣盐”散去后又现退盐潮，很多买盐者投诉商家不退货，商家的理由是担心投毒等问题隐患。腾讯网关于退盐的调查显示，受调查网民当中认为“应退”的仅有4 056人；认为“不应该退”的则多达37 988人，占比将近九成。

事后，许多主流媒体就本次“抢盐”风波进行了理性分析和总结。3月18日《新京报》的《不需储备盐，多储备核安全知识》从防辐射和矿盐两个角度驳击了谣言的荒谬。新华网的《做一个“科学的中国人”》则从公民的基本科学素养角度反思了谣言扩散折射的国人科学素养的缺失。央视《新闻1+1》3月18日的《危“盐”耸听为哪般》和3月22日的《先抢后退，一“盐”难尽》回顾了两天时间内民众“先抢盐后退盐”的戏剧性对比，并论述了新媒体信息发布的边界、限度问题。3月22日《人民日报》的《“抢盐风潮”：来也匆匆，去也匆匆》对抢盐事件的来龙去脉和民众心理进行了系统回顾①。

3月20日，杭州市公安局西湖分局做出处罚决定，依法对网上散布日本核电站爆炸污染山东海域谣言的杭州网民陈某行政拘留十天，并处罚款五百元人民币。警方调查认为，3月15日上午，陈某用网名“渔翁”在网上散布关于近期日本地震引发核污染的谣言——“据有价值信息，日本核电站爆炸对山东海域有影响，并不断地污染，请转告周边的家人、朋友储备咸盐、干海带，在一年内不要吃海产品”是此番谣言的源头。至此，来势汹汹的抢盐风潮宣告落幕②。

二、抢盐风波所带来的启示

面对地震，日本民众表现出难得的淡定，地震时容易出现哄抢、混乱、骚动等乱象没有在日本发生，日本国民的秩序井然，足以让不少中国人羞愧。150多万网民参加的凤凰网主题调查显示，515 343位网民表示日本人在大灾难面前的有条不紊令人震撼③。“3·11”地震，本是日本的“天灾”，却被中国人演绎成自己的“人祸”，这出“抢盐记”可谓忙坏了“盐荒子孙”。这场风波虽然在政府相关部门的处理下得以平息。但这起由自然灾害触发的公共危机事件，却不得不引起我们深入的思考。

（一）新媒体时代为公共危机事件媒介化提供温床

我国正处在社会转型期，随着人们物质生活逐渐得到满足，公众对精神、文化生活的追求越来越突出，同时政治参与度和民主需求都在增加。因此，新媒体时代的信息需求量远远大于过去，通信工具和技术的进步、新型信息接收终端的出现，既顺应了历史发展的趋势，也极大地满足和推动了这股潮流。然而，新媒体时代由于网络匿名性、网民年轻化、信息娱乐化所带来的信息传播风险，又与民主、自由的信息环境

---

① 郑恩，龚瑶．论新闻评论的舆论生态——国内主流媒体对日本3·11地震的新闻评论话语分析．现代视听，2011（6）：27．

② 谣“盐”闹剧：网络时代的全民癫狂．艾利艾咨询网，http://www.iricn.com/index.php?option=com_content&view=article&id=143:2011-04-14-01-49-15&catid=28:2011-03-30-05-29-10&Itemid=32，2011-03-28．

③ 日本列岛震灾不断 中国网络舆情沸腾．艾利艾咨询网，http://www.iricn.com/index.php?option=com_content&view=article&id=171:2011-04-14-01-57-27&catid=28:2011-03-30-05-29-10&Itemid=32，2011-03-21．

共生。

从近年来我国公共危机事件的发展路径来看，媒体介入成为公共危机事件扩大甚至爆发的重要影响因素。新媒体为公共危机事件媒介化提供了温床，公共危机事件在这样的媒体环境中呈现出自己的特点。

1. 多渠道联动

新媒体时代公共危机事件的传播途径主要包括人际传播、群体传播、大众媒体传播三种。有学者总结公共危机事件的传播路径时，这样表述：

人际传播（亲友、电话、短信、IM 软件）、群体传播（微博、论坛、博客）、大众传播（报纸、新闻网站、电视）①。

按照以上划分，网络传播渠道中既有群体传播也有大众传播。新媒体时代，通过网络实现的群体传播，在公共危机事件中发挥着越来越重要的作用，这类传播渠道主要包括：网络论坛（BBS 电子布告栏）、虚拟社区，如比较知名的强国论坛，西祠胡同，天涯社区，猫扑网等；聊天工具如腾讯 QQ、MSN；社交媒体网站，如 QQ 空间、人人网、新浪微博、朋友网、开心网等。随着智能手机等移动终端的进步，移动网络完善和发展了互联网传播，在传播渠道多元化的基础上，更具备了即时、准确定位等特点。

此次抢盐风波充分体现了多元传播渠道的联动。“3·11”地震后，微博中逐渐充斥着各种未经证实的信息，这是谣言形成的最早诱因。但除此之外，不实信息在口口相传、论坛贴吧讨论中被添枝加叶和添油加醋，才逐渐“面目全非”。同时，大众媒体在核辐射发生后，报道时表现出慌乱与盲目性，如《羊城晚报》记者采访卫生部放射卫生防护标准委员会委员邹剑明时称“可以喝少量碘酒防护核辐射”。由于一些记者本身科学知识的匮乏，采访了一些所谓的专家，这些专家的不当言论对谣言的发酵也起了催化作用。

2. 传播速度快、持续时间短

借助虚拟社区、论坛、博客、QQ 等网络媒体平台，谣言在几天、甚至几小时内就可变得声势浩大，这在过去的群体传播中是不可想象的，即

---

① 喻国明. “抢盐风波”的生成因素、传播路径、议题演化及媒介表现——基于网络文本的智能化舆情分析技术. 新闻与写作，2011（5）：59.

使传统的大众传播也难以如此立竿见影。以下是“抢盐风波”中谣言的传播过程①（见表1）：

表1 日本“3·11”地震引发的“抢盐风波”谣言发展阶段

第一阶段（2011 年）		第二阶段（2011 年）		
3 月 13 日前后	3 月 15 日	3 月 17 日	3 月 19 日	3 月 19 日以后
“日本大地震所引发的核辐射逼近浙沪沿海”的谣言开始盛行网络	“碘盐抗辐射”的谣言经过多次转发复制，直接导致了抢盐风潮的激发	国家发改委等部门介入辟谣，各地方紧急召开新闻发布会，稳定市场	除个别省份的少数城市的小杂货店或小超市暂时缺货外，其他地区都已恢复正常运行	20 日，杭州警方依法对散布谣言的网民陈某作出行政拘留 10 天并处以 500 元罚款
谣言演变形式：“核泄漏威胁沿海”论→“食用碘盐能有效预防核辐射”论→沿海居民疯抢食盐→全国范围内食盐市场混乱、人心不稳				

不实信息在地震发生后的 24 小时内就开始出现，在不到两天的时间里，全国抢盐闹剧便发生。法国社会学家弗朗索瓦丝·勒莫在《黑寡妇——谣言的示意及传播》中提到谣言从产生到消亡的三个阶段——幼虫—蛹—成虫。孵化完成阶段即宣告谣言的诞生，同时也不言而喻地宣告它的死亡。②

随着抢盐风波的事态愈加扩大，事件的相关信息也逐渐丰富和完善，政府部门开始发布和澄清相关信息以控制事件。国家发改委等部门在17 日开始介入，各地政府的积极辟谣，社会各界对于谣言的探讨和批判，使得“谣盐”之灾只横行了不到两天又归于平静。

（二）传统媒体在公共危机事件中呈现被动

1. 新闻敏感性不足、报道滞后

与网络媒体的迅速反应形成对比，传统媒体在此次事件中表现出一定的滞后性。3 月 17 日以后，传统媒体才开始大量跟进报道。统计数据显示，2011 年3 月17 日，在头版发布“抢盐”信息的报纸有《羊城晚报》

①② 崔守峰．新媒体环境下重大突发公共事件中的谣言传播研究——以抢盐风波为例．人民网·学子论文，http://media.people.com.cn/n/2012/1205/c238969 - 19801037 - 1.html，2012 - 12 - 05.

《华西都市报》等22家，其中20家的报道主题有明显辟谣取向。3月18日，151家报纸在头版涉及此次事件。3月19日，有73家报纸头版“涉盐”，开始出现回落①。

2. 报道模式刻板单一

单从报道内容来看，传统媒体在介入后最早的报道模式都是简单的事实呈现，以消息的形式报道“抢盐”新闻，这样的报道对问题的切入较浅。同时，由于传统媒体具有较大的公信力，公众对其往往深信不疑，在这种基础上“不偏不倚”和“客观”地呈现事实，某种程度上反而是在为谣言传播助力。凤凰网的相关调查也显示，在参与调查的86 673位网民当中，仅有1 468人是从微博知道抢购食盐信息，占比仅为1.7%，远低于亲友（41.3%）、电视报纸（30.4%）、其他网络途径（13.8%）和手机短信（3.0%）。因此可见，微博虽是谣言兴起的主力军，电视、报纸等传统媒体却在谣言传播中无形地扮演了“帮凶”的角色。

现代传播学认为，危机事件中的谣言传播往往起源于“媒介恐慌”。邵培仁教授认为，“在对社会恐慌事件进行大规模报道的过程中会导致产生新的更多的恐慌现象或恐慌心理”②。微博中的舆论领袖以及口口相传的特点，加之传统媒体的“中立”呈现，谣言一时间引起民众更大恐慌。

（三）新媒体时代政府应转变信息管理模式

新媒体时代网络的草根性、流动性、难管理、难预测等特点，对政府的舆论引导和危机传播提出了全新的挑战。近年来政府处置突发公共事件时的滞后和不当反应，反映了目前政府官员媒介素养还有很大不足，也暴露了政府在危机传播管理方面的缺陷。

1. 此次抢盐风波，政府在处置危机时的应急管理措施有不少可取之处

（1）官方机构、官员有效利用新媒体辟谣。

2011年3月16日，浙江省政府主要官员开设微博辟谣。抢盐事件发生时，一名网友在微博上向时任中共浙江省省委常委、省委组织部部长、省委党校校长的蔡奇报料，数分钟后除了蔡奇以外，浙江省副省长郑继伟

---

① 陈先红，刘晓程，李华君．公共传播研究蓝皮书·中国危机公关案例研究报告（2011卷）．武汉：华中科技大学出版社，2012．39．

② 邵培仁．媒介恐慌论与媒介恐怖论的兴起、演变及理性抉择．现代传播，2007（4）．

和杭州市卫生局长陈卫强相继在微博上作出回应，告诉网民核辐射监测结果、食盐供应充足、碘盐无助抗辐射等，官员的安民告示在短短数小时内被转发了数千次。这对稳定人心，平息抢购起到重要作用。

此外，浙江省政府信息网也在网站上发布辟谣信息。3 月 17 日，中国盐业总公司注册新浪微博，通过发布官方信息来平息风波。

（2）政府在意识到危机后表现真诚。

自 3 月 17 日国家卫生部、商务部、发改委、环保部等部门发布辟谣通告之后，各政府部门网站、微博积极回应公众疑问，随时跟进信息更新。尤其是“中国盐业总公司”的加 V 账号，全天 24 小时与粉丝互动，还专门参与“微访谈——制止谣‘盐’”，行之有效地完成了辟谣和危机公关。

2. 政府部门在此次风波中也暴露了诸多不足

（1）反应速度不够快。

此次公共事件的危机潜伏期早在地震爆发后就开始，3 月 13 日危机开始萌发，3 月 16 日危机全面爆发，然而政府相关部门真正介入是“抢盐风波”已经波及全国范围之后的 16 日的晚上 7 时 30 分，前 3 天政府相关部门作为社会管理主体是缺位的，即所谓的信息真空和主体缺位。

同时，相关政府部门没有肩负起辟谣的大任，有效利用微博辟谣的是中国盐业公司，其性质为企业单位，虽然是国家企业单位，但并不是政府本身。反之，农业部、卫生部等机构反应迟缓，辟谣方式守旧刻板，辟谣效果欠佳，这是危机蔓延和扩大的主要原因。

（2）危机管理体系不健全、预警措施不足。

在危机公关中，有著名的“5S”原则，其中一个 S 即“System”，“系统”原则既包括在危机处理过程中的系统运作，广义上也包括对待危机事件，要建立一个从预警、应急方案到危机处理，再到危机解决与善后的全面系统。从这个层面出发，政府在抢盐危机中的危机预警严重缺失，没有灵敏地察觉到潜伏的危机。3 月 13 日微博上出现第一条谣言开始，政府相关部门就应该察觉到危机，并及时做好应对计划。在事后的处置中，相关部门又犯了“烂尾”的老毛病，辟谣达成一定效果后立即拉出“替罪羊”，处理杭州网民陈某并宣告事件了结。

政府没有在事后持续发布相关信息，健全和完善官与民的沟通渠道，就连在危机过程中建立起来的沟通渠道也被废弃。中盐集团在新浪微博的

“@中国盐业总公司”账号，在2011年3月17日发布完最后一条微博——“由于时间限制，无法一一回答大家的问题。我们正努力采取措施应对这一现象，但还需要大家理性地配合，谢谢大家！中国完全有能力保障食盐供应，请大家不要信谣传谣。”以后，就“寿终正寝”宣告使命完成，这不得不让人叹息（见图4）。

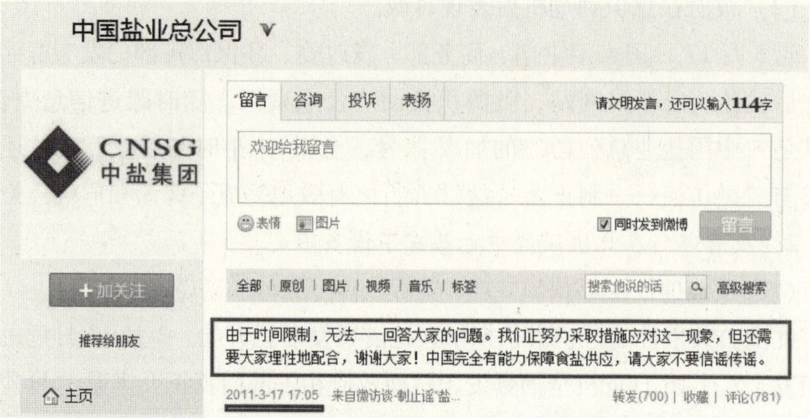

图4 “@中国盐业集团”新浪微博截图

3. 从此次抢盐危机事件出发，政府部门在处置公共危机事件的过程中，还有许多需要完善之处

政府形象是政府的无形资产。为实现大众传媒的形象传播功能，建立和塑造政府形象，有效应对突发公共事件，政府必须采取有效应对策略，尤其在新媒体环境下，符合时代特色和传播规律的政府危机管理乃题中之义。

（1）转变“宣传”的思维方式。

政府习惯性将公众作为“被管治的对象”来对待，受历史影响，我国行政部门在行事过程中重视“宣传”，这种思维导致的行事风格往往具有“说一不二”的生硬，显得漠视公众的主体性。“口径一致”和“稳定人心”就是这种思维逻辑下的产物。要改变这种思维模式，适应新时代的社会特征，就必须将“宣传”转变为“公关”，因为“宣传”无法攻克危机、平息矛盾，反而会激发公众的反抗情绪，而“危机公关”采取平等对话的方式和注重“说服”效果的模式，更有助于化解危机。危机公关，是处理公共危机事件的最佳“药方”。

危机公关强调传播策略和智慧，讲究传播时机，更注重传播主体的形象维护，因此，政府在转变思维模式的必要性前提下，还应提升公关策略。

（2）新媒体环境需要新的信息预警和反应机制。

政府具有其他主体难以替代的公信力，面对我国目前群体性突发事件多发的国情，建立完备的应急预警和反应机制势在必行。在新媒体时代，传统媒体的议程设置功能已被减弱，新的媒体环境需要新的应对之策。抢占先机才能先入为主并掌握话语权，这是网络媒体时代引导舆论的重要手段。因此，面对公共危机事件，信息发布的速度和透明度，对整个事件的发展起到至关重要的作用。此次抢盐风波中，政府有关部门的反应有所滞后，国家卫生部、发改委等部门，各地环保部门在事件发生的第三天才进行辟谣，这为谣言的蔓延提供了充足的时间，也为政府部门自身的辟谣工作增加了难度。

在抢盐风波发生后，中国盐业总公司及时注册微博账号，发布了近50条微博进行辟谣，吸引了近3万粉丝的关注，对谣言的控制与平息起到一定作用，但类似于“@中国盐业总公司”这种“谣言起，微博开；谣言止，微博停”的辟谣形态，并没有真正利用好新媒体的传播平台，更谈不上建立完善的信息管理体系。

我国不少政府部门对于微博等新媒体都呈现出“临时抱佛脚”的态度，事情没有发生前往往不提前设置预警机制，没有将网络信息管理列入政务管理中，一旦舆情爆发就“病急乱投医”，抓来就用。这种没有形成体系的信息管理模式存在诸多漏洞，绝非长久之计。长此以往，政府在信息管理中将处处被动。

（3）政府相关人员需要提高媒介素养。

企图通过封锁消息、压制媒体报道来平息风波、稳定社会的政务处理逻辑，在当下中国早已行不通。不少事实已经证明，这种方式只会导致危机恶化，产生巨大损失，主流媒体的失语、错位，政府部门对信息的封锁、瞒报反而会让不实信息有机可乘，引发更大的社会恐慌从而加剧危机。

传统上，政府的信息公开通常通过召开新闻发布会、发布通告及答记者问的形式展开，这种模式具有一定成效。然而，如今受中国信息环境多元化的影响，公众对政府发言人的要求更高，不再满足于过去那种“上传下达”、只讲官话的新闻发言，社会对政府新闻发言人的媒介素养要求提升。

近年来，诸如温州动车事故新闻发言人王勇平这样“因言获罪”的政府工作人员越来越多，中国社会在转型，公众的媒介素养在提升，因此政府工作人员也要转变思维，认清现实。

除了传统的新闻发布模式，政府官方和工作人员都应更多地发挥主动性，采取更多样化的方式及时有效地发布信息。目前，不少政府部门都注册了自己的微博，很多官员也“赶时髦”注册自己的账号，从某种意义上来说，这是政务公开、官民沟通的进步，但如何管理账号、如何“发言”，都将是新的挑战。

4. 总结

公共危机事件的产生，一般有着一定的规律。此次日本福岛核泄漏引发的中国“抢盐”风波，有着这样的发展链条：自然灾害引发公共卫生事件，公共卫生事件又引发社会安全事件；由地震引发流言，流言造成的恐慌引发骚动，最终出现抢购和物价上涨。

在我国抢购风波并不是第一次发生，前些年屡次通货膨胀时的“抢购风”，2003 年非典流行时盛传板蓝根防非典、白醋防非典而引起的抢购潮等，都让人记忆犹新。纵观此次抢盐风波，虽然官方在应对上有诸多不足之处，但总的来说，不论是反应速度还是应对策略，都有所提高。

这次抢盐风波能够快速平息，得益于政府部门的高度重视、积极应对。然而，如果各级政府对民情动态更敏感一些、做出反应的速度更快一些，或许谣言不会蔓延甚至不会产生。面对危机，公众盼望的是信息的及时、透明、权威和真实。

“前事不忘后事之师”，不必再指责盲从、迷信和无知，我们应该思考的是如何避免此类事件的重演。媒体和政府，在推动社会走向更为理性、更加互信，建设一个规范有序的公民社会方面，责无旁贷。

参考文献：

[1] 陈先红，刘晓程，李华君. 公共传播研究蓝皮书 · 中国危机公关案例研究报告（2011 卷）. 武汉：华中科技大学出版社，2012.

[2] 崔守峰. 新媒体环境下重大突发公共事件中的谣言传播研究——以抢盐风波为例. 人民网·学子论文, http://media.people.com.cn/n/2012/1205/c238969-19801037-1.html, 2012-12-05.

[3] 日本列岛震灾不断 中国网络舆情沸腾. 艾利艾咨询网, http://www.iricn.com/index.php?option=com_content&view=article&id=171:2011-04-14-01-57-27&catid=28:2011-03-30-05-29-10&Itemid=32, 2011-03-21.

[4] 邵培仁. 媒介恐慌论与媒介恐怖论的兴起、演变及理性抉择. 现代传播, 2007 (4).

[5] 谣"盐"闹剧: 网络时代的全民癫狂. 艾利艾咨询网, http://www.iricn.com/index.php?option=com_content&view=article&id=143:2011-04-14-01-49-15&catid=28:2011-03-30-05-29-10&Itemid=32, 2011-03-28.

[6] 郑恩, 龚瑶. 论新闻评论的舆论生态——国内主流媒体对日本3·11地震的新闻评论话语分析. 现代视听, 2011 (6).

六、突发公共事件媒介化应对策略

突发公共事件的形成路径与应对策略

彭伟步

突发公共事件是一种非常态的事件。目前，我国正处于社会全面转型时期，很有可能因为社会竞争加剧、流动加快、分化加速，再加上全球气候、生态环境的变化，而引发公共安全、卫生、交通、能源、市政等方面的危机事件。政府作为公共事务的管理者，任何一次执政不当或官员表现失当都会导致突发公共事件的发生，如2012年底、2013年初发生的与房屋有密切关系的“房叔”、“房嫂”、“房姐”、“房妹”等事件，就是政府在施政过程中存在腐败现象而导致突发公共事件的发生。面对由执政不当、官员表现失当而引发的突发公共事件，政府必然要承担危机管理的责任。

一、突发公共事件的形成路径

突发公共事件媒介化是中国特殊政治背景下的产物，开展这个领域的研究，通过建立可靠、科学的突发公共事件媒介化的形成模型，推导出与西方国家、传统媒体不同的传播理论，有助于我们更深入地了解突发公共事件媒介化的发展过程，帮助政府确定具体可行的应对措施，推动政府施政更加透明化、法制化。

1. 源头的奇异性

众多突发公共事件的媒介化，事件源头基本上都是公众和媒体密切关注的问题。如陕西“表叔”事件，与当前公众对官员腐败深恶痛绝的背景密切相关。在很多情况下，突发公共事件的源头都是很小的，但经过网民的人肉搜索而不断滚动，且得不到及时的信息公布和舆论疏通，才转化为危机。

由于源头极具煽动性，当源头所形成的扩散得不到及时处理就会形成危机。危机一旦爆发，公众就非常容易情绪化。公众的消息往往是从媒体上得到的，而公众对于媒体的依赖度大于政府，政府要通过传媒来表明解决危机的态度，以赢得公众的支持，从而为处理危机提供良好的环境，也展现出一个负责任的政府形象。危机若处理不当，将对信誉和品牌有强烈和深远的破坏性，不管多大的危机都会过去，但是它会在政府的执政历史上留下永远抹不掉的污点。就像 SARS 事件一样，无论政府事后采取多大的努力重塑政府的公信力和形象，但是其初期对待 SARS 的态度，却一直受到公众的诟病。

形成突发公共事件的源头有以下几种类型。

第一，可预测的与不可预测的。比如飞机失事是不可预料的，天灾是自然发生的，任何人都无法预见和预防，那么政府对这些源头只能依靠高效的危机应对机制及时予以处理。比如说，某地发生地震，这属于自然发生的，人们无法避免。政府就要启动应急救助机制，第一时间从瓦砾下救出幸存者，并调动各种物资，对灾民进行及时救助。如果政府反应迟钝，就会引起已经失去家园、情绪悲愤的灾民的不满，很容易引发灾民对政府的不信任。矿难、食品出问题是可预测的，政府应该建立一套监察机制，严格管理可能发生事故的行业，避免事故接二连三地发生，从而使公众产生对政府工作效率低下的不满，引发他们对政府官僚主义的批评，影响政府形象。

第二，人为的和非人为的。非人为的比如森林火灾，人为的比如由于公务人员言语失当，引起了政府形象的危机，政府就必须采取事后补救的做法。又如，某政府官员说错话，宣传部门就要站出来澄清，以避免引起不必要的误会，从而在短时间内消除负面影响。

第三，突发性和潜伏性的。突发性的危机完全没有预兆，潜伏性的危机在刚开始的时候只是小问题，但是如果不给予足够的重视，就会变成重大的社会危机。比如说，“房姐”“房叔”“房婶”等就是因为源头已经长期潜伏下来，且长期处理不当、措施不得力而造成的政府形象危机。

第四，自身造成和环境造成的。比如，公共卫生事件所产生的危机对于旅游业来说是整个社会环境的问题，反映了体制上的诸多弊端。政府应革除体制上的弊端，如施行信息公开制度，及时公布相关信息，满足公众的知情权，排解公众的忧虑，为公众提供更多预防和治疗疾病的方案，才能减少社会的恐慌情绪。只有革除体制的弊端，才不会出现第二个、第三个类似“房叔”、“房婶”等这样的危机。

2. 发展的急剧性

突发公共事件之所以在短时间内急剧扩散，是因为它呈“裂变”式的网络传播形式。在这种形式下，舆论整合的速度加快，力量也随之得到扩张，就像一张不断延伸的蜘蛛网，无人可以预计它成长的速度和限度。我们假设一个人有 1 000 名粉丝，这些粉丝分别有 200 名粉丝，那么，一条信息经过一重转发后，就已经可以传播到 1 000 + 1 000 ×200 = 2 001 000 人，以此类推。从这样的数据统计方式出发，我们就不难理解网络传播为何具有如此强大的传播力。因此，有人这样比喻：如果你拥有 100 个粉丝，你就是一张小型的宣传报；如果你拥有 1 000个粉丝，你就是一张街头的大海报；如果你有 10 万个粉丝，你就是一份都市报；如果你有 1 亿个粉丝，你就相当于 CCTV 了。或许这样的描述不够科学，其中另有一些因素也在起作用，但它从一个侧面反映了这种“裂变”方式产生的影响极具杀伤力，在突发事件中形成意见集散地，并形成舆论聚合器，从而在短时间内产生强大的传播力。

此外，网络用户的行为影响网络舆论形成的过程和机制。关于微博客用户的行为类型调查数据显示：“在微博客上的行为分为四类，其中自我表达型占 46.4%，社交活跃型占 16.2%，讨论参与型占 16.4%，偏好潜水型占 21.0%。”[①] 微博客拥有大基数的表达型用户，许多术业有专攻的用户对研究和讨论的问题存在不同的角度和一定层次的意见权威，通过不断论辩、试错和修正，用户智慧呈现出积木式的叠加状态，多学科、多层次、多角度的参与使得最后的认知能够最大程度地接近真实，公众意见在生成中形成了“倒 U 模型”[②]（见图 1），经过累积之后，网络舆论就会如火山那样在短时间内爆发。

网络舆论的形成一般有五个发展阶段：社会事件出现—信息发布与传播—公共话题形成—意见圈—舆论。网络舆论具有系统性、层次性，经过无数次传播和再传播，循环往复，最终得以不断强化。

---

① 北京市网络媒体协会，缔元信（万瑞数据）. 微博媒体特性及用户使用状况研究报告. 北京市网络媒体协会，2011. 24.

② 胡晓，余文武. 微博客时代基础网民的心理趋向与策略选择. 求索，2011（3）：54 ~56.

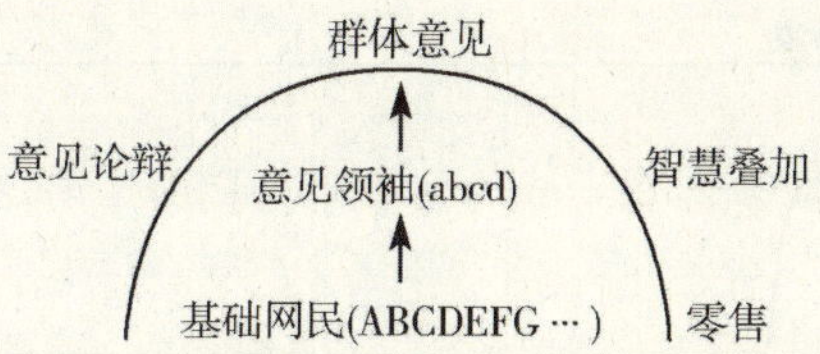

图 1　群体意见生成的“倒 U 模型”

3. 高潮的爆发性

网络舆论在高潮阶段的表现方式犹如“病来如山倒”。因为网络舆论的形成是呈现出病毒式扩散的形式，因此，舆论很容易在网状的空间中传播开来。李开复曾经说，“如果信息足够吸引人，每经过一层转发，信息的扩散范围便可成倍增长。其传播效应就像病毒感染一样，一旦成功发起就私下蔓延，快速复制，在极短时间内获得最大的传播效果”①，这个观点很形象地反映了病毒式传播的连锁与网状传播效应之剧烈。

为反映突发公共事件如火山爆发般的高潮，我们利用百度的语词频度和检索次数进行分析，可以发现网络舆情持续的时间虽有限，但密度大。以“雷政富性爱视频事件”为例，我们在百度关注度分析中以“雷政富”为关键词进行搜索，可以形成如图 2 的网民关注度统计图。

我们发现，网民对“雷政富性爱视频事件”的关注持续时间在 2012 年 11 月 20 日开始，23 日达到高潮，之后逐渐呈下降趋势（见表 1、图 2）。关注度在 20 日开始呈直线上升态势，2 天之后于 23 日达到顶峰。

表 1　网民检索百度次数

时间	网民检索百度次数
2012 年 11 月 19 日	0
2012 年 11 月 20 日	2 631
2012 年 11 月 23 日	308 648
2012 年 12 月 1 日	20 676

“雷政富事件”从事发到处理只有 63 个小时，有网民戏称雷政富“被秒杀”。由此可见，网络舆情汹涌，爆发时间短，但是只要应对得当，就

① 李开复. 微博：改变一切. 上海：上海财经大学出版社，2011. 61.

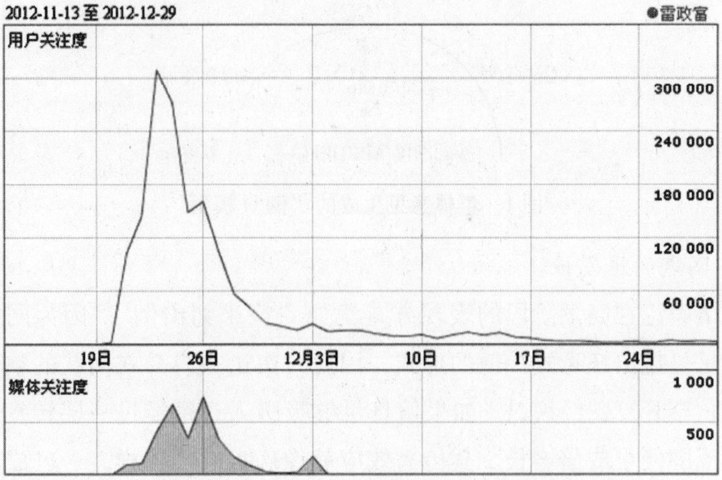

图 2　网民对“雷政富性爱视频事件”关注度走势图

能在短时间内平息而不致形成突发公共事件危机。

4. 过程的模式性

网络舆论来得快，去得也快。由于网络信息太多，不断出现舆论热点，使公众很难对一个公共事件保持长时间的热情，由此形成了网民“见异思迁”般的热情转移，公共事件所形成的危机压力就会逐渐减弱甚至消失。所以，我们不难发现，突发公共事件媒介化大都因政府处理相关责任人而逐渐落下帷幕。这为政府解决网络舆论找到了处理模式，即推出替罪羊，这样公众的情绪得到发泄，不满得到回应，就会把注意力转移到其他事件，由此出现了许多“烂尾公共事件”。这既说明政府没有真正回应公众的诉求，也反映了网络舆论的潮水式发展过程。

2013 年初，国内媒体罗列了 2012 年突发公共事件媒介化的烂尾事件，如“表叔”、“房姐”等事件拖了数月，也没有得到解决，而公众好像也遗忘这些事件，明显反映了公众不可能对某一事件保持持久关注。从这个角度看，突发公共事件的形成过程，与其说是公共事件本身的发展规律导致媒介化，倒不如说是公众对政府行政失当、制度缺陷、官员反应呆滞等不满情绪而导致媒介化。从这个角度来说，公众对突发公共事件的关注，其举动更像是一种民粹行为，民意反而被掩盖起来，并未得到真正呈现，这是一种很令人忧虑的现象。

二、突发公共事件的媒介化特点

突发公共事件媒介化是否有规律，特别是网帖的“滚雪球”效应是如何形成的，舆论失控是如何产生的，它的形成机制是怎样建立的等，都是突发公共事件媒介化的重要研究内容。从这个角度来说，突发公共事件媒介化的方式、特点、形成规律以及“乌合之众”的态度转变等，就显得很有研究的价值。

1. 网络与传统媒体的联动

鉴于舆论媒介化的趋势，传统媒体纷纷建立网站，开设微博，与新媒体融合进行报道，形成新媒体与传统媒体的联动效应。事实上，许多由网络引发的事件，往往经过传统媒体的跟进而呈扩大趋势。“根据上海交通大学舆情研究实验室统计数据显示，2010 年 72 起社会舆情热点事件中，微博首次曝光的事件为 22 起。而且，大部分社会舆情事件中均有微博的介入，其中微博起到重要作用的事件高达 33%。比如舟曲特大泥石流灾害、渭南警察进京抓作者事件、宝马碾压男童案、金浩茶油致癌事件、记者曝光上市公司内幕遭网上通缉事件、王鹏遭跨省追捕案、唐骏学历门、方舟子被打事件、江西万载县县委书记雷语事件等都是由微博最先爆出的。在这些案例中，62% 的事件在 1 天以内被微博曝光，14% 的事件在 1 至 3 天内被微博曝光。”① 新媒体与传统媒体的联动，凸现了媒体融合的发展趋势，形成了新媒体与传统媒体的互动。

面对媒体融合和网络不断扩大的影响，国外媒体如 CNN、BBC、《纽约时报》、《华尔街日报》、《新科学家》杂志、《NME》杂志等已经开辟了 Twitter 账号。截至 2012 年 3 月 5 日，中国共有 6 734 家主流新闻机构开通了新浪微博，其中包括 693 家报纸、1 519 家杂志、3 165 家电视和 1 357 家电台，粉丝量比较靠前的有湖南卫视、凤凰卫视、《中国之声》、《南方都市报》、《南方周末》、《扬子晚报》、《经济观察报》、《新周刊》、《三联生活周刊》、《环球企业家杂志》等。

传统媒体为了增强新闻时效性，吸引人气，扩大影响，不仅在网站上发布新闻，而且还通过微博传播新闻。如英国的《卫报》成为世界上首份

---

① 谢耘耕，荣婷．微博舆论生成演变机制和舆论引导策略．现代传播，2011（5）．

在 Twitter 上发行的报纸，而且所有内容都是按照 Twitter 格式量身定做的。还有一些媒体依托自身的专业平台开设了微博客专栏，实现了微博客内容对专业媒体进行反哺，像《都市快报》设立的“微生活”版，《南方都市报》深圳读本的“深音”版等。

除了媒体开设微博外，从业者也开设微博，进一步加强与公众的即时互动。美通社发布的《2010—2011 中国记者社交媒体工作使用习惯调查报告》称：“超过 90% 的记者表示已经在使用微博客，在使用微博客的记者中有 47.7% 的记者表示经常或每天使用微博客。记者微博主要承担了‘寻找有价值的信息资源以及交流互动’的作用，有接近六成的记者对于在微博客上‘关注或寻找有价值的选题线索和采访资源’表示较多或完全认同。”① “甚至有些记者微博开始进入专业媒体，正式成为媒体机构的组成部分，比如美国天空电视台（SKY NEWS）设立了全职的 Twitter 记者职位，专门跟踪发现 Twitter 上最新出现的新闻线索，英、美、加、澳等国的主流传统媒体还相继任命了社交性媒体编辑。”②

网络与传统媒体联动，从而形成了突发公共事件媒介化的联动效果。传统媒体通过网络获取信息，再凭借自身的权威性和公信力，进行深度报道，这些深度报道又以“人肉搜索”的形式，通过网络进一步发酵，从而在短时间内爆发出来。因此，突发公共事件的媒介化是传统媒体与网络联动而产生的结果。

2. 过程延续时间短

当前突发公共事件所持续的时间一般较短。武汉大学田野在其博士论文中对微博生成时间进行统计，结果发现，微博生成时间与用户的作息时间基本一致。根据这种内容生成的稳定规律，直接过滤掉夜间 11 点至上午 9 点的时间段，截取上午 9 时至午夜 12 时的 15 个小时为 24 小时中的有效时间，又因为用户中的新闻评论主体多在白天比较活跃，大部分关于新闻时事的文本抽取也以上午 9 时至下午 5 时为有效时间，通过对“小悦悦”

---

① 美通社（亚洲）媒体关系团队．2010—2011 中国记者社交媒体工作使用习惯调查报告．美通社（亚洲），2011：17～19．

② 王晓兰．微博客对我国新闻形态的影响研究．渤海大学硕士学位论文，2012．38～39．

事件的数据统计，形成如图3、图4、图5的趋势统计图。[1]

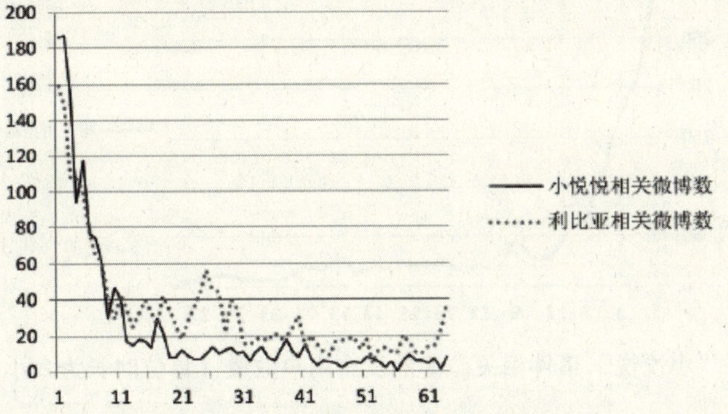

图3 “小悦悦”事件微博统计图

注：这里指的时间区间，即平台数据稳定生成的时间区间。除少数节假日以外，平台上每周及每天的微博生成都有较稳定的规律，纵轴单位为“条”，横轴为每天的24小时。

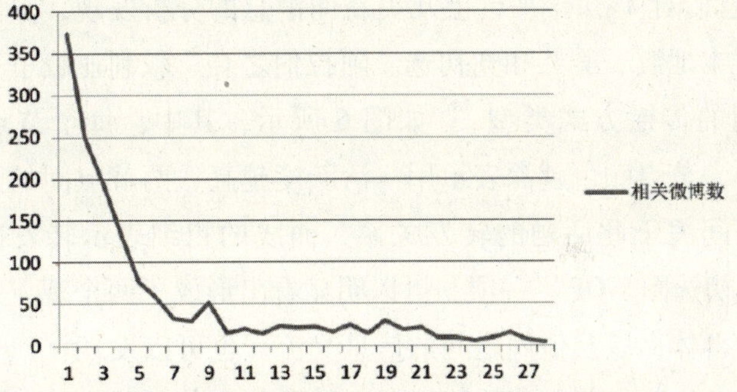

图4 “小悦悦”事件相关微博产生数量（单位时长为2小时）[2]

从上述三个统计图可见，随着时间的推移，关于小悦悦的微博数不断减少，而另一个热点话题“利比亚”相关微博的数量却有所上升。这就说明，公众不可能对一件公共事件保持长时间的持续性注意。

3．病毒式传播

传播的主旨是制造信息的可传播性，比如众所周知的“凡客体”，这类信息需要最好的创意，充分发掘信息的可传播性，之后借势优质用户发布内容，以此带动转载，以核裂变的传播形态达到人尽皆知的效果。 这一

①② 田野．基于微博平台的事件趋势分析及预测研究．武汉大学博士学位论文，2012．61，73，74．

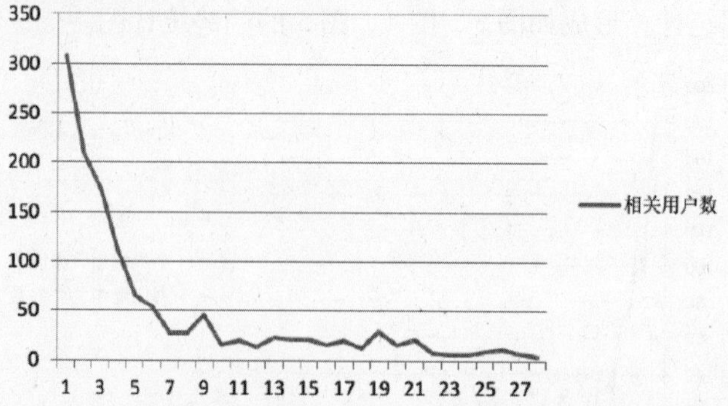

图5 “小悦悦”事件相关微博的发布用户数量（单位时长为2小时）[①]

类的传播对信息的要求很高，往往需要好的创意，甚至在信息发布时间上都有严格的要求，但是一旦形成转发潮，效果不言而喻。

2011年，关于日本地震、美共和党初选、阿拉伯之春、叙利亚战争的微博转贴的数据统计显示，传播信息呈现出病毒式传播现象（如图6所示）。研究者们对Twitter平台上几类新闻消息的分析发现，不同类型的四个话题（日本地震、美共和党初选、阿拉伯之春、叙利亚战争）在平台上也呈现不同的传播方式类型。[②] 如图6所示，其中，每个节点表示一个Twitter用户，节点颜色越深表示用户活跃度越高；两节点间的连线表示这两个用户之间关于此话题的转发关系，而线的粗细表示转发次数。例如“b. 共和党初选图GOP”一项，可以明显看出形成了两个观点差异较大的Twitter用户群体，以及他们之间的信息交流。也可以发现在四个图中都形成了重要节点，这些节点在某种程度上就是信息传播的意见，显示出网络对某一议题的关注与相互传播呈现生物学意义上的病毒式传播模式。

从图6我们可以看出具有影响力的人物在传播重大新闻事件、引领舆论当中的中心地位，由此凸现了名人效应。鉴于病毒式传播机理，我们要利用名人效应的作用，聘请一批专职评论员，吸收和培养一批公信力较强的草根微博，建立专、兼职相结合的意见领袖队伍。如新浪微博创立之后采取明星与名人推广的模式，通过明星和名人的影响力和传统媒体联合推

① 田野．基于微博平台的事件趋势分析及预测研究．武汉大学博士学位论文，2012．61，73，74．

② 新浪（微博）．新浪美股官方报告．新浪网，http://weibo.com/1640337222/ycUUpeRL3，2012－04－03．

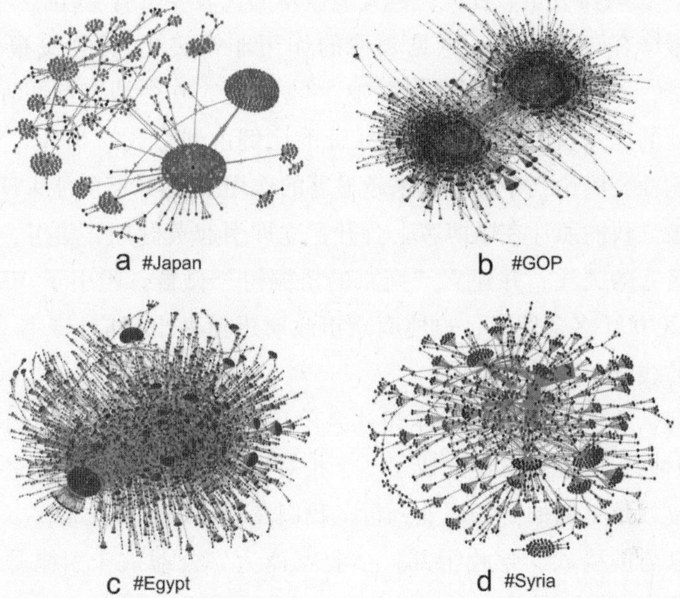

图6 网民对日本地震、美共和党初选、阿拉伯之春、叙利亚战争的信息转贴图

广的方式，在短时间内获得了大量的用户，腾讯微博也向各界名人发送邀请，凭借其强大的用户群的影响力而迅速扩散。很多媒体或者个人利用微博这个平台进行微博访谈、微博直播，很多企业甚至在微博平台上进行微博营销，这些都是基于微博的病毒式传播。

4. 意见领袖发挥显著的舆论引领作用

美国著名传播学家罗杰斯根据接受新事物的快慢程度，将采用者划分为5个类别：创新者、早期采用者、中期采用者、晚期采用者、落后者。他认为，在新观念的传播扩散中，创新者和早期使用者为创新事物后来的普及做了良好的榜样，起到了带头示范作用，他们不仅能接受新产品初期的局限性，而且还经常通过自己的影响力使他们所处群体的其他成员相信并采用新事物。罗杰斯根据自己的理论研究，提出了创新与扩散S曲线。

事实上，网络舆论的形成正如罗杰斯的S曲线那样发展，其中意见领袖在引领舆论方面起着重要的作用。一些名人、专家的微博拥有大量的粉丝，有着较高的知名度和权威性，起着意见领袖的作用，具有强大的传播力和凝聚力。如在宜黄事件的顺利解决中名人和专家的微博就发挥了重要的作用。“在2010年的两会上，在门户网站新浪开通微博的就有20位人大代表、27 位政协委员，在人民网开通微博的代表委员有 40 位。”①

在微博客舆论场中，意见领袖的作用非常突出，“公民报道者”和“新意见阶层”的核心就是意见领袖。“据统计，在微博客意见活跃群体中经过认证的比例占到 82%，个人认证的比例占到总数的 67%。”② 意见领袖在影响社会舆论当中起着越来越显著的作用。2011 年 3 月 9 日，南京市梧桐树被砍伐的照片在微博客上公开，立即引起黄健翔、陆川、孟非、李承鹏等名人的关注，并建立“南京的梧桐树”微群，吸引了 10 000 多名粉丝和 20 000 多条留言，迫使南京市政府迅速做出回应，3 月 20 日南京地铁 3 号线宣布改道。

目前，几乎各种利益群体和社会阶层都能在互联网中找到本阶层的“意见领袖”。互联网已经形成了一个相对稳定、多层次的公共领域。通过对 100 位“意见领袖”的职业分析，我们发现，媒体人士最多，其次是学者、作家与撰稿人、党政干部、企业家商人、公益人士、律师、演艺名人、网络达人等；另外，有超过 3 成“意见领袖”拥有两到三种社会身份（见图 7）。③

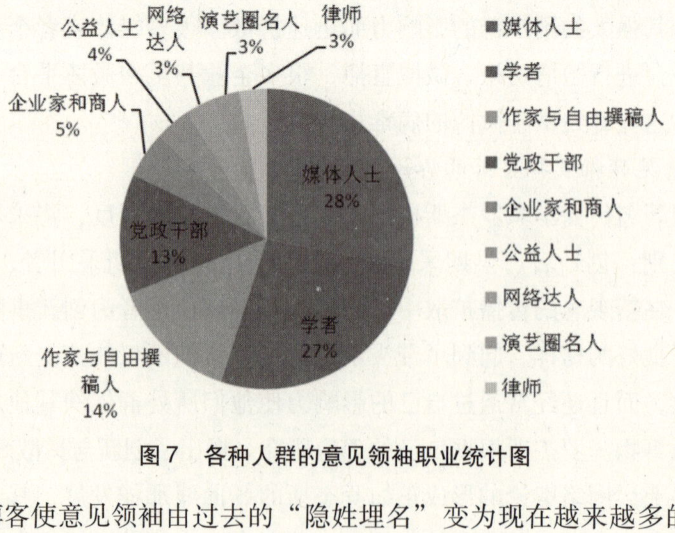

图 7　各种人群的意见领袖职业统计图

微博客使意见领袖由过去的“隐姓埋名”变为现在越来越多的“实名

---

① 余伟利．从博客到微博：网络问政“两会”的媒体应对．现代传播，2010（6）．

② 武汉大学 ROST 虚拟学习团队．微博意见活跃群体分析报告．2011－08－28．

③ 人民网舆情监测室．2012 年中国互联网舆情分析报告．人民网，http://yuqing.people.com.cn/n/2012/1221/c210123－19974822.html，2012－12－21．

制”，从过去主要由机构承担变为现在主要由个人承担，越来越具有显性化和个人化的趋势。“微博客意见领袖中有很大一部分来自于现实中的意见领袖，他们在微博客中又呈现出积聚性、圈群化、集权性、跨界化、亲和力等不同于以往意见领袖的特点，他们共同活跃着整个微博客舆论场的氛围。比如农民学者于建嵘、演艺明星姚晨、‘打假卫士’方舟子、人大代表张鸣、调查记者王克勤等都是粉丝数在十万以上的意见领袖，他们的声音往往牵动着公众情绪，如果引领得当很多时候可以起到振奋精神、凝聚人心、激扬民气、增强合力的作用。”①

在社会舆论议程设置方面，网络意见领袖和传统媒体的影响分别在2010年和2011年达到过高峰，并对舆论走向产生巨大影响。2011年以来，由传统媒体设置议程，网络意见领袖产生影响的话题开始增长，出现传统媒体与网络社区“两个舆论场”融合的趋势。

美国的微博客Twitter曾做过一个统计，20 000名精英用户，只占注册用户的0.05%，却吸引了一半的注意力，即一半帖文是对极少数精英用户的转发和评论。中国的新浪微博也有类似的情形，大约300位“意见领袖”掌握着议程设置权，从而获得相当大的话语权。

根据传播学上的“二级传播”假设，新闻事件很少直接作用于公众，而是由一些民间专家先行做出解读，形成价值判断，传递给公众。公众对他们十分信服，有的甚至到了盲从的程度。网络舆论看似亿万网民在发声，但核心是这些“意见领袖”在设置议程、掌握话语权。今天，能与网络“意见领袖”平分秋色的，是传统媒体。传统媒体具有新闻调查的职业权威性，对网络传闻起到验证作用，并能挖掘出更多的细节。传统媒体的价值判断，还能让持重老成的公众有一种意识形态的安全感（见图8）。②

从图8可见，网络热点如果离开传统媒体的“背书”，通常不能进入主流民意。故此，一些地方政府“应对”舆论危机的秘诀，就是下令传统媒体不介入，“网上来网上去”，让网络舆论自生自灭，但这种消极的应对态度，只能让网络舆论呈现更加爆烈的特点，最终让政府处于极其被动的状态。

---

① 王晓兰. 微博客对我国新闻形态的影响研究. 渤海大学硕士学位论文，2012：32.

② 人民网舆情监测室. 2012年中国互联网舆情分析报告. 人民网，http://yuqing.people.com.cn/n/2012/1221/c210123-19974822.html，2012-12-21.

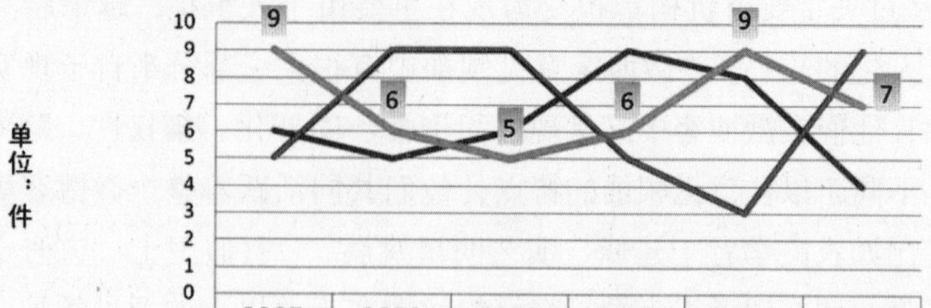

	2007	2008	2009	2010	2011	2012
意见领袖主导	6	5	6	9	8	4
意见领袖影响	5	9	9	5	3	9
传统媒体主导	9	6	5	6	9	7

图 8　意见领袖对舆论的影响

5. 突发公共事件娱乐化

随着网民数量激增和网络威力扩大，越来越多的突发公共事件演变成一次次恶搞狂欢，官员被网民“集体围观”的现象不断出现，使许多突发公共事件走向娱乐化。

从“表哥”到“房叔”，官员一直被围观。以“表哥”杨达才落马案来说，就呈现出一幅活生生的娱乐图景。从最初贴出“表哥”在事故现场的微笑照片，到贴出他诸多名表照，网民从中挖出他的腐败问题。在曝光过程中，网民以“围观”的娱乐心态参与，背后反映的是网民对官员腐败堕落的不满。面对许多官员因为包情妇而落马的现象，网民用调侃的方式，把这些官员的情妇戏称为“二奶反贪队”，并用“二奶反腐”的话语来讽刺官场。如此严肃的反腐案件却被娱乐化，个中的缘由值得政府、社会反思。

除了对官员腐败不满之外，网民还对政府不作为，或者不履行自身职责等做法进行娱乐化。微博悬赏，使我们看到了网民对政府监督的娱乐性。浙江商人金增敏悬赏 20 万元，请温州瑞安环保局局长下河游泳；苍南网友悬赏 30 万；乐清环保志愿者吴柱悬赏 50 万；东莞网友“由于经济困难”出 10 万，悬赏东莞市环保局局长去寒溪河游泳，游泳时间减为 10 分钟。这些极具娱乐化的诉求表达方式，以另一种舆论监督的方式喊出了网民的心声，传递对保护环境的悲愤呼吁。

从网络的舆论发展过程来看，其已经变成娱乐色彩浓厚的舆论场。突发公共事件向娱乐化方向发展的趋势，展现出网民对政府的另类投诉，也透露出一科无奈和悲愤呼吁，实际上隐藏着网民与官员对垒的不对称性。

如果说网民“一点就”的案件围观热情，的确是缘于网民对社会不公而形成娱乐化官员、政府的情绪，那么政府如何从“被娱乐”的中心解脱出来，就成为当今政府必须要解决的重要议题。正因为在目前的政治框架下，网民与官员的不对称对垒，才使得舆论热衷于在“涉官涉富”案件面前一哄而上，用鲜活的娱乐化语言对“官二代”、“富二代”依仗“钱”、“权”进行嘲讽，表达娱乐性背后的愤怒。

过度的娱乐化已大大消解了官员腐败案件的严肃性，尤其对事件受害者的关爱同情，更被人们抛诸脑后，甚至出现人性关怀缺失的现象。网民对案件的调侃与讽刺，无意之中造成对受害者的二次伤害，受害者被遗忘在角落，为其发出的声音微弱，几近于无，无形之中消解了我们对建立有效机制、实行有效监督等严肃问题的思考与讨论。对此问题的娱乐性探讨，则成了戴着面具的假反思。如果我们一方面为种种社会问题的暴露感到忧虑，另一方面却在“娱乐至死”中偏离对解决之道的探索，那么就不只是杨达才“摊上事儿了”，或许每一个人都可能无意当中被摆上案，成为社会大众的嘲讽对象。我们不仅没有深入地反思，反而把施暴者也当作受害者，从而为他们开脱罪行。此外，“如果过分关注身份，只会将案件异化为阶层对抗，对受害者和社会形成的二次伤害甚至远超第一次”①，而缺乏对受害者最真诚的同情和安慰，同时也放弃了对真理的追求。

此起彼伏的微博反腐现象，以一种娱乐化的群体围观方式凸显出网民对官员腐败、环境污染、社会不公的不满情绪，以致李双江的儿子出事之后，由于其儿子兼具“官二代”、“星二代”等身份，立刻被网民娱乐化，而掩盖了对青少年教育问题的严肃思考。

可以说，围观突发公共事件的“娱乐”心理，表象在机制，根子在社会。要酿造社会娱乐心理的“解仇剂”，除了要推进监督机制的完善，但更关键的，还是要真正让公众共享发展成果，促进公平合理分配，为网民监督官员腐败，促进社会公平提供更广阔的平台，避免“上层寡头化、下层民粹化”的倾向造成中国社会阶层的断裂，改变网民与官员对垒不对称的局面，让网民有话说、能说话、话有用，有机会讨论严肃的话题，有机

① 赵查理．更该同情和关心轮奸案受害者．南方都市报，2012－02－25．

制把好的意见付诸实施，才能逐渐改变网民的“娱乐围观心态”，展现更多的理性，共同推进社会的大治。

三、政府处置突发公共事件过程中的种种失误

突发公共事件的媒介化主要是通过网络和手机短信等新媒体，并由传统媒体联动报道，通过多种传播方式扩散而发生的。由于网络传播的去中心化、传播主体的多样性、信息传播的迅捷性等特征，使得谣言、流言、不满情绪等极易通过新媒体迅速传播，造成公众的情绪波动，从而致使社会危机发生。网络的草根性、流动性、难管理、难预测等特点，对政府的舆论引导和解决危机传播提出了全新的挑战。

从过去数年政府应对突发公共事件，面对公众与媒体质疑时的滞后和不当反应，反映出政府官员媒介素养、反应能力等存在严重不足。

1. 应对滞后，导致舆论扩大

现代传媒特别是网络的迅猛发展，它的公开性和延伸性使得一些原本由文化精英操纵的权力分散了。市场经济的压力，迫使传媒从面向政府官员转向受众，传媒所传递的信息从而可以通过政府无法监视与控制的方式被受众接受，传统媒介的精英把关人已经无法控制一些出现的言论。因此再以旧思维去管理社会、管理媒介，就有可能使政府处于被动的境地，失去管治威信。

公众获取知情权的意识觉醒，使传媒成了公众与政府之间沟通的渠道，如果这种渠道不畅，就有可能割断两者的衔接，就会造成公众与政府之间的误解，社情民意就无法反映到政府，政府无法因社情民意的变化而及时调整管治策略，就会造成管治的失败。这在中国历史上有无数先例。

长期以来，政府把公众当作被管治的对象，政府说什么就是什么，漠视了公众能动的反应思维，成为官僚和腐败盛行的根源，颠倒了服务与被服务的对象。时代在进步，而管治社会思想却没有进行相应的更新进步，这必然会造成矛盾。矛盾积累到一定程度，就会爆发危机。在突发公共事件爆发之前，政府官员存在侥幸心理，对危机不重视，以为不会落到自己头上，在危机处置方面缺乏准备，结果危机出现后，政府就陷入措手不及、仓促应对的被动局面。

2. *冷对舆论，无视公众反应*

一些官员缺乏媒介素养，漠视公众的反应，把媒体作为管理的对象，而没有与公众展开平等对话的意识。在这样的思维作用下，政府官员不是诚恳地接受媒体采访，在面对代表公众的媒体的质疑时，反而置疑媒体的提问，说出许多不应该说的话，如“你们媒体是为党说话，还是为人民说话”等严重有失官员身份的话，对于媒体的采访和公众的咨询一概否认，没有意识到应当给大家的一个更加正面的印象和看法，不愿或不敢直面现实，遇到大的危机首先想到的不是堵就是躲。

“网民通过‘跟从’链接形成的微博客群落，相当于一个小型的时政新闻平台和论坛。由普通网民临时客串的‘公民报道者’可在微博客上对突发事件进行‘现场直播’。”① 公共事件媒介后，许多政府部门用纸包火，极力遮掩，想通过各种运作，要求媒体不要报道，或是找媒体的朋友，希望通过私人关系来解决问题，结果事情非但得不到解决，还把有关政府官员牵涉进去，造成公众对政府产生负面印象。官员面对公众和媒体的质疑的一举一动，都会通过“现场直播”呈现出来，故应对不当就会造成更大的舆论危机。如陕西“表叔”杨达才，因为在车祸现场还面带微笑，惹网民不满，结果被“人肉搜索”，最终成为另一件突发公共事件。

从过去的处理情况来看，我们的很多政府官员、主管部门一直等到危机事件得到基本解决，或者起码是“情况已得到初步控制”时，才把危机信息向社会公布。然而，如果还遵循过去处理危机的做法，那么对处理危机就相当不利。过去的危机大多被定性为事故或工作中的失误，解决危机的方式往往是通过政府机构内的组织沟通渠道，运用行政手段进行雷厉风行的干预。在这一过程中，或是不允许媒体介入，公众对危机无从知晓，或是在政府解决了危机之后，再由媒体来做一个回顾式的公布。政府这样做的目的，是希望可以避免所谓的因为社会情绪的波动导致危机的连锁反应，而事实上这种做法并不明智。

在这种传统的危机处理方式中，不存在“危机传播”的概念，因为除了政府有关部门、危机事件的利益相关者外，社会公众对危机事件并不知

---

① 2010年社会蓝皮书. 互联网成为新闻舆论独立源头. 中国国际广播电台网，http://gb.cri.cn/27824/2009/12/21/3365s2710041.htm，2009-12-21.

情。然而，这种危机处理方式的使用是有条件的，就是老百姓所利用的传播渠道、传播媒介是有限的，某个或某级政府机构可以运用其权力来达到信息屏蔽的目的。但现在这个前提条件已不存在了，人们通过因特网、手机短信这样一些非常便捷的方式就可以迅速而大面积地传递信息。这些“无把关的现代传播方式的存在导致信息的传递速度、传递范围是过去不可比拟的”①。因而，实行信息封锁不仅无助于危机的解决，而且还可能导致对政府的信任危机。

3. 官员问责推卸责任，或高举轻打

当危机形成后，政府部门就把责任推给他人，指责下属，使本来可能化解的危机不断升温，造成更大的形象伤害。

2013 年初，有媒体把 2012 年发生但仍没有处理的事件进行整理后，列为“十大烂尾新闻”。如 2012 年 4 月 15 日，央视《每周品质报告》节目播出《胶囊里的秘密》，曝光河北一些企业，用生石灰处理皮革废料，熬制成工业明胶，但截至 2013 年 1 月 30 日，部分企业用工业明胶生产“毒胶囊”、污染链到底有多长、流向了哪里、事件真相的调查仍未水落石出。2012 年 6 月 30 日，天津蓟县莱德商厦发生火灾，但大半年过去了，到 2013 年 1 月 23 日，蓟县纪委人员称，此案由国务院挂牌督办，目前调查尚在进行，近期将对社会公开调查结果，包括对相关责任人的处理情况，但不知其具体公布时间。2012 年 8 月 24 日清晨，造价 18.82 亿元的哈尔滨阳明滩大桥引桥通车不到 1 年发生断裂，4 辆大货车坠落，造成 3 人死亡 5 人受伤，自 2012 年 9 月官方发布声明后，再无新的声明发出，等等。这些事件有些过去了大半年，迄今没有下文，不由让公众产生政府高举轻打、故意为官员解脱的印象，对政府的行政效率乃至政府形象均产生了不良感受。

2013 年 1 月 23 日，《新京报》记者为了解“表哥”杨达才的案件进展，致电陕西省纪委办公厅秘书处，对方听到“杨达才”三个字后，连说“喂喂喂，咋听不清了”后挂断电话。再打，无人接听。后记者致电陕西省纪委举报中心及陕西省省委宣传部，均无人接听。记者又致电陕西省安

---

① 张任明. 迅速开放传播通道——危机中的政府传播对策. 公关世界，2003 (10).

监局，一工作人员称："杨局长早被撤职了，局长也换人了。"[①]这篇报道出来后，立刻受到了网民的"围观"，对陕西省纪委的形象造成了严重打击。

有些政府机构面对危机时，想尽一切方法为己解套，推出替罪羊的做法，也让公众不满。2013 年 2 月 20 日，有网友发帖反映深圳罗湖区人力资源局"公务员上班开网店"，用办公电话做售后联系。该网帖截图显示，该淘宝店铺名为"薄荷岛屿"，店主是林曼佳，将单位地址和办公电话作为联系方式开展经营活动。此事经媒体曝光后，21 日下午，深圳市罗湖区委宣传部官方微博发布消息称，罗湖区劳动就业服务中心一名雇员因"上班开网店"被解雇。

林曼佳的网店开在 2009 年 8 月 18 日，迄今已有 3 年多了，之前其并未受过批评，而且在 2013 年 2 月 20 日，她已将情况作为书面材料汇报给领导，当时领导也很宽容，并没有处分她。然而，让她始料不及的是，事件在网络上发酵，接着又有媒体记者来单位采访，她个人和单位承受的压力越来越大，导致最终官方不得不采取丢卒保车的做法，解雇了林曼佳。林曼佳因开网店，被官方公布解雇一事，在网上引起网民关注。对于政府的做法，有网民认为，政府工作人员开网店有错，但政府动不动就"解雇"以平息事件，失掉责任，是否有点"下手太重"？

诸如此类，故意推搪责任，敷衍了事，高举轻打，没有处理结果，缺乏官员问责精神，自然不利于政府形象的构建，反而对政府形象产生严重损害。在累积效应的作用下，公众很容易对政府缺乏信心，政府的威信与公信也因此荡然无存。当前社会已经进入新媒体时代，新媒体的触角已深入社会生活的方方面面，很多关于官员的热点事件都是网民通过网络爆料引发的。从 2012 年底以来，网民通过对个人住房信息的自由查询和公开，接连揪出了"房叔"、"房姐"、"房妹"等案子。然而，在这些事件中，人们注意到，每当有官员涉案，当地政府部门总以遮遮掩掩的姿态示人，这让公众更加不信任官员。

从当前公众对政府官员的评价来看，社会公信力下降导致的信任危机，以政府最为严重。不相信政府，已构成了当前社会上一堵亟待翻越的

① 孟祥超. 看到了新闻　未看到结果. 新京报，2013－01－24.

“信任墙”。“从政府层面看，公信力损耗尤为明显。”[①] 人民网舆情监测室主任舆情分析师庞胡瑞认为：“当前一些政府部门试图封锁新闻和舆论，大事化了的处置方式，常常会进一步激怒公众，直接导致公众对政府发布的信息不信任，让政府为澄清流言、稳定人心付出了很大代价。”公众对公共事务的参与度、知情权有了越来越高的要求，但是，目前政府和百姓之间没有建立完善的沟通机制，两个舆论场的没有很好地对接起来，突发公共事件的发生就会不断发生。

四、突发公共事件应对策略

突发公共事件的指向性很强，舆论往往针对政府行为，对政府形象提出严重挑战。政府形象是政府的无形资产（资源），政府形象传播是一种长期储蓄，是一种无形的、远期的投资。为实现大众传媒的形象传播功能，建立和塑造政府形象，有效应对突发公共事件，政府必须采取有效应对策略，建立一套行之有效的信息发布系统，真实、客观地公布政府的工作，并接受传媒与公众的有效监督，建立真诚面对公众的政府形象，赢取公众的信赖。

1. 及时应对，重点突出

在行政过程中，政府总是有可能发生行政失误的行为，对于行政失误，政府不必也不应隐瞒，而是要及时诚实、公开地向公众道歉，在信息社会，任何隐瞒的行为都是不成功的，而且还会导致严重的后果。

英国危机公关专家里杰斯特曾提出关于危机处理的“三 T”原则：“Tell Your Own Tale”（以我为主提供情况），“Tell It Fast”（尽快提供情况），“Tell It All”（提供全部情况）。显然，这三条原则都是涉及危机传播的。而从轻重缓急的角度看来，“Tell It Fast”是面对突发公共事件进行危机传播的首要原则。

摒弃“传统”做法，及时向社会公布危机信息，这点可以说是全社会对解决危机的共识。然而，从过去的处理情况看，我们的很多政府官员、主管部门一直等到危机事件已得到基本解决，或者起码是“情况已得到初

① 寇润涛. 上海未公开副区长豪宅土地手续加剧猜疑　民众更愤怒. 齐鲁晚报，2013－02－25.

步控制”时，才把危机信息向社会公布。然而，照循过去处理危机的经验，这种做法对处理危机相当不利。

从大多数突发公共事件在萌芽期的政府行为来看，事件大多被定性为事故或工作失误，解决的方式往往是通过政府机构内的组织沟通渠道，运用行政手段进行雷厉风行的干预，以期解决问题。然而，在这一过程中，由于缺乏媒体的介入，公众对事件无从知晓，一旦事件曝光后，公众就会极度情绪化而导致形成连锁反应。

美国的传播学者在对相互冲突信息的不同呈现顺序的研究中发现："当受众面对两种冲突的信息时，两种信息的不同呈现顺序会影响受众对信息的接受。”即当先呈现信息 A，紧接着呈现信息 B，且在信息呈现后延迟一段时间再测试受众态度的改变，受众就会倾向于接受信息 A，这就是所谓的“首因效应”。在危机事件刚刚爆发的时候，往往是人们对信息的需求最大的时候，如果这时政府还迟迟不发布信息，那么各式流言就会成为官方新闻的代用品，进入非正式的传播渠道，而当流言先于政府信息进入公众的认知领域之后，以后再纠正就只能起到事倍功半的作用。

信息社会迫使政府提高公布危机事件的速度，西方公关专家甚至定下了危机传播的反应时间。他们指出，现代媒体传播的速度迫使公关负责人在极短的时间内要掌握整个情况，因为电子媒介的播音员往往能在几分钟之内播出消息，而这最初的报道往往会定下稍后报道与评论的基调，使公众形成定势思维。如果说，他们强调的是与传媒争速度的话，那么，政府则是要强调与传闻抢时间，通过及早发布政府信息，体现政府解决突发公共事件的时效性和权威性，从而为下一步的危机控制创设最佳的传播条件。

2. 滚动发布，释疑解惑

在重大突发公共事件中，尤其在一些灾难事故、群体性事件中，倘若有关部门对信息进行封锁或者对事故处置不利，就会使群众产生不满情绪，并迅速蔓延开来，而当今新媒体又为言论提供了广阔的空间，特别是微博很可能成为公众宣泄这种不满情绪的工具。“宜黄事件的官员被免职的决定发布后，许多专家、学者纷纷发表意见，尤其是法律专家何兵对免职和撤职的处罚进行区分后，网友更是表示出了对政府处置的极大不满。而宜黄官员的投书《透视强拆自焚事件》在财新网公布后，引发了更大的舆论风暴，一时间对该官员的谩骂、斥责之声充斥网络。在媒体记者纷纷撰文呼吁网民不要一味地谩骂而应理性应对的情势下，这种不满情绪才得到了及时的控制。”①鉴于公众强烈的知情需求，政府必须及时对事件的发展过程进行滚动发布，减少公众的疑虑。

舆论引导是媒体特别是主流媒体的重要社会责任，尤其在突发公共事件的应对中，作为主流媒体的党报、国家电视台、重点新闻网站等，更应是引导突发公共事件舆论的重要工具，否则，就会让小道消息不胫而走，给公众留下诸多想象空间，更加不利于事件的解决。这从许多事例中已经充分显示出来。不论政府事后如何解释，公众对其均不相信。

从当前突发公共事件的发展过程来看，新媒体起到了显著的推动作用，特别是“微博的出现给主流媒体的舆论引导带来了挑战，但同时也给传统媒体带来了创新报道模式、发挥自身优势的机遇。”②政府应该借鉴传统媒体、微博及时的信息联动的做法，通过各种方式进行滚动发布，占领舆论制高点。

“宜黄事件就是传统媒体成功地运用微博这一新的媒体形式进行采访报道和舆论导向的典型。《凤凰周刊》记者邓飞率先用微博报道了钟如九姐妹困机场女厕的事实，引起了强烈的舆论关注，占领了舆论引导的先机。此后，《现代快报》记者通过微博发现了这一新闻线索，又对这一事件进行报道并配发了《不能让‘宜黄事件’发展成违宪恶例》的社评，其报道和评论被多家媒体转发。在宜黄事件相关责任人被免职的消息被报道和官员投书现身网络之后，大批的媒体开始跟进报道。《中国经济周刊》刊发了《‘燃烧’的宜黄》的深度报道，回顾事件来龙去脉，探究事件真相，央视《新闻1+1》也播出了《宜黄问责，不是句号!》的问责免职决定。”③传统媒体与微博一起联动传播，为公众提供了现代传播时代的信息直播，为公众提供了第一现场，其传播方法值得政府学习。

3. 风险管理，强化问责

建设政府面对突发公共事件的危机预警制度，已势在必行。危机公关中有一个“4S”理论，其中有一个“S”是“Stop”，就是要使危机事件和

①②③ 孟令俊. 微博与突发事件的传播——以宜黄强拆事件为例. 华中人文论丛，2010（2）.

谣言立即停止，不能任其继续发展，并着手处理危机事件。与日常的政府传媒公关相比，政府公关具有很大的时间压力和公众压力，因为它要求政府调动各种资源和力量，在最短的时间内使危机造成的损失最小化，不断满足公众在危机中的信息知情权，从而塑造良好的政府形象。“政府传媒危机公关的基本原则：大众传媒要成为‘稳定剂’、‘减压阀’，而不是‘助燃剂’。政府公关的指导方针：在设置舆论焦点中塑造政府危机管理的良好形象。”①

政府要研究突发公共事件的发展规律，监测网络舆情的发展，实施风险管理，强化问责，把突发公共事件消灭在萌芽当中。

在话题发布的监测上，郭磊（音译，Lei Guo）等人通过对 Twitter、Flicker、Delicious 等在线社交网络（Online Social Networks，OSNs）进行分析发现，由用户生成的内容（User Generated Content，UGC）存在相对显著的规律：用户在这些社交网络中每日与每周的发布行为模式化较强；小部分核心的活跃用户不能主导整个网络；大量仅仅以“粘贴—复制”形式转发信息的用户行为较为固定。② 此外，武汉大学博士田野在其博士论文中通过对微博每日发文数量的统计，发现周四和周五早上 11 点是微博数量的顶峰，早上 9 点到晚上 12 点是微博发文数量的高峰期（见图 9）。图 9 还显示，在事件初期的关注度指标变化非常剧烈，如果是热点事件，关注度会剧增，然而在较短时间之后，会以较大幅度回落，回落到较低水平以后，存在一个较长阶段的低位，讨论主题会被后续不停更新的内容取代，也使某一个事件相关的文本转发概率不断下降。这与很多领域内的“长尾效应”③ 很类似，提示我们更要注意由微博引起的对政府形象的评价。

---

① 高世屹. 媒体在政府危机管理中的作用. 传播学论坛，http://ruanzixiao.myrice.com/mtzzfwjzdzy.htm.

② L. Guo, E. Tan, S. Chen, X. Zhang & Y. E. Zhao. Analyzing Patterns of Usercontent Generation in Online Social Networks. *Proceedings of KDD 2009*. ACM New York, NY, USA, 2009. pp. 369 – 378.

③ 长尾理论由美国《连线》（*Wired*）杂志总编克里斯·安德森（Chris Anderson）最先提出，用以描述诸如亚马逊和 Netflix 之类网站的商业和经济模式。其关注焦点在于，这些企业 80% 的利润并非来源于 20% 的热门产品，而是来源于后面那条巨大的长尾，即多种市场难求的产品信息和多重用户评价。

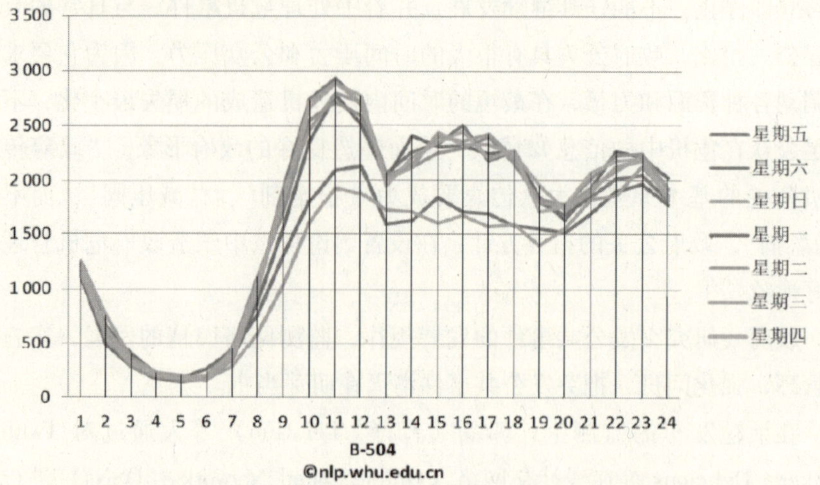

图 9 微博平台每日发文数曲线图（根据 30 万的随机抽样数据）①

注：这里指的时间区间，就是平台数据稳定生成的时间区间。除少数节假日以外，平台上每周及每天的微博生成都有较稳定的规律，如图所示，纵轴单位为“条”，横轴为每天的 24 小时。

上述统计和理论研究为政府建立监测网络舆情平台，实施风险管理提供了很好的理论依据。时刻监测网络舆情的变动，才能实现风险管理，及时应对，出台有效策略，缓解舆论压力，构建政府良好形象。政府要引入声誉风险管理，避免因为声誉风险不能有效处理而不断累积，引起声誉毁损，在达到限度时爆发危机。实施风险管理，目的就是要形成良好声誉，建立威信，增强公信力，从而培养可以实现长期利益的无形资产。政府声誉是关键利益者对政府机构和工作人员所发出的总体信息在认知层面的价值判断，要认识到政府声誉风险也是一个常态风险，我们要做的，就是要学会运用一定的措施去影响公众对政府机构的评价，争取、维护好的评价，预防、扭转不利的印象，使政府作为一种独特的组织树立和保持良好的声誉，增强其在社会和公众当中的支持度与公信力。

4. 开展公关，淡化宣传

鉴于信息传播微博化的趋势，越来越多的政府机构设立微博，并取得了很好的效果。截至 2011 年 11 月初，通过新浪微博认证的各领域政府机

① 田野. 基于微博平台的事件趋势分析及预测研究. 武汉大学博士学位论文，2012：53.

构及官员微博已经达到 19 104 家，其中政府机构微博 10 271 家，个人官员微博 8 833 个；在地域上已经覆盖全国 34 个省、自治区、直辖市及特别行政区。[①] 政府微博数量的增加，不仅从数量上扩大了舆论力量，而且通过新的社会主体的参与带来了媒介圈层质的变化。随着信息工业的突飞猛进，信息爆炸使个体与社会的关系发生了根本性的变革，个体通过一种结成网状的电信设备进行网络层面的物质活动、精神交往和话语交流。这个无形网络形成的话语解读空间构成对政府舆论的压力。

长期以来，政府把公众当作被管治的对象，重视宣传多于公关，以至于形成政府说什么就是什么的生硬现象，漠视了公众能动的反应思维。“一遇到突发事件，宣传部门一般会布置一个报道方向，也就是口径。口径一般是把大事说小，或者领导及时到场抢险，人心稳定等。而且，要找到一些好人好事，把悲歌当颂歌来完成，以冲淡突发事件的影响。当然，最坏的事情都不会说，比如，重庆綦江塌桥，报纸通篇讲述救人的事，只字不提武警战士在桥上跑步的事情。正是这种口径，这种报道方式，造就了经常揭露中国阴暗面的美国之音收听率节节攀升，把自己的听众拱手相让。”[②] 然而，在新媒体时代，这种治理社会的思想如果不进行相应的改革和更新，就会导致两个舆论场的对立，这必然会造成矛盾。矛盾积累到一定程度，就会爆发危机。良性的政府与公众的关系，应该建立在信任和平等互动的基石上。这种良性关系的表现便是政府要改变过去生搬硬套搞宣传的做法，要转变思维，开展政府公关。

与宣传不同，公关基本上是一种平等对话的方式，更注重说服的效果，强调公众在传播过程中的能动作用，尊重公众的感情与智慧，因此容易让公众所接受。政府要善于在正确的时候作出正确的公关策略。选择最佳的传播时机，政府信息的传播就有可能取得更好的效果。比如说，政府做了合乎社情民意的好事，赢得公众的普遍赞誉，这时候，政府就可以趁此时机向公众进行广泛传播，同时还可“趁热打铁”继续推行政府机关的各方面改革，推出符合民意要求的措施，这样，公众对政府评价就会在一个良好的基础上被推高。

---

① 人民网舆情监测室．2011 年新浪政务微博报告．人民网舆情监测室，2011（12）：69.

② 蒋兆勇．突发事件报道要制度化．凤凰周刊，2003（21）.

著名的危机公关专家迈克尔·里杰斯特指出："当组织面临危机时，与相关公众的沟通和传播会比往常任何时候都显得重要。若一个组织不能就其发生的危机与公众进行合适的沟通不能告诉社会它面对灾难局面正在采取什么补救措施，不能很好地表现它对所发生事故的态度，这无疑将会给组织的信誉带来致命的伤害，并有可能导致组织的消亡。"① 如果出现了危机，而这种危机的产生是由政府的失误引起，那么政府就要在第一时间公布详情，以消除公众的不满和误解，及时对危机所引发的负面效果进行补救，可以经过一番公关策略的制定，实施公关策划和传播，从而取得良好的效果。比如说，政府在行政过程，积累了相当多公众对政府的各种评价，政府可以对这些评价进行归类，以便在合适的时间内，公布公众对政府的评价，让公众对政府过去与现在的行政作风、官员形象进行比较，从而使公众对改革后的政府形象产生较高的满意度。

选择合适的时机进行政府形象公关，可以使政府公关的效果事半功倍，而如果选择在一个不合适的时机进行公关，就可能出现事倍功半的效果，甚至还会产生完全负面的影响。

5. 机制改革，联动应对

2012 年末，中共中央政治局常委、中央纪委书记王岐山主持召开座谈会，就反腐问计专家。将网络反腐纳入法治化、制度化轨道成为众多专家的呼声。从网络舆情的反馈可以看到，网民在反腐问题上，最大的愿望是纪委在短时间内介入。由此看来，与民间反腐力量相呼应，纪检舆情工作在以后需要更多地与网络相结合。反腐网络化，这种发展趋势如果有法律的保护与规范，将有助于网络反腐的法制化。

在新媒体迅速发展的新形势下，各级政府要不断改进与公众的信息沟通渠道与方式，建立严肃、公开、及时的应对突发公共事件的机制，不但使公众有机会通过媒介监督政府的运作，政府也可借助各种媒体了解社情民意，增强政府决策的科学性，树立政府的管理权威，对促进我国社会民主的发展和法制建设有着积极的意义。

任何危机传播，总会形成一定的舆论焦点，影响人们的观念。从事危

---

① 程方炎．论政府公共关系管理的时机．见蒋春堂．政府形象探索．北京：中国国际广播出版社，2001．205～206．

机管理的专业人士都清楚地知道，没有人能保证化解每一个危机，但有一点是肯定的，时刻提高警惕肯定会在危机发生时把危害的程度降到最低。对于一个企业、机构和政府来说，建立一套危机管理系统、制定一套危机管理流程和方案是至关重要的，否则将会猝不及防，面对危机时只有招架之功，毫无还手之力。

世界各国应对危机的经验教训表明，控制危机成本最低的手段就是制定详尽的危机应对机制，这其中就包括了解决突发公共事件的机制。西方发达国家十分重视危机传播机构的建立，如2000年9月以巴大规模流血冲突后，以色列鉴于CNN的报道“给以方的时间明显少于巴方”，迅速在耶路撒冷市中心成立了一个新闻中心，以联合办公的形式，一天24小时、一周7天开放，每天邀请政府和军方官员举行新闻发布会，并将来自总理办公室、外交部、国防军、警察总部等方面的所有信息及时通过电子邮件发布给所有登记在案的外国记者。以政府和军队的主要部门，都在这个中心长期驻有专门的人员，随时向记者传递有关信息。众所周知，以色列自1948年建国以来，长期处于战争或冲突状态，危机频现，为此，以色列建立了一整套行之有效的危机管理机制。这个机制在传播以色列政府的声音方面发挥了重要作用，很值得我们学习和借鉴。

政府通过建立突发公共事件的应急处理机制，可有效地实现各部门联动运转，有助于加快解决事件。比如说，当事件发生后，政府各部门可以及时展开调查，掌握基本情况，成立处理危机事件的专门机构和组织具有高度权威和高效率的工作班子，判明情况，制定对策，协调行动，举行新闻发布会，为新闻媒介的采访提供权威的资料；主动向新闻媒介提供真实准确的信息，表明组织的立场和态度，避免媒体不实报道与公众产生各种猜测。

政府改革新媒体传播环境下应对突发公共事件的机制，定期举行各部门的联席会议，实现各部门的联动、协调运转，不时或定期举行演习，将有利于增强政府应对解决突发公共事件的能力。

6. 增强媒介素养，提升应对能力

解决突发公共事件危机首先是一个观念和意识的问题，在它还不是危机而只是问题的时候，就把它解决掉。我国政府形象的建构与社会有效治理方式的转变，与社会制度有关，建构良好的政府形象必须涉及政治体制改革，这是一个庞大、复杂的系统。当前，突发公共事件媒介化已经成为常态，在这种形势下我们应该看到政府依法和廉洁施政的重要性与必要性，更应以全球化传播的视野、前瞻性的眼光、开放的思维，营造政府有效施政的氛围，放下身段，与公众展开对话、沟通，让公众都能享受发展的成果，共同推动我国社会的发展。在此其中，提高官员的媒介素养，让他们少讲错话，避免进一步激发事件，并有效处理危机，是解决突发公共事件的重要推手。

媒介素养要求领导干部包容开放，了解、使用新技术。截至2012年底，多达80 000家的政务微博共同发力，扭转了官方声音在网络上的话语权弱势。特别是公安微博异军突起，成为政府部门中耀眼的新媒体使用代表。伴随新技术的推动，新一年“微”概念将会继续发酵，领导干部主动接触新概念、学会新技术，在新的传播平台上有所作为成为当务之急。

政府掌握了许多权威信息，拥有强大的行政权力，在信息传播方面具有很多优势，但是在现实生活中，这些优势往往得不到充分展现，甚至在网络舆论漩涡中处于劣势，根本原因就是缺乏对信息传播特点和方式以及传播规律的把握，再加上有时候在不恰当的时间不恰当的地点传播不恰当的观点，致使舆情形成“滚雪球效应”，迎来更多网民的“拍砖”。2009年，官员们出现了许多“雷人语录”，在政府积极提高工作透明度的过程中，很大一部分领导干部不仅没有做好准备，甚至根本不具备媒介素养。云南省广播电视局副局长李凡在云南省对外宣传工作会议直言：“领导干部的媒介素养这一课不仅要补，更要深修、深学。”①

当下由媒体事件转化而来的突发公共事件几乎一半以上都与微博客有关，而由微博客爆料的四分之一的事件最后会发展成为重大舆情事件。宜黄事件、药家鑫事件、夏俊峰事件、徐武事件、钱云会事件、“蟹妈”事件等都因微博客的介入而改变了原有的发展轨迹，从这个意义上说它们可以被称为“微博客事件”②。

“微博客事件”作为新媒体事件的最新类型，不仅意味着事件传播平台的转换（从论坛、博客转移到微博客），而且对舆论生态和新闻生产常

---

① 张文凌．云南宣传部副部长伍皓：发言人制度不应阻碍采访．中国青年报，2010-02-11．

② 王艺．重大突发公共事件的微博舆情监测与引导初探．贵州民族学院学报哲学社会科学版，2011（5）．

规产生了新的冲击。“以往的社会矛盾是在不断的时间增量后爆发，今天的社会矛盾是在现实空间爆发，在虚拟空间放大，也就是说某地域的一个突发事件在网络空间发酵后会形成全国事件甚至全球事件，微博客极大地扩大了空间的事件增量，其所形成的矛盾场、讨伐场给后现代的政府社会管理带来极大压力。”① 这势必要求官员提高媒介素养，主动接近新媒体有助于政府官员了解网络舆情、掌握民意，实现政府决策的民主化和科学化，推进政府的信息公开。官员如果仍旧对新媒体敬而远之，将成为信息的弱势群体，与网民处于不平等的地位。这必然导致官员无法与网民进行对话。

很多时候，大多数较大规模的突发公共事件都是因为政府应对舆论不及时、处置不恰当造成的。当前，我国处于矛盾比较尖锐的时期。缓和尖锐的矛盾，非常重要的方法就是要进行舆论引导。舆论引导能力的高低将直接决定政府的施政，关系到公众对我党的评价。面对大量网络舆论批评和群体性事件的发生，政府官员必须恶补如何提高舆论引导能力这一门重要课程。

培育和提升政府官员的媒介素养，前提就是要端正观念。一方面要充分认识新媒体的信息传播和舆论监督功能，真正把新媒体当作获取信息、了解民意的重要平台，当作推进民主法制建设的重要力量，与网民形成良好的互动。另一方面，要以更加虚心和包容的心态接受和对待网络舆论。网络民意并不是一种破坏性的力量，里面有很多可资援引的智慧、警示和知识。2010 年 2 月 8 日，网上公布了一项“中国十大最危险职业”的调查，其中官员列居第二位，主要原因是官员位高权重，一旦出事便身败名裂。中国官员权力大、待遇好，却成为最危险的职业之一，这说明如果对官员的监督不够，官员就很容易走入歧途。因此，如果官员能够换一种角度看待网络舆论，就会发现其实网民是在帮助自己施政，避免政府走弯路，帮助自己不至于陷入贪污腐败而身败名裂的泥潭中。从这个角度来看，官员要在观念上形成对网络民意的尊重、感激甚至敬畏的心态。

新媒体的发展，对政府权力产生了“解构”效应，甚至在网络上形成

---

① 王艺. 重大突发公共事件的微博舆情监测与引导初探. 贵州民族学院学报哲学社会科学版，2011（5）.

了“去政府化”的现象。这些现象的出现，促使我们不得不重视网络传播的效应。同时，随着新媒体的发展，政府施政的电子化也使得政府工作人员要适应新媒体的发展要求，社会管理朝公共治理和服务型政府方向转变。面对新媒体的挑战与冲击，以及政府治理的转型，政府要对工作人员进行岗前和岗后的媒介素养培育。

培育政府官员媒介素养是一个长期、系统性的工作，是关系到提高党的执政能力的大事。当前，新媒体迅速发展，社会矛盾丛生，贫富悬殊，这一切都需要政府官员利用各种智慧加以解决。领导干部提升媒介素养，首先要做好“倾听者”，然后才能做好“管理者”。新的一年，新媒体的发展将会给媒介管理带来更大挑战。尊重网络传播规律，学好如何使用新媒体，才能在管理中不当外行、不说空话，了解网络舆论生态，赢得网上话语权。善待、善用、善管新媒体，将会在新一年成为社会管理创新能力的体现。网络运用能力建设，也将成为衡量领导干部执政能力的重要标志。

官员媒介素养的提高，娴熟应用各种媒体的传播功能可缓解社会矛盾，妥善解决社会问题。因此，重视官员媒介素养的培育，既是我党长期执政的保障，也是提高执政水平的重要手段，这就需要一个长效机制的约束和规范，通过制度建设、理论指导和官员自身努力，实现新媒体环境下官员与公众的双赢，推动和谐社会的建设。

后　记

多年以来，我一直想出版一部社会突发性事件的分析性书籍，探讨突发性危机传播的渠道与特点，提出网络舆情传播与形成的理论模型。从近几年社会舆情的发展过程来看，舆情的滚雪球发展主要从网络和手机（短信）等自媒体发布，再经传统媒体跟进，然后又在自媒体中进一步扩散。由于网络传播的去中心化、传播主体的多样性、信息传播的迅捷性等特征，使得谣言、流言、不满情绪等极易通过新媒体迅速传播，造成公众的情绪骚动，从而促使社会危机发生。网络的草根性、流动性、难管理、难预测等特点，对政府的舆论引导和解决危机提出了全新的挑战，也为传播学界的理论研究提供了许多非常好的研究案例。

网络舆情形成是否有规律，特别是网帖的“滚雪球”效应是如何形成的，舆论失控是如何产生的，它的形成机制是怎样建立的等，都是社会舆情形成与危机传播的重要研究内容。当前，网络舆情的社会扩散，从某种程度上显露出公众诉求表达空间的匮乏性，如舆情表达机制不完善、社会安全阀机制失灵、民主监督与参与机制不健全等。在这样的背景下，网络危机传播的方式、特点、形成规律以及“乌合之众”的态度转变等，就显得很有研究的价值。

网络危机传播与舆论监督是中国特殊政治背景下的产物，开展网络危机传播的研究，通过确立可靠、科学的网络危机传播模型，推导出与西方国家、传统媒体不同的理论，可丰富我国本土的传播学理论研究。因此，鉴于网络危机传播对社会的重大影响，本书选择了近三年较为典型的突发性公共事件为例，探索了网络舆情的传播与形成规律，以及网络舆论的动态监测与理论模型的确立，希望能为我国的网络传播学研究带来些许创新与拓展。

此书由我与我的研究生罗欣、李四方、王娜君、焦何结、冯琼、陈祥华、赵萍、李娇、郭冀等人共同完成，是集体思想碰撞的成果。此稿由于涉及一些相对敏感的案例，出版过程虽有些曲折，但最终得以出版，也算是对我们集体劳动的安慰。

彭伟步

2014 年 3 月 16 日